Henrik Ibsen

大师传记馆
学术即人生

易卜生传

[英] 埃德蒙·葛斯（Edmund Gosse） | 著
王阅 | 译　汪余礼 | 校

中国人民大学出版社
·北京·

本书为国家社科基金青年项目"易卜生戏剧诗学研究"
（项目批号为13CWW023）阶段性成果

亨利克·易卜生（Henrik Ibsen）

易卜生(1828—1906)

《培尔·金特》剧照 　　　　　　　　《培尔·金特》剧照

《玩偶之家》剧照 　　　　　　　　《群鬼》剧照

乔治·勃兰兑斯 　　　　　弗雷德里克·海格尔 　　　　比昂斯腾·比昂松

爱德华·格里格 　　　　　奥利·舒勒路德 　　　　卡尔·斯诺伊尔斯基

希尔德·安德森 　　　　　爱米丽·巴达奇 　　　　劳拉·基勒

易卜生经常交往的朋友

易卜生的故居

克里斯蒂安尼亚的挪威剧院

易卜生致勃兰兑斯的书信（手迹）

易卜生致爱米丽的书信（手迹）

校译者序

由英国著名学者埃德蒙·葛斯著、武汉大学艺术学院博士生王阅翻译的《易卜生传》，并不是我国出版的第一部易卜生传。据我所知，我国至少已经出版过三部完整的易卜生传[①]：哈罗德·克勒曼著、蒋嘉和蒋虹丁译的《戏剧大师易卜生》（湖南人民出版社1985年版），王忠祥先生著的《易卜生》（华夏出版社2002年版）和比约恩·海默尔著、石琴娥译的《易卜生——艺术家之路》（商务印书馆2007年版）。第一部侧重从导演的视角"向演员们解释和分析剧本"，尽力"吃透每个剧本的主题思想和每个角色的内心世界"（见该书"译者前言"），对于研究和排演易卜生戏剧有较高参考价值。第二部"对易卜生的生平及创作进行全面而精辟的叙述和评论"（见该书"内容简介"），资料丰富，工笔刻画，是我国学者写的最重要的一部易卜生评传。第三部侧重"通过易卜生的作品来对易卜生进行探讨"，征引浩博，见解独到，其中"作品介绍在海默尔的这部著述里占有主要的位置和宏大的篇幅"（见该书"前言"），是目前国内可见的最厚重的易卜生传记著作。那么，与这三部易卜生传相比，葛斯的《易卜生传》有什么重要的特色与价值呢？

第一，葛斯作为易卜生生前好友，花了30余年的时间搜集、整理跟易卜生相关的材料，这使得他这本书材料丰富且真实可信，极具文献价值。葛斯从1872年4月开始与易卜生通信，两人交往持续30余年，他是易卜生生前非常信任的朋友。易卜生曾把创作《觊觎王位的人》《皇帝与加利利人》《布朗德》《培尔·金特》

[①] 由于太玄写的《文豪意普森传》（载《学生杂志》1914年5卷1号）、袁振英写的《易卜生传》（载《新青年》1918年4卷6号）、林语堂译的《易卜生评传》（勃兰兑斯著，上海大东书局1940年版）等易卜生传篇幅较为短小，评述不够周全，故此处不计在"完整的易卜生传"之内。特此说明。

《爱的喜剧》《玩偶之家》等作品时的一些想法通过书信告诉葛斯，这使葛斯如获至宝。像这样一些材料显然非常珍贵，能增加葛斯此书的可信度。此外，葛斯写作此传时，还得到了吴·库特和耶·艾利阿斯合编的两卷本《易卜生书信集》、约翰·鲍尔森著的《与易卜生同在》等非常重要的材料。葛斯的朋友威廉·阿契尔，多年来也一直致力于收集、整理、翻译关于易卜生的资料，他也为葛斯提供了很多重要信息。还有，亨利克·杰格尔著的《亨利克·易卜生的生平》一书（1888年出版，当时易卜生60岁，还在世）也为他提供了一些重要资料。但与杰格尔的书不同的是，葛斯的《易卜生传》是在易卜生逝世后出版的，因此无须特别考虑"为尊者讳"的问题，可以尽量客观、真实地呈现易卜生的一生。而更重要的是，在1888年之后易卜生还创作了《海达·高布乐》《建筑大师》《小艾友夫》《约翰·加布里埃尔·博克曼》《复活日》等名剧，这些作品杰格尔不可能论及，但得到了葛斯的详细分析，因此葛斯这本书无疑比杰格尔的书能提供更多的信息，更具有参考价值。比如，在第八章，葛斯提到："《小艾友夫》中的两性问题使我想起托尔斯泰的《克莱采奏鸣曲》。然而，当我冒险询问易卜生这部剧是否对之有所借鉴时，他十分不悦，断然否认。可是，作者不承认并不总能证明他的确没有参照借鉴。"这就提出了两个非常有意思的问题：易卜生究竟有没有受过托尔斯泰的影响？这两位大作家的关系究竟怎样？这两个问题很值得深入研究。我们知道，易卜生曾批评托尔斯泰"对于戏剧技巧缺乏充分的了解"，托尔斯泰对易卜生亦多苛评，这说明这两位出生在同一年（1828年）的大作家对彼此既是有所了解的（否则无法做出评价），也不太欣赏。在这背后潜藏的原因是什么呢？葛斯没有深入探析这个问题，但着力比较了一下"托尔斯泰与易卜生的核心差异"。他指出："托尔斯泰分析一种病态的状况，总是尽他所能以治愈这种病态为鹄的；易卜生则给出更细致的临诊症状，但他把去除疾病的治疗工作留给别人，他自己的任务仅在于诊断。"这是大体准确的。尽管葛斯没有深入探析下去，但他提出的问题同样是很有价值的。有兴趣者不妨以此为依据，提出一个课题来进行深入研究。再比如，关于易卜生与斯坦尼斯拉夫斯基的关系以及"易卜生-斯坦尼"模式的形成一直是戏剧学界的重要问题，因为这牵涉到迄今为止对世界剧团影响最大的一种演剧模式是如何形成的。斯坦尼斯拉夫斯基比易卜生小35岁，两人生活之地相距甚远，他们是如何发生关联的呢？葛斯提到，易卜生是德国梅宁根公爵的贵宾，梅宁根公爵多次邀请易卜生到他指导的剧院看戏（梅宁根公爵亲自导演过易卜生的《觊觎王位的人》《社会支柱》《群鬼》等剧，详见本书第六章），易卜生也多次到梅宁根剧院看戏，两人交情甚笃。易卜生写戏，希望能让观众如临实境，真实地体验一段真实的生命历程；梅宁根公爵导戏，也比较追求写实，在舞台布景、服装设计、人物动作等方面都比较追求"逼真"。这两人的戏剧理念是比较一致的。而斯坦尼斯拉夫斯基，则不仅非常欣赏梅宁根公爵剧团演的戏，而且自觉地学习其导演手法。① 在某种程度上可以说，易卜生的剧作启发了梅宁根公爵的导演思维，而梅宁根公爵（及其助理导演）则让斯坦尼斯拉夫斯基看到了重控制、重写实、重体验、重精神内容的戏剧演出确有巨大的艺术感染力。② 换言之，通过梅宁根公爵剧团这个中介，斯坦尼斯拉夫斯基与易卜生高度关联起来，而他们相近的戏剧理念，则使"易卜生-斯坦尼"模式顺理成章、自然形成。此外还有其他一些问题，此书提供的信息亦有助于去破解，这里不再举例。

第二，葛斯此书特别关注易卜生的生平经历、性格特征和思维方式，对易卜生的灵魂进行了立体的、纵深的剖析，这非常有助于我们了解易卜生这个人。对于中国人来说，易卜生是一位既熟悉又陌生的朋友。说"熟悉"，是因为易卜生被引进中国已逾百年，很多人都听说过易卜生，或看过他的作品；说"陌生"，是因

---

① 根据斯坦尼斯拉夫斯基的自传《我的艺术生活》（瞿白音译，上海译文出版社 2005 年版），斯坦尼斯拉夫斯基曾努力模仿梅宁根公爵剧团的导演演戏。他说："他们的演出（指梅宁根公爵剧团在莫斯科的演出）我不曾放过一场，我不仅是去看戏，同时也是去研究的……迈宁根公爵确实能只凭舞台导演的方法，不靠特殊的舞台人才，便把伟大诗人们的作品表现得很充分。……我对他们的感激是无限的，而且这种感激会永远铭记在我的心头。迈宁根剧团在我们协会的历史上，尤其我的生命史中创造了一个新的重要的时期。"（引文参考斯坦尼斯拉夫斯基：《我的艺术生活》，152~155 页）由此可知，斯坦尼斯拉夫斯基深受梅宁根剧团及其导演手法的影响。

② 斯坦尼斯拉夫斯基对梅宁根公爵剧团的学习与借鉴，先是模仿梅宁根公爵助理导演克罗奈克的专制性导演手法，后来侧重学习其表现剧本精髓、凸显精神内容的表现手法。斯坦尼斯拉夫斯基说："克罗奈克的严格和冷静是适合我口味的，而且我愿意模仿他。日后我也成为一个专制的舞台导演了。不久，俄国大多数舞台导演正如我模仿克罗奈克那样，开始模仿我的专制了。于是整整一代的舞台导演都是专制的。……直到后来，我明白了导演的专制的错误以后，我才对迈宁根剧团带给我们的好处给予正确的评价，那就是表现戏的精神内容的导演手法。在这一点上，他们应该接受重大的感谢。"（引文参考：斯坦尼斯拉夫斯基：《我的艺术生活》，155 页）可见，斯坦尼斯拉夫斯基青少年时期直接学习的对象是克罗奈克（梅宁根公爵乔治二世是第一位现代导演，其助理导演克罗奈克是梅宁根剧团的重要骨干，影响也很大），且斯坦尼斯拉夫斯基最欣赏的是克罗奈克着重表现戏剧精神内容的导演手法（因为通过那种手法演出来的戏确实"令人感动"）。由于克罗奈克所遵循的是梅宁根公爵的导演思想，所以即便是斯坦尼斯拉夫斯基，有时候也把克罗奈克的导演方法等同于梅宁根公爵的导演方法（见斯坦尼斯拉夫斯基：《我的艺术生活》，153 页）。若干年后，也许是受到梅宁根公爵的间接影响，斯坦尼斯拉夫斯基亲自导演并主演了易卜生的名剧《人民公敌》。

为多数人对易卜生这个人其实是不太了解的。笔者研究易卜生戏剧十余年，但在很长一段时间对易卜生这个人也不甚了解。作品介绍、演出分析之类的论著，满足不了我们深入了解易卜生的需要。而且，这类论著看多了，心里头反而会产生更多的疑问。比如，挪威是一个人口仅有数百万的北欧小国，为什么却产生了像易卜生这样的世界文化巨人？为什么是易卜生而不是别人被称为"现代戏剧之父"？哈罗德·布鲁姆为什么将他列入"拯救西方文明的救生筏"排行榜？这个人究竟有什么独特的性格与智慧？这也许是当今每个看过易卜生戏剧的人都会产生的疑问。阅读葛斯的《易卜生传》，可以为我们解开谜题提供一些线索。细读此传可知，易卜生既是挪威人，也是德国人、丹麦人的后裔，或者说，他其实是一个欧洲人，甚至是一个"世界主义者"。在某种程度上，19世纪上半叶挪威的封闭、狭隘、落后虽然限制了易卜生个人才华的发展，让易卜生几乎处处受挫，但在某种意义上也成就了他，使之因困而出走，从挪威人易卜生变成了欧洲人易卜生。正如易卜生在给挪威同胞的一首诗中所说："我的同胞，为我深深盛满几碗良药，如同在诗人濒死的墓穴边给予他新的力量，让他在暮色苍茫、风起云涌之时起身而战……感谢你们给我的礼物，助我坚强，感谢每一个充满痛苦的时辰，净化我心；每一株成长在我诗意花园中的植物，生根于你们用严酷播洒雨露的地方；每一条嫩枝儿的发荣滋长，归功于来自北方的灰霾"（见本书第五章），他的日趋强大离不开挪威给予他的"雨露"与"灰霾"。他这首诗虽然带有一点反讽意味，但说的何尝不是事实？易卜生早年遭遇的挫折确实非常多，不仅贫病交加、肉体受罪，而且经常受到挪威以至斯堪的纳维亚全境很多人的谩骂、诋毁，精神上经受的痛苦亦难以言表，一度几乎病死。但他的意志确实够顽强，而且善于消化那些挫折与苦难，把它们转化为创作资源。就像娜拉一样，易卜生在看清挪威的狭隘、封闭、虚伪之后，于36岁那年毅然出走了。从克里斯蒂安尼亚到罗马，到德累斯顿，到慕尼黑，再于63岁那年回到克里斯蒂安尼亚，易卜生在国外整整流浪了27年。这27年，虽不少日子颠沛流离，却是易卜生的创作事业蒸蒸日上的27年。他血脉里的德国人基因，在他早年如草蛇灰线、伏脉千里，流亡欧洲期间则被充分激活，使其剧作具有挪威作家少见的德国思想底蕴。易卜生成熟时期的剧作（如《罗斯莫庄》《建筑大师》《海达·高布乐》等）与康德、黑格尔、尼采的思想有着隐蔽的深层关联，尤其受德国人乃至整个欧洲人的欢迎。1888年10月，易卜生致信勃兰兑斯说："我最开始的时候感到自己是一个挪威人；后来我发展成为一个斯堪的纳维亚人；而现在我成为条顿主义者。"① 这里易卜生所谓的"条顿主义"，显然是跟德国思想紧密联系在一起的。这些事实也许可以初步解释从一个峡湾小国走出的矮个子易卜生，为什么最终成了闻名遐迩的世界文化巨人。② 此仅为一例，后续问题读者自可通过细读此书去探解。至于易卜生的性格特征与思维方式，葛斯在书中设了专章进行探讨，此不赘述。

第三，葛斯此书将易卜生置于整个欧洲文化语境和戏剧发展脉络之中来考察，注意把握易卜生的交往圈子，凸显出易卜生与其他作家、批评家的思想交流状况，并将易卜生与其他作家进行比较，这既可拓宽读者的视野，也有助于大家领会易卜生的文化根脉与独创精神。葛斯提到，"易卜生的阅读范围极窄"，但仔细研究过北欧的谣曲、传说，也经常翻阅《圣经》；他看的莎剧并不多，但经常看丹麦剧作家霍尔堡的作品。他声称对于莎士比亚、席勒、海涅和克尔凯郭尔的书都读得很少。对于斯克里布、奥伦施莱厄、霍尔堡的作品，他汲取过他们的创作技巧，但在主导精神上更多的是反叛。真正在易卜生内心深处比较有影响的是比昂松、勃兰兑斯和一些德国哲学家的思想。易卜生早年喜创作带有浪漫主义色彩的历史剧和诗剧，后来在比昂松和勃兰兑斯影响下，开始关注社会现实问题，创作现实主义散文剧。比昂松写成于1865年的现代散文剧《新婚夫妇》，对于易卜生早中期的创作转向具有直接的影响。③ 关于此剧，易卜生曾于1866年3月4日写信给比昂松说："我们在罗马已经收到了你最美好的新年问候，那就是你的新戏《新婚夫妇》（*The Newly Married Couple*）。诗人安德烈亚斯·蒙克在家里把这部戏读给一群斯堪的纳维亚人听后，他们全都向你表示了衷心的感谢。是的，这部戏正是现代戏剧必须要给我们展现的形式。你也许不会觉得奇怪，我们似乎看到：在那

---

① 易卜生.易卜生书信演讲集.北京：人民文学出版社，2012：285.
② 这个问题比较复杂。易卜生的内省精神、反抗精神、自否精神、贯通精神、超越精神、策略意识，以及悖反诗学、回溯诗学、复象诗学等等，均是他最终成为"世界文化名人""现代戏剧之父"的原因。详见拙著《双重自审与复象诗学》（中国社会科学出版社2016年版），168～198页。
③ 1865年，比昂松描写社会现实问题的现代散文剧《新婚夫妇》在北欧演出，悄悄宣告了一个新的戏剧时代的到来。在某种意义上，《新婚夫妇》可以被视为现代戏剧的起点。易卜生是受比昂松的《新婚夫妇》的影响开始创作现代散文剧的。斯泰恩认为左拉的《戴莱丝·拉甘》是现代戏剧的起点，但该剧演出于1867年，比《新婚夫妇》晚两年；斯丛狄认为易卜生的《社会支柱》是现代戏剧的起点，但该剧完成于1877年，比《新婚夫妇》晚十二年。斯丛狄显然忽略了比昂松对易卜生的影响，忽略了易卜生已将《新婚夫妇》确认为"现代戏剧"，其论较之斯泰恩的说法更不准确。

北方，新的一天开始了，太阳正放出光芒，鸟儿在歌唱，人们获得了最强大而美好的生活方式，任何我们其他同时代人都得不到的生活方式。"①显然，易卜生不仅看到了《新婚夫妇》的新质，认为它正是"现代戏剧必须要给我们展现的形式"，而且对其十分喜爱，通过此剧开始憧憬一种新的生活方式。易卜生后来创作的《青年同盟》《社会支柱》《玩偶之家》，在形式、精神上与《新婚夫妇》多有相似相通之处，可以看出比昂松对易卜生产生了很明显的影响。根据葛斯此书可知，易卜生即便在跟比昂松关系不太好时，也不得不承认"比昂松拥有一个国王般伟大而高贵的灵魂"。在易卜生75岁寿辰时，他更是对前来祝贺的比昂松说："终究，我最喜爱的人还是你。"而对于比自己小14岁的勃兰兑斯，易卜生则视为知己，一直非常重视他的戏剧评论与美学论著。易卜生曾说，勃兰兑斯的《美学研究》对他来说是一座金矿。事实上，勃兰兑斯这本书对易卜生早中期的创作转向提供了直接的理论支撑。易卜生曾自述，正是勃兰兑斯的《美学研究》把他引到一个新的方向上来——用散文创作《青年同盟》这样直接关注社会问题的"新喜剧"。后来随着在德国生活日久，易卜生逐渐受到德国思想与文化艺术的影响。他自述，《皇帝与加利利人》是他在德国知识分子的思想影响下创作而成的。他晚期的一些剧作，更是深受德国思想的影响。葛斯提到，奥托·魏宁格曾指出，"易卜生的哲学从根本上讲是与康德哲学相通的"。而通过勃兰兑斯，易卜生很可能熟悉尼采的思想（勃兰兑斯著有《尼采》一书）。此外，葛斯此书还将易卜生的作品与其他作家的作品做了一系列比较。比如，将易卜生的《厄斯特罗特的英格夫人》与莎士比亚的《麦克白》进行对照，将易卜生的《爱的喜剧》与丁尼生的《海梦》进行比较，将易卜生的社会问题剧与小仲马的问题剧进行比较，将易卜生的《小艾友夫》与梅特林克的《佩利亚斯与梅丽桑德》进行比较，等等。通过这些勾连与比较，我们既可看出易卜生受过哪些影响，他这棵大树是在怎样的土壤中生长起来的，吸收过什么滋养，也可看出易卜生的独创之处，还可对于某些比较宏观的话题（如"北欧文学的现代突破"）有一些初步认识。

  以上只是举其大端，但葛斯《易卜生传》的价值远远不止这些。书之价值，因人而异，虽极普通的材料亦可有大用。笔者读此传时，有些材料刺激大脑，便生出

---

① 易卜生．易卜生书信演讲集．北京：人民文学出版社，2012：41.

许多问题。比如,葛斯曾提到,"易卜生仿佛通过某种黑魔法将剧中人变成活生生的、典型而有个性的人",这里所谓"黑魔法"究竟指的是什么?易卜生的创作在当时的北欧被指责为"过于消极的写作",这是否跟他的"黑魔法"有关?而在当时,比昂松则因其创作体现出"赤子之心"和"理想主义倾向"而获得1903年诺贝尔文学奖。但在今天看来,这两位作家谁更伟大是非常清楚、没法颠倒的。有意思的是,在今天的中国文坛,也存在"消极写作"与"积极写作"之争。[①] 在李建军先生看来,获得2012年诺贝尔文学奖的莫言是"消极写作"的代表,获得1988年茅盾文学奖的路遥则是"积极写作"的代表。如何看待"消极写作"与"积极写作"呢?这是一个相当棘手的学术问题,一百年来易卜生与比昂松文学声誉的此起彼伏,也许可以为考量此问题提供一种参照。再比如,葛斯提到,易卜生的很多戏就像"一场开始崩塌的雪崩",而且雪崩"在大幕升起以前很久就开始了"。这是个很有意思的观点。他指的是"易卜生有时候一连几个月在他的思维王国里构建他的玩偶们的过往历史",而"随着过去的秘史逐渐浮出水面,崩塌就要开始了"。但问题是,易卜生为什么喜欢描写"崩塌"呢?也许是因为他总觉得人类已经误入歧途?在他的感觉中,全人类都仿佛已经无可救药地困在了一艘即将沉没的大船上。那么,他这种直觉究竟是对的,还是虚妄的呢?布鲁姆说易卜生是"拯救西方文明的救生筏",是否在某种程度上默认他的直觉是对的?明知无可救药,却要努力去救,那这是否有点"无之无化"的味道?"无之无化"是否构成易卜生戏剧(尤其是晚期戏剧)最深刻的内蕴?当然,确认这一点还需要非常审慎的辨析、论证。阅读此传,还可以生出很多问题,相信读者朋友会在自己引生的问题链上不断有新的收获。

总之,这本《易卜生传》对于我国读者深入了解易卜生其人其作,对于促进中国易卜生研究乃至北欧文学研究,具有重要的参考价值与启示意义。译者态度相当认真,已对译文做过多次修改,笔者也校改过一遍,但限于时间和学力,不够精确之处难免存在,敬请大家批评指正。

汪余礼

2018年1月18日

[①] 李建军. 作者形象与积极写作——论中国当代小说的主体性与文化自觉. 中国社会科学, 2017 (11); 李建军. 超越消极写作. 北京:作家出版社, 2017.

序

  自从易卜生完成他的创作之后，以各种语言写成的、分析其作品的著作卷帙浩繁，但迄今还没有一部从整体上将其生平与创作的相关记录整合起来的传记性研究著作。唯一被公认的关于易卜生生平的专著是由亨利克·杰格尔[①]所撰并于1888年出版的《亨利克·易卜生的生平》[②]，其英译本于1890年出版。亨利克·杰格尔（切勿将他与小说家汉斯·亨利克·杰格尔混淆）是居住在卑尔根附近的一名职业讲演者兼戏剧批评家，如果他没能成功地从易卜生那儿得到大量关于他早年在卑尔根居住期间的生活的重要信息，那么他的书将一文不值。当时，杰格尔的书有益于人，主要归功于这个原因。他为大众提供了大量的新情况，而之前这些信息并不为人所知。然而，易卜生精神活动的发展，以及他逝去后愈益增加的知名度，极大地拓展和修改了这位诗人的历史，以至于《亨利克·易卜生的生平》因此而变得过时了。

  我在下文所参照并使用的主要权威专著有：详尽而准确地记录文献书目的《信息数据情报》（1901年），作者是耶·贝·哈沃勒森（在其离世后由斯特恩·科诺伍继续完成），这部创造性的著作令人叹为观止；两卷本《易卜生书信集》（1904年），编者是吴·库特和耶·艾利阿斯，其英译本现已由霍德与斯托顿出版公司发行；易卜生逝世后，诸位朋友在斯堪的纳维亚和德国的期刊上发表的回忆

[①] 亨利克·杰格尔（1854—1895）的全名为亨利克·本哈勒德·杰格尔，是挪威文学史研究者，也是文学批评家。他主要以首次编写《挪威文学史》这部巨著和较早出版关于易卜生生平的专著而著称。此外，他也写过一些剧本。——译者注

[②] 亨利克·杰格尔以挪威语所著的《亨利克·易卜生的生平》（1888年）英译本书名为 *The Life of Henrik Ibsen*，译者是英国著名的女翻译家克拉拉·贝尔（1835—1927），由伦敦的威廉·海纳曼出版集团公司于1890年出版。——译者注

性文章与短笺；特·布朗克的《论易卜生作品中历史场景的诗性》（1906年）；最重要的是，千金难买的由约翰·鲍尔森所著的《与易卜生同在》（1906）。最后提到的这位作者在某种程度上渴望成为易卜生的极度崇拜者[①]，其书中的章节由对剧作家易卜生的言行举止的一系列回忆组成，所记录的主要是易卜生在德国度过的那段关键时期。此书虽非成熟老到，甚至略显单薄，但他那波斯维尔式的真情实感，热情洋溢地描绘出一个活脱脱的易卜生，颇能感人肺腑，触动人心。

　　此外，我还深深得益于威廉·阿契尔[②]先生多年来收集、整理的资料成果。当然，阿契尔先生并不满足于使只懂英语（而不懂北欧语言）的学生也能同样了解易卜生。的确，易卜生早期的一些诗体作品落入这本小书的作者手中，我也因此而有幸成为首次将易卜生的名字介绍给英语世界的人之一。对于这一事实，我将无法掩饰我的满足与喜悦，一刻也不行。这些年来，我的成长与发展竟如此惊人！但在此之前，真正最先将易卜生介绍给英语读者的不是别人，正是阿契尔先生。二十五年来，他成为一名同误解与愚蠢搏斗的英雄，他以惊人的勇气与平和的性情，锲而不舍、持之以恒地专注于做那些关于易卜生的去伪存真的工作，并努力确保易卜生得到与其才华相匹配的认可。阿契尔先生得其赏报，他的名字永远和英美世界对这位天才的挪威剧作家的赏评联系在一起。

　　在这短短的几页里，尽管我能占用的篇幅非常小，但我并没有用它去重复介绍易卜生戏剧的情节，因为这些剧作对英语读者来说并不陌生。如果读者将这本书与《易卜生剧作全集》结合起来品读，我将感到尤为欣慰。阿契尔先生现在正在准备十一卷本《易卜生剧作全集》的最终版，它将由伦敦的威廉·海纳曼出版集团公司于1907年出版。如果我们对现存的这些文本作一评判，我将毫不犹豫地认定，在19世纪下半叶，其资料能被如此巧妙而详尽地编纂为英文的外国作家唯易卜生一人，其他外国作家无以匹敌。

[①] "极度崇拜者"一词，原文为人名"波斯维尔"。这一譬喻源自詹姆斯·波斯维尔（1740—1795），他是苏格兰律师、日记作家和作家，因所写的萨缪尔·约翰逊传记而再度扬名。这里序文作者将约翰·鲍尔森比作波斯维尔，一是表现他对易卜生的极度崇拜，二也是因为约翰可能想借易卜生的传记而出名。结合下文内容，译为"极度崇拜者"更为妥当。——译者注

[②] 威廉·阿契尔（1856—1924），苏格兰批评家，他首次把易卜生译介到英国，促成了19世纪英国现实主义"新戏剧"的出现。此外，其代表性著作《剧作法》由吴钧燮、聂文杞翻译为中文并于1964年由中国戏剧出版社出版，后于2004年再版。——译者注

序

对于懂得博克马尔语①的读者而言，也许可以进一步阅读卡勒·奈儒普的《上一时期的挪威文学史》(1905年)。它是1890年以降的一部挪威文学评论史。可贵之处在于，它注意到了现代思想对诸多挪威青年作家的影响。这些作家几乎无一不受易卜生个人天才的影响，他们不是在这一方向上受其影响，就是在另一方向受惠于他，他简直是对文学领域实施专制独裁的绝对权威。英法关于易卜生的资料通常因未将挪威知识分子生活中的事实纳入考虑而遗漏了其历史价值，事实上，这些活动围绕着易卜生，同时也受到他的刺激。也许我可以谈谈拙著，在写作它的过程中，这个想法一直萦绕在我的脑海，挥之不去。

埃德蒙·葛斯

---

① 博克马尔语：根据丹麦书面语发展而成的挪威官方书面语。——译者注

目 录

第一章 童年与青少年时期：再没有更丑的丑小鸭　1

第二章 早期影响：在挪威的学徒时光　16

第三章 卑尔根时期（1852—1857）的生活　29

第四章 讽刺家时期（1857—1867）：
　　　从克里斯蒂安尼亚到罗马　45

第五章 在德累斯顿流亡时期（1868—1875）　64

第六章 辗转于慕尼黑与罗马之间（1875—1882）　80

第七章 在罗马的旅居岁月与在慕尼黑的
　　　流浪岁月（1883—1891）　92

第八章 最后的时光：回挪威后的晚年时光　103

第九章 易卜生的性格特征　120

第十章 易卜生的思维特征　131

附 录

作为诗人的易卜生（埃德蒙·葛斯）　139

作为挪威讽刺家的易卜生（埃德蒙·葛斯）　143

挪威诗剧《培尔·金特》（埃德蒙·葛斯） 162

易卜生如何成为现代戏剧之父 （琼·泰姆普丽敦） 167

书信中的易卜生 （约翰·尼尔森·劳维克） 177

易卜生的大厦 （威廉·阿契尔） 209

书信中的易卜生 （威廉·阿契尔） 218

易卜生年谱简编 227

第一章　童年与青少年时期：
再没有更丑的丑小鸭

　　这位诗人的家世可上溯至丹麦船长彼得·易卜生（Peter Ibsen）。18 世纪初，这位彼得船长从默恩岛①的中心城镇斯泰厄出发，辗转而行，后来成为卑尔根②的公民。从那时起，这个家族的男人，都在年轻时出海。他们愉快而幽默，沿着老易卜生的路，绕着挪威海岸线前行。他们与剽悍而寡言的女人结婚。顺便说一句，这个家族的妻子似乎全都来自丹麦、德国或者苏格兰。因此，我们可以确信的是，尽管这位诗人的家族在挪威居住了一百多年，他却无法从其父母身上继承一点纯正的挪威血统。1798 年，在格里姆斯塔③附近的海斯纳斯④，易卜生的祖父亨利克遭遇海难，同船上（那条船是属于他自己的）的所有人一起葬身鱼腹。触礁场景

---

　　① 默恩岛（Möen），其发音其实更接近"慕恩"，是丹麦的一个岛屿，下文的斯泰厄（Stege）是主要定居点。——译者注

　　② 卑尔根（Bergen），挪威第二大城市，位于挪威西南部、北海入海口处。建立于公元 1070 年，是中世纪挪威最大和最重要的港口城市。12—13 世纪时曾是挪威首都。14 世纪德国汉萨同盟商人控制了该城的贸易，其势力在衰弱的挪威一直持续到 16 世纪。尽管多次遭到大火（尤其是 1702 年和 1916 年）的破坏，但每回卑尔根都成功复苏。此外，卑尔根也是作曲家格里格和小提琴家布尔的诞生地。——译者注

　　③ 格里姆斯塔（Grimstad），挪威南部东阿格德尔郡的 15 个自治市之一。——译者注

　　④ 海斯纳斯（Hesnaes），位于丹麦东南部法尔斯特岛的一个小渔村，以其田园牧歌式的茅草屋而著称。——译者注

出现在易卜生生动形象的诗歌《泰耶·维根》(Terje Viken)①之中。易卜生的父亲克努德（Knud），1797年出生于希恩②。1825年，同样还是在希恩这个老地方，他与德国人玛希契肯·科妮莉亚·马尔蒂·阿尔腾堡（Marichen Cornelia Martie Altenburg）结婚了。她比他年长一岁，是一个商人的女儿。此前，早在1771年，易卜生全家人就离开了卑尔根，在希恩定居下来。希恩过去是、现在也仍然是这个国家东南部海岸的木材业和航运业的重要中心。

大致可以这么说，希恩在丹麦统治时期③，就如同普尔④或者达特茅斯⑤一样，仅为发展海洋贸易而存在，其发展与兴衰皆取决于大海。许多猜测者认为，易卜生过人的创造力很可能与他的祖辈遗传给他的性格有关。他们意识到在他身上有着影响不大却难以去除的异国情调——他的或多或少具有异域血统的祖先一直以挪威为家，而且他们还坚持认为，必须将冒险精神和素朴常识结合起来——这标志着他们傍海而居、靠海为生的活动。不过，实际上，这些考虑并不那么必要。这个家族极其守旧与平庸——在维护他们所尊崇的绝对标准与原则方面，很难在中下阶层找到比易卜生家族更加始终如一的典范。甚至可以说，在不可抗拒的大海召唤下，在一代又一代的人们当中，即使其中确有几个胆大冒险的，更多的依然是普通公民。事实上，试图探察祖先元素对克努德与玛希契肯婚后两年三个月出生的儿子的影响只是徒劳——他是多么令人震惊、超凡空前的易卜生！

尽管这个儿子受洗时被取名为亨利克·约翰（Henrik Johan），但他却从没使

---

① 易卜生的诗歌《泰耶·维根》发表于1862年，描述的是发生在格里姆斯塔海边的故事，通过表层的史诗性叙事，探讨了英雄人物泰耶·维根在拯救与复仇的两难困境中如何选择的问题，显示了潜隐的人性之深层的矛盾运动，体现出易卜生关于人类存在之复杂而痛苦的深邃思索。在北欧历史版图中，维根既是挪威地名，也是瑞典地名，分别指两个不同的地区。在挪威历史上，它指东南部的一个地区，包括奥斯陆峡湾和斯卡格拉克附近的地区以及挪威和瑞典西南海岸与丹麦日德兰半岛之间的海峡。在瑞典，它指位于瑞典南部斯科讷省以航海和捕鱼业为主的地区，是由赫加奈斯自治市和赫尔辛堡自治市双辖的自治区。在古willl堪的纳维亚语中，维肯，Viken，由名词词根 vik 和后缀-en 构成，根据艾娜勒·阿乌根编写的《挪威语-英语词典》（威斯康星大学出版社，1974年，483页），vik 意为水湾，小海湾。——译者注
② 希恩（Skien），挪威泰勒马克郡的城市。——译者注
③ 希恩是挪威国土不可分割的一部分，但当时丹麦与挪威为联合体，由丹麦王国统治，因此这里说"丹麦统治时期"也就不难理解了。——译者注
④ 普尔（Poole），英国英格兰南部多塞特郡的沿海大型港市。——译者注
⑤ 达特茅斯（Dartmouth），在英国、美国、加拿大和澳大利亚都有达特茅斯这个地名，它们都是港口城市。这里作者以普尔和达特茅斯指代港口城市，意在指明希恩作为一个港口城市依海而生、随海浮沉的特征。——译者注

用过中间的"约翰"这个名字。①1828年3月20日,在希恩中心的一座庄严宏伟的名为斯多克芒的大房子(the Stockmann House)里,易卜生诞生了。这座大房子位于一个大型露天广场的一侧。它的右侧是小镇上惩治罪犯的颈手枷,左侧是疯人院、拘留所和其他城市福利机构。位于其前方的是拉丁语学校和文法学校,而教堂则占据了广场的中央。这一严峻的景象再也不能使前来观光的游客感时伤怀,因为在1886年的一场大火中,希恩的这块地方被焚毁殆尽。诗人易卜生对此却感到相当满意,他用冷酷的口吻说道:"希恩的居民根本不配拥有我的出生地。"

他说,这恶劣的环境(指上面提到的)正是最早吸引他初期创作的注意力的东西。他补充强调道,那个中央有座教堂的广场,整日充满了由许多"瀑布"引起的阴沉沉的嗡鸣声,而与此同时,从拂晓到黄昏之间,这种水流的嗡鸣声时常被一种像女人刺耳的尖叫与哀叹的声音打断。这是瀑布旁边成百上千的来来回回的拉锯强力发出的声音。"后来,当读到描写断头台的有关作品时,我时常想起那些锯子。"易卜生回忆道。这位诗人幻想旅程的开启似乎是与锯子的尖叫声和女人联系在一起的。

1888年,在甲子寿辰之际,易卜生将这些关于其童年的自传性回忆写下来并寄给了亨利克·杰格尔。那些关于锯子尖叫声的惊人描述正是源于这些回忆,这也许是其早期回忆中最为生动有力的部分,而很多其他部分则略显微不足道、天真幼稚。然而,有意思的是,他对故乡生活的最初印象展现出他的乐观性格。他说:"希恩在我年轻时是个充满活力而喜好社交的地方,和它后来的样子大不相同。一些受过高等教育的、富裕的家族住在镇上或附近的庄园里。这些家族中的大多数人或多或少都有着紧密的联系,他们常一起跳舞、共进晚餐、举行音乐聚会,彼此轮流,冬夏交替,几乎从未间断。还有许多途经小镇的游客,由于镇上没有正规的客栈,便借宿在朋友或者熟人家里。几乎总有客人在我们那宽敞的大房子里留宿,尤其是在圣诞节和商品交易会期间。每当房子住满了的时候,我们从早到晚都在款待客人。"我们的思维由此回到前面提到过的雄伟威严而古老的木质宅邸,它们在托马斯·克德拉格②的小说中十分重要,或者说,让我们回到索尔

---

① 事实上易卜生在书信中就使用过"约翰"这个名字。参见汪余礼、戴丹妮译《易卜生书信演讲集》(人民文学出版社,2012年),4页。——译者注

② 托马斯·克德拉格(1868—1913),挪威小说家、剧作家。当时,他的书在丹麦红极一时,但现如今已被湮没。——译者注

3

尼斯太太父母的府邸，被烧毁的它开启了建筑师的好运①。实际上，在挪威，像这样宏伟壮丽而古老的木质豪宅，大多数在此以前就已经被烧毁了。

我们可能会推测，希恩的人们友好而亲切的慷慨行为会对这位诗人的天才产生持续的影响。然而，命运却更为残酷，它锻造出其刻薄的性格。当易卜生八岁时，他父亲的生意陷于瘫痪，为偿还债务，他不得不变卖所有财产。在历经这一劫难之后，家里留下的唯一财产是位于希恩郊区的一间名叫"文思多普"的破败不堪的小农舍。后来，易卜生回忆道，那些在其家境殷实时曾经受惠于他父母的人们恰恰是后来待他们最冷漠的那些人。这也许是人之常情，但我们将看到，在后来的年月里，易卜生是如何对此深信不疑的。他个人认为，他自己由于家庭变故，在童年时期常感到屈辱而无地自容。总的说来，至此，他早已开始了一种在深层意义上的孤立的生活。很久以后，易卜生杰出的妹妹②这么描述当时的他：一个不善于社交的孩子，从来不能使周围的人感到愉悦，对家里的其他人缺乏同情心。

我们回忆起，在《野鸭》中，海特维格所钟爱的那间小阁楼也是那只象征性的野鸭的"领地"。在文思多普这间小农舍里，年少的小易卜生也有一间类似的"退隐之所"。在后门的旁边，有一个对他而言十分神圣的小房间。他习惯于把自己闩进那个堡垒里，躲进小阁成一统。那里有一些沉闷乏味的旧书，其中有哈德里森的对开本《伦敦城历史》，还有一个颜料盒、一只沙漏和一只不走的老式闹钟（即八天上一次条的机械闹钟）。这些物品都如实地呈现在易卜生于约五十年后创作的《野鸭》一剧中。他的妹妹说，当他还是个男孩时，唯一的户外娱乐就是建造房子，她描述他建造一座城堡持续了很长时间，而这些正是《建筑大师》一剧中所展现的艺术精神。

很快，易卜生开始上学了。然而，他不在镇上的任何一所公立院校读书，而在一所被称为"小型中产阶级学校"的学校里上学。他由一位叫约安·汉森的人

---

① 在易卜生晚期的重要剧作《建筑大师》（1892年）中，建筑大师索尔尼斯的建筑事业兴起于他们原先住的索尔尼斯太太父母留给他们的府邸被烧毁之后，因此此处说房子的烧毁开启了建筑师的好运。也许易卜生创作此剧的这一情节正是基于发生在希恩的大火事件。——译者注

② 海特维格·卡特德里娜·易卜生（1831—1920），根据琼·泰姆普丽敦所著的《易卜生的女人》（剑桥大学出版社，1977年，lff页），易卜生1884年的剧作《野鸭》中的人物形象海特维格很可能就是以她或者她的祖母命名的。这里，作者称她是"杰出的妹妹"，是因为她是一位伟大的母亲，其儿子卡尔勒·斯托斯兰德（1860—1894）后来成为希恩的议员和行政长官。——译者注

照管，此人是除了他妹妹之外唯一与他童年相关的人，后来这位诗人一直对他备感亲切。当他于1865年去世时，易卜生悼念他："约安·汉森脾气温和，待人友善，像个孩子一样。"这位希恩的教堂司事曾帮助易卜生补习功课，他将这位诗人描述为"一个安静的男孩，有着一双不可思议的眼睛，但是除了有一点非凡的绘画天赋之外，一点也谈不上聪明"。汉森曾教授易卜生拉丁语和神学，他的教学态度温和，时间持久，但并没有取得多少突破性的成绩。后来，这位学生自夸说自己已仔细研读过古希腊哲学家斐德若的原著，无论这话真假与否，这件事本身意义重大。然而，学校对他的才能期待甚寥。在易卜生大约十五岁时，他创作了一个相当不错的情节剧剧本，这部剧描述了一个梦境。可是，校长却阴沉着脸看着他，责骂他一定是从哪本书上抄来的！我们可以想象一下作者当时那深感震惊却沉默不语的面孔，他失落至极，"跌落到情绪沮丧的最低点"。

在太阳神斐比斯①的子女——伟大的野天鹅中，再没有比易卜生开始生活时更丑的丑小鸭了。尽管传记写作者们已经尽最大努力充分发挥才能使用逸闻趣事让易卜生沉闷乏味的童年明亮起来，然而，总的来说，其童年仍旧是一段凄惨的往事。人们唯一能够推想出其有潜质的方面大概就是绘画。在他临近毕业时，人们发现他十分努力地练习水彩画。很多人都回想起那位年轻的易卜生的画作——一幅浪漫的风景画：佛愫姆②的钢铁厂，从文思多普小农舍的窗子向外看去的景象，农民装束的小男孩坐在岩石上。一位教会要人称其"极为出色"。我们发现，这种绘画建立在对费恩利③和缇德曼恩④的印象之上，是一种达尔⑤学派"爱国画家们"的新"民族"艺术的远远的追随者，他们是值得称赞的。

---

① 太阳神斐比斯，又称福玻斯，希腊语为 Φοῖβος，意为"闪耀者"。亦称阿波罗（希腊语：Ἀπόλλων，拉丁语：Apollo），是希腊神话中的光明之神、文艺之神以及罗马神话中的太阳神。——译者注
② 挪威有两个地方都叫佛愫姆，分别位于挪威东南部的阿克什ималь斯郡的首府奥斯陆和泰勒马克郡的首府希恩，这里的佛愫姆可能是指位于希恩的这一处。——译者注
③ 费恩利家族是挪威著名的航海大亨家族，这里指的是该家族中的成员之一、挪威浪漫主义画家托马斯·费恩利（1802—1842），他是下文提到的达尔学派的创始人约安·克德里斯缇安·达尔的学生，也是挪威浪漫民族主义绘画的主要代表人物。——译者注
④ 艾朵勒夫·缇德曼恩（1814—1876），挪威著名的浪漫民族主义画家。——译者注
⑤ 约安·克德里斯缇安·克劳森·达尔（1788—1857），挪威首位伟大的浪漫主义画家，奠定了挪威绘画的"黄金时代"，被称为"挪威风景画之父"。他在19世纪上半叶在挪威艺术生活中占据中心地位，成为有史以来欧洲最伟大的艺术家之一，对同时代欧洲其他国家影响深远。——译者注

有意思的是，当我们忆及与易卜生有着相当才智的蒲柏①时，我们发现，其童年的愿望也是成为一名画家，并一度在画架前忙活了好几个月。他生硬地模仿杰瓦斯②和克内勒③的画作，枯燥无趣，而易卜生勤勉认真地追随着挪威顶级的浪漫主义艺术家们，一丝不苟。尽管两者的画作都不能确保进入国家美术馆，但值得我们高度重视的是，这些认真的学生在艺术的其他领域表现出杰出才华之前，就已努力解决了艺术作品的形式与色彩等问题，经过各种训练而具备了精准的观察力。

1843年，易卜生15岁。此时，他已行过坚信礼，离开了学校。在那个年代，这标志着一位年轻的中产阶级挪威人青春期的开始。对他而言，未来生活中的任务没有比接受当地校长提供的教育更复杂的了。易卜生曾说起过他想要成为一名专职艺术家的心愿，然而这一心愿却无法被满足。后来，挪威的艺术家们都被迫出国完成必要的技能训练。作为一种规定，学生们去德累斯顿④，因为当时达尔在那里。但也有很多人在杜塞尔多夫⑤安身，那里的教学吸引着他们。不管是哪种情况，培训一种有创造力的专业技能意味着长期的大笔开销，并且也无法保证最终能得到回报。法恩莱伊（Fearnley）这位挪威的天才画家，刚于1842年离世，年仅40岁。他几乎还未开始出售自己的画作。毫不奇怪，境况大不如前的克努德·易卜生甚至都没考虑一下就断然拒绝迈向一条需长期承受沉重经费负担的生活道路。

易卜生在家里闲荡了几个月，等到快满16岁时，给一名叫做马恩（Mann）的药剂师当了学徒。这家药铺位于格里姆斯塔这座小镇，在挪威海岸线的东南狭角上，阿伦达尔⑥和克里斯蒂安桑⑦之间。在这里，易卜生一住就是五年多；在这

---

① 亚历山大·蒲柏（1688—1744），18世纪英国伟大的诗人。——译者注
② 查尔斯·杰瓦斯，又名贾维斯（1675—1739），爱尔兰巴洛克时期的肖像画家、翻译家。1694—1695年，他师从葛德佛瑞·克内勒学习绘画。1713年亚历山大·蒲柏跟随他学习绘画。1714—1715年他为蒲柏绘制肖像。1742年，其译作《堂吉诃德》以贾维斯的名字公开发表出版。——译者注
③ 葛德佛瑞·克内勒（1646—1723），著名英国肖像画家，也是宫廷御用画家。——译者注
④ 德累斯顿（Dresden），德国萨克森自由州的首府，德国东部重要的文化、政治和经济中心。——译者注
⑤ 杜塞尔多夫（Düsseldorf），德国北莱茵-威斯特法伦州首府，位于莱茵河畔。——译者注
⑥ 阿伦达尔（Arendal），挪威的一座城市，位于东阿格德尔郡。——译者注
⑦ 克里斯蒂安桑（Christianssand），位于挪威南部斯卡格拉克海峡沿岸，是西阿格德尔郡的郡治。克里斯蒂安桑由丹麦与挪威国王克里斯蒂安四世于1641年创建。——译者注

里，他成为一名诗人；也是在这里，他形成了自己奇特的气质。如果说伟大的天才受其环境及其在环境中的身体状况的影响，那么正是格里姆斯塔和位于其中的这家药铺的气氛铸造了易卜生的性格。他像扔掉一件旧衣服一样将希恩和他父亲的房子抛在脑后。他离开了几乎并不了解的父母，离开了令他憎恶的小镇，离开了那些似乎总把他当做十足傻瓜的老师和同学。然后，他系上围裙，手握研槌，在这家格里姆斯塔的小药剂师店铺里开始了日日捣药的生活。《布莱克伍德》杂志①曾卑下地讽刺济慈②："约翰先生回到店铺，继续和那些膏药、药片和软膏盒黏在一起。"这话对《恩底弥翁》的作者③并不合适，却恰恰道出了《培尔·金特》的作者④的实情。

人们曾一度将对易卜生的好奇与崇拜归因于格里姆斯塔。这真是个天才成长的不可思议的地方！在将近六年间（从1844年到1850年）——这些年也是铸造易卜生性格与才能的最重要的一段时间——欧洲目睹了一位最富创造力和丰富想象力的人被封闭在这里，与这些膏药、药片和软膏盒为伴。格里姆斯塔是个面积不大、与世隔绝且令人悲忧的地方，它与外界几乎毫无联系，仅能通过乘坐汽船到达。平淡无奇的群山包围着它，它在东风中显得十分突兀，雄踞在一片由裸露的岩石装点的黑暗海湾之上。在附近既没有工业，也没有名胜古迹，只有一成不变的小红房子和那些似乎从来不做什么事的人们。据说，在易卜生那个年代，这里有大概五百多个麻木不仁、缺乏热情的居民。在这里，在之后那冗长而乏味的六年里，欧洲最敏锐、最富洞察力的头脑之一，不得不以此为乐：在药剂师的柜台后研磨吐根制剂，或将黑色的国际跳棋混合在一起。

这几年没有留下任何关于易卜生在格里姆斯塔的生活的记录，很可能没有什么需要记录的。他自己的有趣的笔记，显然，只记录了这一阶段快结束的几个月。

---

① 《布莱克伍德》杂志（1817—1980），英国评论性杂志，由威廉·布莱克伍德创办，原名为《爱丁堡月刊》。——译者注
② 约翰·济慈（1795—1821），出生于伦敦，英格兰人，英国杰出诗人。14岁时，曾将维吉尔的长诗《艾涅阿斯纪》译为英语。1810年，曾被送去当药剂师的学徒。1817年，济慈的第一本诗集出版。这本诗集受到一些好评，但也有一些极为苛刻的攻击性评论刊登在当时影响力较大的《布莱克伍德》杂志上。1818年春，济慈出版诗集《恩底弥翁》。在之后的几年中，疾病与经济上的问题一直困扰着济慈，但他却令人惊讶地写出了音调优美、古典意象丰富的《圣艾格尼丝之夜》《夜莺颂》《希腊古瓮颂》和《致秋天》（《秋颂》）等著名诗作。——译者注
③ 指约翰·济慈。——译者注
④ 指易卜生。——译者注

在易卜生出生前十年，欧洲最伟大的诗人①曾写下这样的诗句，似乎意在描述他所处的这样一种青春期的状态："少年的想象是健康的，成年男子的成熟想象也是健康的；但在少年与成年之间存在一段生活空间，此间的灵魂在变革中激动不安，性格尚未定型，生活方式尚未确定，志向尚不明确，因此会多愁善感，无病呻吟，之后，纵有千般苦，更与何人说。"②

不难发现，易卜生在他6岁到20岁之间，遭受了严重的道德失调与精神紊乱。他处于斗争之中——单兵作战——同他所处的小环境斗争。然而，这小环境似乎是宽容的，甚至是友好的。我们难以想象在六十年前，生活在挪威的一座遥远的滨海小镇是什么样的情形。当时，小镇与首府的交通十分不便，即便艰难跋涉到达首府，那时的首府也不过相当于我们现在所说的一个小村庄而已。也许，当时格里姆斯塔的优秀居民受到的教育远比我们猜想的好得多。一种优雅却浮夸的"金玉其外"的文化，一种老式的来自丹麦哥本哈根上流社会的优雅，成为这些更为保守的公民们的标志。新一代人如同燎原之火——然而，这火不够热烈，它没能让挪威的海湾燃起熊熊烈焰——他们正以各种爱国的形式庆祝这个国家刚刚获得的相对自由。总的来说，像易卜生这么阴郁的男孩很可能会更喜欢前面那种保守的类型，但他对二者都很不屑。

他贫困潦倒，以至于除了基本的必需品，比如食物、衣服和书，其他什么也没有。我们可以看到他的地位有略微的上升，起初只是一个学徒，然后成为一名助手，最终在朋友们的建议下学习医药，并且有望在将来的某一天成为药铺的主人。安斯泰伊先生（Mr. Anstey）知道这些吗？或者，这只是天才的冒险经历的一部分，当他将大师的品质融入"药片医生赫达尔"（"Pill-Doctor Herdal"）之中，合成"美妙的彩虹色药粉，将为人带来世间真正的微笑"？也许可以这么认为，易卜生有时梦想过一种叫做"希尔达"（Hilda）的药片，"里面有砷，有洋地黄制剂，还有士的宁（马钱子碱）和最好的杀虫剂，它将杀害大批的受人敬仰的格里姆斯塔居民，他们的尸体横七竖八地铺在那些石头上，身上穿着准备奔赴宴会的盛装服饰。他胸中有怒火的种子，这股愤怒火势汹汹，在这个年轻人心中腾腾升

---

① 指前面提到过的英国诗人约翰·济慈。——译者注
② 这段诗句引自济慈于1817年创作的长诗《恩底弥翁》的前言部分，该诗作首次发表于1818年，出版人为本杰明·贝利和约翰·泰勒。——译者注

起——他隐约感到自己拥有与生俱来的能量，却不懂得如何运筹帷幄，甚至不知如何明确地表达其心愿。他态度粗蛮，相貌平平，并且，正如他自己可怜巴巴地、天真地告诉我们的那样，他无法表达出对那些曾想和他发展友谊的为数不多的人的衷心感谢。

随着年龄的增长，他似乎并没在举止优雅方面有多大长进。格里姆斯塔的正派体面的公民们——就连格里姆斯塔这样一个小地方也有普通人难以进入的贵族小圈子——认为易卜生"不太礼貌"。这位药剂师的助手是位鲁莽的年轻人，他自己似乎并没有意识到其卑微的地位。当然，他是很聪明的，如果他的举止有足够的吸引力，格里姆斯塔的人们会忽略那些药片与药膏的。然而，他蛮横无理、好勇斗狠、咄咄逼人，并且极爱争辩。年轻的女士们在这方面不像那些年长的人们那样带有习惯性的偏见，因此很多青少年在这种情况下享有实质上的成功。但年轻的易卜生即便在这些没有偏见的女孩子们面前也不怎么受待见，他常吓唬她们，令她们惊慌失措。其中一位格里姆斯塔的年轻女士后来试图描述这位诗人给她们的印象。她们当中没有任何人喜欢他，她说，"因为"——她犹豫了片刻，想了想还是说出了那个词——"因为他是如此像鬼怪"。这恰恰给了我们想要的"电光一闪"。闪现于人们脑海中的"鬼怪"这个词向我们展示出了这位脾气不好的年轻人，几乎存在于无形之中，他在暮色下没人的地方游荡，被公认为不怀好意的人。人们描述他时用手势而不用言辞，由此可见，他距离受人褒奖或令人惬意还很遥远。

因此，格里姆斯塔的生活似乎就这样继续着，直到易卜生21岁。在这个安静的海港小村的荒僻落后地区，时光从容不迫地流逝着，努力工作的药剂师们的发展也很缓慢。易卜生在任何方面都没有早熟的迹象，即使他没有因处于社会的角落而感到失落、备受折磨，他也没有在生活或文学方面显出早熟的倾向。实际上，他后来的觉醒似乎纯属偶然。他曾存有一些诗稿，所幸现已佚失，还有一些意义更为重大的"讽刺短诗"和"漫画"，它们的发布令诸多大人物苦恼不安。这种才华最早上溯至17世纪被人们称为讽刺文章的言论，它们常出现在公开出版的报刊上，并且可以看出是在讽刺某些人的。毫无疑问，如果恢复这些东西，我们会发现它们粗鄙不堪，毫无艺术性，但包含着未来人们所热衷的肖像画的发端。它们的热情似乎足以引起格里姆斯塔的极大愤恨。有证据表明，这位年轻的小伙子为了创作挪威语散文作品，四处寻求援助，在这件事上，他对一切都相当温驯。对此我们无须了解太多，只需知道易卜生与卑尔根的保罗·雅安塞尼乌斯·斯图博（Paul Jansenius Stub）后来发生争论的一则消息。1848年，斯图博校长已经退休，他经济拮据，捉襟见肘，靠讲课来勉强维持生活。易卜生是如何打听到他的，我们不得而知。但在1851年时，易卜生带着不必要的尖刻，同他之前的老师斯图博就戏剧问题开展了一场激烈的争吵，斯图博抱怨说易卜生不懂得知恩图报，因为他曾"教过这个男孩写字"。斯图博在这件事上所做的，无疑，仅限于给易卜生改过一些练习。

易卜生自认为：他的才能和个性是被欧洲革命的风暴唤醒并激发出来的。第一件真正引起他兴趣的政治事件是法兰西第二共和国宣告成立，那时几乎正碰上他的20岁生日。他再次降生了，一个1848年革命的孩子。革命风暴席卷维也纳、米兰和罗马。威尼斯宣告成立共和国，教皇逃亡加埃塔①，卑尔根的街道淌满了人民的鲜血。马札尔人（Magyars）②起身反抗耶拉契希（Jellachich）和他的克罗地亚军队；捷克要求自治；为响应德国的革命声势，石勒苏益格－荷尔斯泰因（Schleswig-Holstein）③举行了武装起义。④

这些事件和其他类似事件，以及在那迅雷烈风的重要年月里所发生的一切，如同重锤击门一般猛烈地刺激了易卜生的脑部神经，直到它热情而激动地震颤。原先的阴森与沉闷结束了，取而代之的是出人意料的清晰和坚定，他看到了眼前这条诗人的道路。昔日的浮云散去了，尽管限制其事业的社会困难严重如常，他本人已不再怀疑自己生活的目标。他听到了革命的呼声，事实上呼声微弱并且支离破碎，那是一小部分人狂躁而忙乱的声音，他们一度反对声势浩大的正派的大多数，但对于他而言，就在那时，他年轻的心正准备怀着信念、满心喜悦地接受

---

① 加埃塔（Gaeta），位于意大利。——译者注
② 马札尔是匈牙利的一个民族。——译者注
③ 石勒苏益格－荷尔斯泰因，德国西北部州名，位于日德兰半岛南部，首府基尔，由前石勒苏益格公国（丹麦公国）和前荷尔斯泰因公国（曾为德意志萨克森王国一公爵领地，自1474年起成为丹麦一公爵领地）合并而成。该地1866年被普鲁士占领。石勒苏益格北部地区于1920年通过公民投票归还丹麦。——译者注
④ 此段涉及的历史事件，均可参见挪威历史学家哈夫丹·科特（1873—1965）于1928—1929年所写的两卷本《易卜生传》。Halvdan Koht. Henrik Ibsen. 2 vols. Oslo: Aschehoug, 1954: 315, 324. ——译者注

它。这对易卜生性格的影响是突然而具有决定性的：

> 他遂起身而立，举步朝尘埃
> 且惧且欲，将信将疑，
> 酣睡有时，梦中甘苦，
> 备好必需的知识和耐心
> 整装待发。
> 还有在那水深火热之年
> 那些腐烂、生锈与变化之物；
> 他的精神食粮
> 乃是自由，他的棍棒由力量锻造而成，
> 而他的斗篷由思想编织而成。

我们不必猜想这首诗的主题，这么一段极有意思的文字，不知怎么似乎避开了他的评论者们的注意，在《凯蒂琳》第二版（1876年）序言中，他描述了引发他离开环境恶劣的格里姆斯塔的影响因素：二月革命、匈牙利起义以及石勒苏益格第一次战争。他写了一系列商籁体诗歌①给奥斯卡国王，恳求他武力援助丹麦，这些诗现已佚失。那些晚上，当他所有的工作都最终完成了，药铺也打烊了，他便爬到那阴暗狭小的小阁楼里睡觉，睡梦中他没有迷失在世界的边缘地带，而是在世界的中心独自战斗。在这里，他开始写作他的第一部戏剧作品，开头几句是：

> 一个声音正向我呼唤，
> 它来自我灵魂的深处，
> 我必将，必将
> 跟随它，听从它的召唤。②

这段话也许可以作为易卜生毕生作品的卷首语。

---

① 商籁体诗歌（sonnets），即十四行诗。——译者注
② 易卜生第一部剧作《凯蒂琳》的第一幕第一段台词。——译者注

在给乔治·勃兰兑斯的一封信中，易卜生道出了关于他自身的洞见：在他待在格里姆斯塔的最后一年里，他的精神与道德闹饥荒，心中生出"血气旺盛的自负"。通过易卜生所有的讽刺剧，我们看到了这个思想偏狭的小镇，伴随它荒谬可笑的官员、凋敝而虚伪的社会秩序以及它令人无法忍受的法律法规——它们改来改去，有时扩展延伸，有时跟随潮流更新，但总是在这位诗人的记忆中反复出现。直到最后，那些格里姆斯塔的图景和叛乱融入了他的灵魂，并被反复地呈现给他的读者。

然而，是时候面对克里斯蒂安尼亚①的考验了。他是如此忙于药铺的工作，以至于，如其所言，不得不偷点时间来学习。他依然住在楼上那被他称为小阁楼的房间里，似乎他地位的改变——从学徒晋升为助手——并没能增加他的社会便利。他还是那个工作过量的药剂师，从早到晚拿着研槌和研钵捣磨药品。有人指出这种奇怪的情形——《凯蒂琳》这部剧中几乎每个场景都发生在黑暗之中。这其实是无意为之的，但后来现实主义者的关注点都在于：故事必然发生在晚上。当他从阁楼里出来时，便跟着一位神学候选人阅读拉丁文，这位蒙拉先生（Mr. Monrad）是后来那位著名教授的哥哥。恰逢一个千载难逢的机会，大学考试的题目是"凯蒂琳的密谋"（the Conspiracy of Catiline）②，他借由这个机会开始研学萨卢斯特（Sallust）③的历史学著作和西塞罗（Cicero）④的演说。

没有比这更契合易卜生的热情之火的主题了。他这辈子从来不是个语言学家，对历史也不大感兴趣，假使这个主题不太能引发他的同情的话，他很可能无法专注于拉丁文。然而，他告诉我们，他一接触到那个被抨击的人物，就迫不及待、如饥似渴地吞掉了那些资料。萨卢斯特所写历史的开始部分，是当时的每个读书人必读的——我们可以想见他们得费多大力气才能发现易卜生这样一个年轻人怀

---

① 挪威首都奥斯陆的旧称。——译者注
② 根据其拉丁语发音，亦作"卡提利纳阴谋"，萨卢斯特笔下的卡提利纳即易卜生笔下凯蒂琳的原型。——译者注
③ 萨卢斯特（前86—前35），罗马历史学家和政治家，拉丁名为 Gaius Sallustius Crispus。作为历史学家，他关注公元前146年迦太基灭亡后罗马在政治上和道德上的衰落，其尚存的主要作品记述了卡提利纳阴谋和朱古达战争。——译者注
④ 马库斯·图留斯·西塞罗（前106—前43，Marcus Tullius Cicero），古罗马著名政治家、演说家、雄辩家、法学家和哲学家。出身于古罗马奴隶主骑士家庭，因善于雄辩而成为罗马政治舞台的显要人物。从事过律师工作，后进入政界。开始时倾向平民派，以后成为贵族派。公元前63年当选为执政官，后被政敌马克·安东尼派人杀害。——译者注

有那么充沛的感情。"卢西乌斯·卡提利纳，贵族出身，具有非凡的灵魂与肉体的力量，但是邪恶的本性使之堕落。"① ——这如何随即在诗人们创作时产生一个极端反叛、和撒旦一样的形象？它如何以其能量、才智和骄傲吸引这些年轻人的好奇心？这些年轻人的生活方式如同济慈所言："尚未确定，志向尚不明确！"

易卜生对萨卢斯特比对西塞罗更感兴趣。批评家们总爱为每个天才都找出一个潜隐在背后的前辈，比如给拉斐尔找了个佩鲁吉诺（Perugino）②，给莎士比亚找了个马洛（Marlowe）。如果我们按图索骥，也能找出启蒙易卜生的思想大师作为他"背后的前辈"。这位真正的大师既不是易卜生同时代的作家，也不和他使用同样的语言，他便是萨卢斯特。毫无疑问，萨卢斯特具有那种冷峻严酷的力量；他坚定不移，建造他那大张挞伐的大厦；他缜密周全、讲求实际、单刀直入、鞭辟入里；他秉持质疑与批判的态度，即便名誉扫地也毫不动摇。所有这些品质都直接影响了易卜生的心智与性格，在其性格尚未成型时，对其铸造大有帮助。

没有证据表明西塞罗的演说像萨卢斯特的叙述那样深远而重大地影响了易卜生。毕竟，西塞罗演说的目的是镇压密谋叛乱，而易卜生感兴趣的是凯蒂琳的形象，由于萨卢斯特这位历史学家严格质朴地保留了这段历史，凯蒂琳的形象以一种更为激动人心的方式呈现在易卜生面前。无疑，对于这位年轻的诗人而言，萨卢斯特深深吸引他的是其严肃古老的文风和冰冷而猛烈的情感。对此，我们多么应该感激这位历史学家，他那铿锵有力的长音节词语——"可耻的和罪恶的"③——使我们这位充满激情的药剂师并不满足于仅仅成为一位慷慨激昂的科林斯式散文④的演讲者！

易卜生此时开始了他生命中最早的两段友谊。尽管他已年逾二十，却似乎仍然没有向周围人表露心声的能力。对于格里姆斯塔的居民们而言，易卜生就是和他们居住在一起而不和他们说同样语言的陌生人。或者，毋宁说，完全"像鬼怪

---

① 此处葛斯引用了萨卢斯特在《卡提利纳阴谋》中评论卡提利纳的三个特征，原文为 Lucius Catilina nobili genere natus, magna vi et animi et corporis, sed ingenio malo pravoque。——译者注
② 佩鲁吉诺（1445—1523），意大利画家，其最著名的作品是在西斯廷礼拜堂的壁画《基督授钥匙于圣彼得》。——译者注
③ 原文为 "flagitiosorum ac facinorosorum"，前后两个长音节单词均以 f 开头，-sorum 结尾，腹韵都是 o，首韵、腹韵和尾韵基本对仗工整，音律铿锵，具有古体文所讲求的节奏美、音乐美、建筑美。——译者注
④ 科林斯式散文以语言精巧华丽著称，通常用于表达道德高尚的精神。——译者注

一样"，根本不说任何语言，而是纵情于对女性吹猫哨和做鬼脸。他这个被当做卡利班①一样的人，如今在友谊艺术的熏染之下，变得性情温驯而敢于表达了。这两个朋友中的一位是善解人意的年轻音乐家杜遏（Due），他在海关任职，另一位是奥利·舒勒路德（Ole Schulerud，1827—1859），他值得得到每位易卜生仰慕者的由衷感谢。他也在海关做事，这个年轻人以他较为独立的方式为人处世。易卜生向舒勒路德和杜遏表明了自己的诗作计划，并且，他似乎发现，当他满怀共和热情，为民族解放提出精神革命的方案时，他们俩都能与他产生共鸣。那是个动荡不安的时期，1848年，所有慷慨激昂的年轻血液都迅速涌向同一个方向。

易卜生离世后，杜遏发表了一篇十分生动的文章，回忆易卜生在格里姆斯塔的旧日时光。他写道：

> 他的日常作息表中，很少有休息与睡眠。然而我从未听到过易卜生因疲劳而抱怨。他的健康状况一直很好。他的体格一定非同寻常的强壮。因为当他迫于经济状况而不得不咬紧牙关生活时，他甚至没有内衣和袜子穿。在冬季，他不穿外套，然而并没有因此而患感冒或为其他身体疾病所扰。

我们看到，易卜生是如此忙碌，以至于他不得不从干活的时间里抽出一些来进行必需的学习。但从这些时间中，他告诉我们，他偷得一些工夫来写诗，写那些我们说起过的革命的诗，还有大量感伤而虚幻的歌词。他曾对密友杜遏朗诵这些歌词，并且，这位朋友为他写的这些早期作品谱曲。对舒勒路德，易卜生则委以更为秘密的重任，在1848年到1849年的那些晚上，易卜生在药铺楼上的小阁楼里创作出关于凯蒂琳的阴谋的三幕无韵体悲剧，当易卜生亲笔写的初稿完成后，舒勒路德抄写了一份这部剧作的干净的副本。1849年秋，舒勒路德带着这双重目的去了克里斯蒂安尼亚：一是把《凯蒂琳》交给剧场，二是确保它能出版。在1849年10月15日所写的一封信中（1904年初版）——这是我们能找到的这一时期的最早的文件——易卜生表达了他内心的痛苦，既有在等待这部剧的消息时备受折磨的焦虑，也（顺便提一句）暴露出他贫穷窘迫的境遇。尽管有舒勒路德的

---

① 卡利班，莎士比亚作品《暴风雨》中古怪、丑陋的奴隶。——译者注

全力支持与帮助，易卜生仍不得不意识到《凯蒂琳》不可能获得剧场的关注。1850年1月，易卜生收到了被他称为"死亡警告"的剧场通知，但这部剧不久后由舒勒路德出资，以布里恩约尔夫·布雅勒姆（Brynjolf Bjarme）为剧作者笔名正式出版了。《凯蒂琳》只售出了大约30本，不管怎样也不会为媒体所注意。

由于此时杜遏和舒勒路德一同待在克里斯蒂安尼亚，易卜生便只能孤身一人待在格里姆斯塔，一直忙于多项文学工作。他一直在写大量的歌词，并已开始创作独幕剧《诺曼人》，这部剧就是后来的《武士冢》（1850年）。他计划写一部中世纪传奇故事《囚徒在阿克什胡斯①》（这是个关于基督徒洛夫特胡斯的故事）。最最重要的是，他在忙于写一部关于奥拉夫·特里格威松②的悲剧。（注意：在权威版本的缩写中，在哈夫丹·科特③所写的易卜生的传记第59页中，写的是"奥拉夫·特里"和"奥拉夫·特"，在此基础上笔者将其扩展为"特里格威松"）。但是，可以十分肯定的是，易卜生所写的绝不是"奥拉夫·里列克兰斯"。易卜生在格里姆斯塔开始写的究竟是哪部剧？还有其他证据证明易卜生开始写的是奥拉夫·特里格威松吗？

他的一首诗已发表于克里斯蒂安尼亚一家报纸上。首都在召唤他，他无法抵抗，他再也不能忍受格里姆斯塔和那些盛放药品的小罐子了。1850年3月，21岁的易卜生兜里揣着不多的现金，离开了格里姆斯塔，去往首都试试他的运气。

---

① 挪威郡名。——译者注
② 公元995—1000年在任的挪威国王的名字，史称"奥拉夫一世"。——译者注
③ 哈夫丹·科特（1873—1965），挪威著名历史学家，易卜生传记的权威作者。——译者注

第二章　早期影响：在挪威的学徒时光

在易卜生的青年时期，他隐藏了他以往创作的大多数其他作品，而有意将公众忘却的《凯蒂琳》重新置于他后来创作的诸多作品之首。这足以向我们证明，易卜生将《凯蒂琳》看作一部相对重要的作品，尽管此剧并不完美，也不像他后来的剧作那样成功，但他要求我们对其进行批判性的审思。我不知可曾有人问起，易卜生是否注意过大仲马（Alexandre Dumas）在巴黎创作的一出关于凯蒂琳的五幕剧（1848年10月），那正巧是易卜生开始写作此剧的时间。这位年轻的挪威人很可能在报纸上看到这部剧的消息，于是立即决定也尝试写相同的主题。在大仲马的剧中，凯蒂琳只是个平民领袖，他是红色旗帜的化身，该剧在罗马历史的面纱下讨论了法国当时的政治局势。凯蒂琳只是某种像罗伯斯庇尔一样的革命者形象，被赋予了当时的时代意义。这些在易卜生的剧作中全然无迹可寻。

奇怪的是，尽管这个悖论很容易被解释，但当我们比较这部挪威戏剧和1611年本·琼生发表的悲剧《凯蒂琳》时，我们还是发现有许多相似之处。不必说，易卜生从未读过这部古老的英语戏剧，甚至可以放心地打赌说：当易卜生去世时，他也未曾听说过或见过本·琼生的姓名。然而，他们之间的偶然相似基于这一事实：两位诗人都密切关注用拉丁语记载的事件。他俩都没有使用萨卢斯特对凯蒂琳的呈现，仿佛它是个谣传，但是，在保持叙事精确性的同时，他们都为这个为首的谋反者增加了一种与生俱来的伟大个性光彩，比如他原先的贬损者拒绝了他。在本·琼生和易卜生的两首诗中，凯蒂琳——

其武装伴随有同样高度的荣光与绝望。

古英语戏剧家和现代挪威语戏剧家的另一个相似之处是他们俩都感到需要点燃剧中严肃崇高的东西,并试图通过不同的方法提供与呈现出来。本·琼生运用庄严肃穆的"歌队",而易卜生运用抒情诗。在后者的例子中,悲剧在声如洪钟的韵体诗中结束,一点也不适合舞台演出。

在易卜生天生偏爱戏剧韵律的诸多例子中,这个例子是十分奇特的。在他所有的早期剧作中,他都倾向于以抒情诗的格调进行创作。这种倾向在大约二十年后的《布朗德》和《培尔·金特》中达到高峰,而后他采用朴素的散文体进行戏剧创作,这很可能不是因为其抒情诗的才能远离了他,而是他发现它阻碍了他纯戏剧性的表达。因此,他决定,通过一种自我否认的内省规则解除这种束缚,戏剧中的韵体抒情诗就像一件刺绣的披风,本身是非常具有观赏性的,但限制了行动者的动作。易卜生的《凯蒂琳》的结尾,正如我们所说,完全用韵文创作,其效果极为奇特。似乎这位年轻的诗人无法阻止他胸中奔涌而出的韵文,尽管它在只需走路时开始奔跑。此处摘取一个片段:凯蒂琳刺杀奥瑞利亚,并且将她留在帐中等死,但当他正在帐门边独白时,弗尔维亚刺杀了他。他躺在一棵树的脚下,濒临死亡,说了一段话,并以此结尾:

——看,那边有两条大路摆在面前!我将无声地朝左边奔去。

奥瑞利亚(出现,沾有血渍,在帐门处)
不!应该向右!走向极乐世界。

凯蒂琳(大惊)
噢,彼处苍白惨淡的幽灵,它如何使我充满悔恨。竟是她!奥瑞利亚!告诉我,你还活着吗?不是一具尸体?

奥瑞利亚
是的,我还活着,为了平息你的痛苦的呼号——我活着,为了把我的胸膛贴在你的胸膛上，然后死去。

凯蒂琳（疯狂的）
什么？你还活着？

奥瑞利亚
死亡的栅栏将我围住，向我扔下一件枢衣，我刚才只是昏迷过去。虽然我已双眼模糊，但仍迷迷糊糊地跟随着你，并看见，看见一切，而我的激情给予我受伤的身体一个妻子的力量。让我们，我的凯蒂琳，心贴着心，一同走进坟墓！

（注：在1875年，易卜生重写了《凯蒂琳》这一部分的全部内容，然而，没有改进它。为什么伟大的作者们总是通过篡改他们早期的文本而弄乱文学史呢？）

在这方面，当他在浪漫主义的深潭里挣扎时，他已远离了萨卢斯特的沉静严肃。在格里姆斯塔，他孤身一人，只能扪心自问，与自己对话，而一位年轻诗人的内心尚未同丰富多姿的生活产生什么联系与交流，它一定是感性与浪漫的。北方的评论家们费尽心思试图证明易卜生在《凯蒂琳》中表现了他自己的性格与气质。无疑，进行这种分析是极具诱惑力的，但有意思的是，一些被指出尤为突出地自我表露的独白事实上几乎一字不动地译自萨卢斯特。也许剧中这段主人公所说的话真的很重要：

如果能有哪怕顷刻的时间我可以熊熊燃烧，
火焰穿过宇宙，成为一颗陨落的星；
如果仅有一次，通过一件光荣的事，
我只要可以编织凯蒂琳的名字
以光荣与不朽的至高声誉——
那么我应幸福而欢乐，在征服的时刻，

> 离开一切，急行赶往一个陌生的海滨，
> 愉悦地将那锋利的匕首刺进我的心中，
> 然后死去，因为那时我应该真正生活过。

我们知道，这段文字体现出易卜生的个人偏好与兴趣。他的妹妹证明，这是易卜生当时在私下里谈及他自己时所表示出的主要意思。

《凯蒂琳》在戏剧艺术方面很不完美，情节发展非常原始，但它呈现出一部文学作品值得被关注的一面。它完全是个奇特的存在，因为它令人惊奇，它前无古人。尽管在挪威独立的 30 多年间，各种各样的文学体裁都被极为努力地开发出来，但戏剧在此前完全被忽视了。除了布雅莱郭尔德（Bjerregaard）的一部优雅的歌剧享有持续 25 年以上的盛誉以外，在 1815—1850 年，挪威出现的戏剧形式的文字仅有威尔格兰德（Wergeland）毫无价值的荒诞抒情笑剧。《凯蒂琳》这样一部以无韵体写作的三幕悲剧在现代挪威尚不见经传，可见这位格里姆斯塔的年轻药剂师不论在做什么，都没有盲从同时代人的时尚。

此时对易卜生影响最大的（如果不是唯一的）主要人物是伟大的丹麦悲剧作家阿达姆·奥伦施莱厄（Adam Oehlenschläger）。也许令人难以置信的是，这位斯堪的纳维亚的领军人物、浪漫主义泰斗似乎有意退隐而让位给他的现实继承人，因为奥伦施莱厄的最新一部剧《基阿尔塔恩和古德鲁恩》（*Kiartan and Gudrun*），恰出现于易卜生构思《凯蒂琳》时，而这位丹麦诗人去世的时间（1850 年 1 月 20 日）正是易卜生到达克里斯蒂安尼亚之前不久。后来，易卜生认为霍尔堡（Holberg）和奥伦施莱厄是他写作自己第一部剧时阅读过的两位剧作家。他确定地说，他并不知道席勒、莎士比亚或法国的作家。在丹麦丰富多样的戏剧文学中，对奥伦施莱厄和他自己所处年代的作家，他此时也一无所知。后来，海贝格（Heiberg）和赫茨（Hertz）的影响力很大，但那时显然还没有产生。然而，重要的是，当时的挪威及挪威人的品位与观念，丝毫没有影响易卜生对主题与形式的选择。

我们不应因为没有人写作挪威戏剧就认为挪威不存在对戏剧表演的审美趣味。相反，在大多数大城镇里，一直都有在室内搭建舞台的私人剧场，经验丰富的巡回演出团常让争先恐后参加演出的"最合适的演员"在舞台上表演。然而这些演员只能是丹麦人，因为当时人们普遍认可的传统是挪威人不能参加演出。如果他们试图这么做，那他们的挪威本地口音就会令其他公民感到不适。他们要求，作为一种必要条件，演出中必须使用哥本哈根皇家剧场培训出来的特别的重音和发音，而摒弃所有的本土口音。因此，舞台——这一点在易卜生的事业中尤为重要——成为政治感情中某种倾向的象征。挪威社会分为两大阵营，"亲丹麦派"和"爱国派"。两者都不想改变现有的权力平衡，但后者希望挪威精神自主，并倾向于在语言、文学、艺术和社交礼仪方面更独立，而前者认为回到野蛮状态的危险时时处处存在，除非好好保持丹麦的优良传统——机智风趣、谈吐优雅并且文明理性。

因此，挪威剧场只以丹麦的方式与风格上演丹麦的剧本，由丹麦演员演出。演出在保守派当中极受欢迎和推崇，他们认为，通过参加这些表演，高贵的语言和上层生活的外表得以保留，它们来自誉甲北欧的哥本哈根。另一方面，爱国派则不屑于这种舞台演出，他们极度怀疑这种演出，因为它们很可能会削弱民族情感的纯粹性。

最早尝试创办民族剧场的是瑞典人耶·佩·斯特罗姆贝尔格（J. P. Strömberg），他于 1827 年在克里斯蒂安尼亚做了尝试，但他没能成功，他的剧场在 1835 年的大火中毁于一旦。他曾做出一些努力，尝试用挪威习语训练本土演员，但也没什么成效。看戏的公众喜欢丹麦式的戏剧，甚至某些十分爱国的人士也不能否认。戏剧，比如奥伦施莱厄写作的伟大历史悲剧，有许多都是激情澎湃的挪威传奇，它们仍是地地道道的挪威戏剧，正如一位外国诗人写作的本土诗歌一样依然是属于本民族的。但必须铭记在心的是，那时候，克里斯蒂安尼亚对哥本哈根而言就像后来都柏林对伦敦而言一样，或者如同半个世纪前的纽约。在艺术中，老殖民地的依附性最不情愿消失。

然而，爱国派的活动逐步稳定增加，1848 年，爱国情绪的普遍高涨直接影响了挪威的运动。

不过，由于国内政策的各种原因，在这个重大的动乱时期，也许在欧洲没有比北部更混乱的地方了。新国王奥斯卡一世（Oscar I）于 1844 年即位，随之带来了一种恢复国家安全的感觉。农民们很满意，因为新政有益于他们的权利与自由，并且这位君主十分倾向于让他的挪威王国尽可能地自主发展。这一切导致的结果就是 1848 年没有在这个国家的内部历史中留下什么痕迹，而在年轻的心中激荡不安的东西主要（如果不是完全）是精神上的。来自格里姆斯塔的年轻的凯蒂琳，因此，遇上了一些志同道合的反叛者，但没人愿意合作。然而，他的发现对其未来发展如此重要，以至于很有必要简单地回顾一下。

1850年，挪威已经独立于丹麦36年了。在绝大多数时间里，为政治存在而斗争的如火激情几乎耗尽了挪威的精神资源，使之没有力量去开创本国的文学。同时，这两个国家的文学与科学的关系的连续性也不至于让其共同联盟被打破。一些爱国者做了巨大努力去发掘完全独立的精神生活的基础，找寻那些像从旧政权的灰烬里新生的凤凰一样的东西，它们完全与斯卡格拉克①南部继续繁盛的东西无关。但是克里斯蒂安尼亚大学的所有努力都是徒劳的，没能阻止文明阶层将哥本哈根视作他们的光源与中心。也许可以这么说，有这么一些作者——其实只有少数几个人——在某种程度上，他们谦卑地跟在他们的丹麦同行脚步之后，亦步亦趋。不能总信那些爱国的文学史家，那些研究本土挪威批评手册的人肯定会维护他们。当评论师瓦契（Schwach）、布耶瑞歌尔德（Bjerregaard）和汉森（Hansen）这三位诗人时，说他们在歌曲中"开创了挪威年轻的自由"。其实这三位著名的爱国抒情诗人的文字，不会为欧洲经历的光环所笼罩，他们小蜡烛般的火光逐渐减小为白昼中的小火花。他们满足了1815年后第一代人的虚荣心，但不值得记载在诗性艺术的年表上。如果易卜生曾读到这些韵文，他一定会嗤之以鼻。

然而，瑞典与挪威联合②二十年后，也就是在易卜生的童年早期阶段，出现了一个事件。这个事件在挪威文学史上是独特的，它产生了深远的影响。1830年，在一般情况下诗歌艺术尚不多见的这两个国家里，人们对诗歌产生了广泛的兴趣和温和的热情，这种本能因由大量的诗体书写倾诉而得到满足。这些诗歌大多数很糟糕，在强烈的个人仇恨情绪中进而被恶化，这种仇恨情绪一度引起了所有在挪威受过良好教育的人们的注意，其程度超过了任何其他的文化问题，在当时甚至超过了政治问题。从1834年到1838年，所有文明人的兴趣中心是被我们称为

---

① 斯卡格拉克（Skagarak），指斯卡格拉克海峡，位于挪威南部和丹麦西北海岸之间。——译者注

② 1397年挪威、丹麦和瑞典加入卡尔马联盟（1397—1523）。1523年在瑞典离开该联盟后，挪威成为丹麦-挪威联盟（1524—1814）中的下级伙伴。1814年挪威被丹麦割让给瑞典且通过了挪威宪法。挪威宣告独立但之后被瑞典占领，史称瑞典-挪威联盟（1814—1905），挪威议会被允许继续存在。1840年代开始产业化，1884年引入议会制。1905年瑞典-挪威联盟解体。这里和下文中的"联合"指的是瑞典-挪威联盟。——译者注

"暮光争论"（"Twilight Feud"；Daemringsfejden）的东西，记录易卜生的精神发展过程的完成必须参看这个著名的争论，除了受人们欢迎的小品和宣传小册子以外，其影响长久地存在。

现代挪威文学以这场伟大的争论为开端。毫无疑问，主人公是两位天才诗人，他们的气质和喜好截然相反，以至于上帝为了将长期以来平庸陈腐的观念燃烧殆尽，似乎必须在那种原始而易于被激怒的文明之中将他们记录下来。亨利克·威尔格兰德（Henrik Wergeland，1804—1845）是法国大革命中一位迟来的儿子，思想、幻想、旋律与热情在他非正常运转的大脑中酝酿，他的诗歌如同汹涌而来的无尽激流奔涌而出。很难从源自斯堪的纳维亚的观点中获取对威尔格兰德的理性印象。挪威的批评家们一如既往地过高评价了他的才能，而丹麦批评家们忽视并且嘲笑了他的自负。挪威人仍然高度赞扬他"在其神性热望中的崇高"，而丹麦人则认为他是个歇斯底里的蹩脚诗人。这两种观点都未得到这位诗人的外国读者的赞同。

事实上，两国一致的看法似乎是这样的：在威尔格兰德的作品中我们看到一种典型的样式，它充满了幻想；他的创作情绪非常激烈，但本质上很温和。他欣喜若狂，心醉神迷；他的想象浩浩荡荡，横无际涯；他是一位孟浪的即兴诗人。在他的思想中，他是一位荒谬的人道主义者。这位超凡的工作者，其心灵的生命力如此旺盛，似乎从未因过多的劳作而衰竭。他在理论上是一位理想主义者，在私生活中却充满可耻的情欲。他是他的灵感的受难者——灵感像突然而来的一阵风向他袭来，征服了他的躯体。在威尔格兰德的作品中，我们看到一种诗性气质以其最肆无忌惮的形式存在。概览其卷帙浩繁的作品，就像涉足混沌一般。我们看到，《创造、人类和弥赛亚[①]》（Creation, Man and the Messiah，1830）这部巨型史诗几乎到达了临界点：它将歌曲变成赞颂，在描述性篇章中拥抱宇宙；它展示出天才的一切愤怒、咆哮和污浊，而非其纯洁与平静。毋庸置疑，天才就是这样的，然而，它处于一种强烈的混沌状态。

当一个时期的统治才能存在于威尔格兰德的性格之中时——

雷声和爆炸声，

[①] 弥赛亚，希伯来《圣经》预言的犹太民族的拯救者。——译者注

在急流中，在波涛里，

圣诞歌声与呼喊声

在坟墓上方，在墓穴上空——

正如马修·阿诺德（Matthew Arnold）在诗中所写的那样，这脆弱的魂灵为沉寂哀叹，并起身公然反叛伊阿克楚斯（Iacchus）和他的随从们，是他们毁掉了生活中的一切平静，并用他们的暴乱使无辜的血液变得疯狂。约翰·塞巴斯蒂安·魏尔哈文（Johan Sebastian Welhaven，1807—1873）是威尔格兰德所在的那所大学的一名学生，他在威尔格兰德以其抒情诗的尖叫声响彻云霄之时保持缄默。魏尔哈文尽可能长久地忍受威尔格兰德的理性主义和共和辞令，尽管愈来愈愤怒，直到这位吟诵"创造"的狂诗狂文的作者违背一切举止行为或政治见解的温和中庸的态度，指责那些持合理的文学与政治观念的人是叛徒。随后，对付当地这位无知而拙劣地模仿维克多·雨果的人变得有必要了。当读到威尔格兰德在《阿蒙蒂拉多①酒桶》（The Cask of Amontillado）中所写的"在侮辱之上冒险"时，魏尔哈文"发誓他会遭报应"。

我们可以想象，魏尔哈文完全成为他的对手的对立面。他和比他更年轻的同时代人苏力·普鲁德欧姆（Sully Prudhomme）、马修·阿诺德（Matthew Arnold）和洛维尔（Lowell）是一类人。在他的天性中，一切都是基于平衡的。尽管他的精神充满了优雅而冷静的直觉，但更多是批判性的，而不是创造性的。虽然他的写作很艰难，但笔墨凝练，形式精致。他的生活毫无过错，正如他的文学艺术一样，充满和谐之美。威尔格兰德一点也不了解他所处时代的丹麦传统，并激愤地鄙夷之。魏尔哈文，当时已经进入了拉贝克（Rahbek）的朋友圈，他无意识地以丹麦的审美趣味去评判每一个文学问题。他看出，威尔格兰德的诗歌在挪威得到的热情与对精神纪律的怀疑相联系，这是一种对农民的日益崇拜与对丹麦的仇恨和斥责，而他对这一切毫不关心。他认为更好的时机已经到来。民族情绪应该通过改善国家的经济状况来平息。那些学生占据越来越重要的位置，他们应该站在天使这一边。很自然，魏尔哈文将威尔格兰德那疯狂的音乐视作邪恶之源，他聚

---

① 阿蒙蒂拉多雪利酒，一种中等甜度的白葡萄酒。——译者注

集他的各种力量践踏之,并发表了一系列如同晴天霹雳的商籁体诗歌。

英语读者熟谙:即便是最好的诗词也无力给盎格鲁-撒克逊人的想法留下任何印象。他们也许在想到实施再大的道德和伦理攻击也不如以一纸商籁体诗歌为武器时,会莞尔一笑。然而,斗争的场面发生在卑微的、地方上的、聒噪不安的一群人之中,他们都接受过激烈而狭隘的教育,并且都习惯于用诗体发表演说。魏尔哈文的小册子题为《挪威的暮光》(The Twilight of Norway,1834),它包含的商籁体诗歌在形式上高度精湛,直接而尖锐地指向人们熟知的人和事件,全然不惧猛烈的抨击。自瑞典与挪威联合①以来,挪威没有产生过如此杰出的诗歌。毫不奇怪,在全挪威对这位年轻诗人的狂热和疯狂赞扬日益高涨之时,这种猛烈抨击应该受到普遍关注。在《挪威的暮光》中,魏尔哈文机智地回避了威尔格兰德的名字。极端主义分子聚集在愤怒的队伍中,围绕在这位共和国诗人被触犯的旗帜周围;但秩序和纪律的爱好者们找到了一种声音,他们在其支持下聚集在魏尔哈文身边。语言没有被那些攻击者们切碎,更不会被那些维护者们切碎。威尔格兰德的拥护者们被告知政治和白兰地是他们仅有的乐趣,但魏尔哈文的拥戴者们被警告他们收受来自哥本哈根的贿赂已为人所知。同时,魏尔哈文自己在连续出版的著作中,冷静地分析了他的对手所写的东西,并且证明它们"完全反叛了健康的思想和美的法则"。这场从1834年到1838年的争论激烈地进行着,此后,挪威被划分为审美品位相对立的两大阵营。

尽管"暮光争论"在易卜生从一个小男孩成长为大人之前就已经过去了,但它的影响广泛,不能不波及他。事实上,我们通过他最早的诗歌可以看到,当他在格里姆斯塔的时候,他已经下定了决心。他早期创作的歌词和赞美诗都以丹麦式的审美趣味写成,如果说它们显示出任何本土的影响,那便是魏尔哈文的影响。威尔格兰德的极端肤浅自然会引起易卜生这样一位努力劳作的工匠的厌恶与憎恨。事实上,尽管他写的东西向我们展现出他的思想,但这位极受欢迎的年轻诗人似乎完全不为他所知。这就好比说,一位19世纪下半叶的伟大的英国或法国诗人从未听说过丁尼生②或者维克多·雨果一样。另一方面,有一点很关键,易卜生在他

---

① 指上文所说的瑞典-挪威联盟(1814—1905)。——译者注
② 丁尼生(1809—1892),英国诗人,1850年起被封为桂冠诗人,关于不朽、变化、演变的长诗《悼念》(1850年)为他赢得了盛誉。其他代表作品有《轻骑兵旅之冲锋》(1854年)和《国王的叙事诗》(1859年)。——译者注

的一部晚期剧作《小艾友夫》中实际上停下了脚步，转而引用了魏尔哈文的句子。

在批评史中，影响的缺席有时候和它的在场一样重要。威尔格兰德风格的松散性——轻松有趣的丰富性、有意的偏离和插入语以及潦草马虎的暴力——对易卜生而言，是许多具有警示意义的烽火，他以恐惧和警惕的眼光看待它。《致挪威的诗人们》这首三个诗节的诗最近才出版，这首诗追溯到易卜生早先在克里斯蒂安尼亚的岁月，它显示出，早在1850年，易卜生就开始对他那个时期的传统文学感到焦灼不安了。他呼吁，"少一些关于冰川和松树林的描写"，"少一些关于过去的枯燥无味的传奇，多一些关于你的同胞们那寂静的心中发生了什么"！我们在这里已经听到了这样的音符：它最终把易卜生和之前所有的北方作家们区分开来。

关于易卜生待在首都的头两年的书信，没有公开发表出来。我们知道，他没有和他的父母交流沟通，他们和他一样贫困。他不能从他们那里得到帮助，也不能为他们提供帮助，并且他和他们一样，克制自己不与对方通信。这种与他家庭的分离，以这种方式开始，变成一种习惯，以至于当他的父亲于1877年去世时，他和他的儿子之间几乎30年一句话也没有讲。1850年3月，当易卜生到达克里斯蒂安尼亚时，他的首要行动就是去寻找已在上学的朋友舒勒路德。有一段时间，他和舒勒路德同吃同住，生活节俭。后来，这两位朋友与一位年轻的革命记者西奥多·阿比德戈德（Theodor Abildgaard）一道，住在由一位萨瑟大娘（Mother Saether）看管的住处。

舒勒路德得到了一份月俸，它"对于一个人而言不够用，对于两个人而言意味着忍饥挨饿"。易卜生原本就不多的钱也很快就用完了，他似乎得依靠舒勒路德的仁慈过活，这导致他们俩都变得一贫如洗、潦倒不堪。这两位年轻人都参加了那时名噪一时的"考前强化复习"（"crammer"）的课程。海特贝格（H. A. S. Heltberg）于1843年创办了这样一所拉丁语学校。在那里，年龄较大的学生们进行为期两年的课程学习，为进入大学拿到学位而做准备。这个地方以"学生工厂"（"the Student Factory"）闻名，为人们所熟知，它在挪威文学史里占有相当重要的一席之地，易卜生、比昂松（Björnson）、文叶（Vinje）和约纳斯·李（Jonas Lie）都参加了这里的课程，并由此进入大学。

这些年轻人成为即将到来的新时期文学的主导力量。尽管他们的年龄差别较大，但他们之间结下了深厚的友谊。文叶，一位来自泰勒马克的农民，32岁。

此前，他一直是一个乡村学校的校长，直到此时，1850年，他才刚刚设法进入大学。和文叶这位发起用挪威语方言进行书写的运动的领军人在一起，易卜生有了一种温暖的同情心。然而，易卜生对文叶的理论却没有给予智力支持。文叶和比昂松的出生时间相隔14年，但比昂松早在易卜生或文叶之前就已经入学了。易卜生很快成为比昂松的好友似乎被证明是事实，因为他们都签署了一项抗议，反对在1850年5月29日驱逐一名叫做哈尔林（Harring）的丹麦人。这是一个幸运的机会，自此易卜生被突然抛入一群以新一代的希望为中心的人当中。然而，在很大程度上，我们猜想，他们的友谊会以什么方式作用于他的思想。

易卜生接下来一年里的物质生活没有明确的保障。显而易见，身处困境的易卜生受到需求的驱使，采取了他能采用的每一种方式，为舒勒路德的小商铺增加一些经费。他为那时贫困不堪并且转瞬即逝的杂志用散文体和诗体写作，但是在那些日子里，挪威出版社几乎什么也没有支付。很难得知他是如何生存的，但他仍继续存活着。尽管这一阶段他似乎没有留下任何书信给我们，但他留下了一些重大事件的痕迹。他从格里姆斯塔带来的那部尚未完成的题为《武士冢》的小剧，后来于1850年5月完成定稿，被克里斯蒂安尼亚剧场采用，并在随之而来的秋季上演了三次。也许与这次演出相联系的最有意义的事情是：扮演剧中唯一的女性角色布兰卡的演员，是一位年轻的首次亮相于社交圈的女子，劳拉·斯文德森（Laura Svendsen）。这位女演员后来名声大噪，一跃成为著名的古恩德勒森太太（Mrs. Gundersen），无疑，她是易卜生原作的所有诠释者中最有天赋的一位。

不消说，这出剧被剧场采用，使这位诗人受到了极大的鼓舞，他立即着手于另一部剧《奥拉夫·里列克兰斯》的创作，但是当《武士冢》实际上演出并不成功的时候，他又将这部剧放置一旁。他写了一出名为《诺尔玛》的讽刺喜剧。他努力想让他自己的戏剧和诗歌作品得到肯定，能在克里斯蒂安尼亚出版，但所有这些计划都失败了。可以肯定，1851年对这位年轻人而言是个黑暗的开始，而他的不幸则勾起了他心中的酸楚情绪和反叛精神。他在生命中第一次也是唯一一次涉足了政治实践活动。文叶和他以及一位深具魅力的男士保罗·博腾-汉森（Paul Botten-Hansen, 1824—1869）一道，创办了一家名为《安德希姆纳》（Andhrimner）的报纸，这家报纸维持了九个月。汉森十分愉悦而轻快地跳跃着，穿行于这个时期的文学史。

这家报纸的贡献者之一是阿比德戈德，正如我们所知，他和易卜生同住在一个房子里。他是个野性的人——他以最粗鲁的形式采纳了当时的共和理论。他是个小团体的头目，目标是推翻国王，并在挪威建立起一种民主。1851年7月7日，警察缉捕了这些幼稚的密谋者，他们的领导者被捕，并被判长期监禁。诗人易卜生则逃走了，唇亡齿寒，这次警告令他终生不忘。他不再涉足政治。的确，也许正如他感受到的那样，人们没有时间去反叛。全欧洲社会主义的爆发损耗了自身的能量，而众人的驯服与顺从令人惊奇。

易卜生在克里斯蒂安尼亚的处境令他不安，这种不确定性使得他乐于填补小提琴家欧雷·布尔（Ole Bull）在秋季里为他提供的一个职位。新成立的卑尔根民族剧场（于1850年1月2日开业）采用了这位年轻的诗人为一个场合所写的序言，而在1851年11月6日，易卜生签订了一份合同，通过这份合同，他"作为剧作者去帮助剧场"，去了卑尔根。那里的薪资一年不到70英镑，只能尽可能由旅费拨款来维持开支。尽管也许很少，但总比易卜生在克里斯蒂安尼亚时那样一无所有要强。

难以想象，在1851年，一家公共剧场可以从一个年仅23岁、没受过什么教育、缺乏经验并且读书也不多的像易卜生这样的年轻人身上获得什么财富。我们可以肯定，他的信念远不及他的粗鄙那么明显。他是个没学会业务的新手，是个初学者，影响他的地位的因素是未知的。我们已经看到，当他写作《凯蒂琳》时，他既没有在剧场里从头到尾观看过戏剧演出，也没有阅读过什么戏剧剧本，不论是古代的还是现代的。那些属于他的学生时代的作品显现出一种对老派丹麦戏剧的全神贯注，比如奥伦施莱厄和（如果我们可以猜到《诺尔玛》是什么）霍尔堡，而不是对其他。然而，欧雷·布尔，那个时期最有远见的人之一，一定在他身上看到了戏剧天才的种子，并且易卜生很可能将对自己的任命更多地归功于这位聪明的赞助者对他未来的感觉，而不是欧雷·布尔或者别的任何人指出的尚未完成的东西。毫无疑问，他可能已经察觉到，在他关于舞台的谈话中有一种原始的戏剧穿透力，它模糊不清，只能凭经验判断。

无论如何，他作为一名小小的文学经理赴卑尔根任职，这一事实具有不可估量的价值。人们不畏悖论，甚至认为，这是易卜生生活中的转折点，这是黑暗中的青年人豪迈自由而盲目的一步，也是使他成长为后来的他的一个缘由。我们可以说，在1851年，如果不是有卑尔根（的这家剧场），《玩偶之家》或者《海达·高布乐》最终不会被追捧。因为正是在这里，这位顽固的天才被迫将粗俗的审美趣味纳入正当的考虑范围之内，并且开始熟悉必需的剧作法则，否则，他可能很容易滑入邪恶而不正常的轨道，因误入歧途而错过戏剧舞台的真实人性。

易卜生似乎与这世上的戏剧没有丝毫关系，但事实上，他的每一步都和它息息相关。在《约翰·加布里埃尔·博克曼》中有某些莎士比亚的东西，在《群鬼》中有某些莫里哀的东西，在《培尔·金特》中有某些歌德的东西。尽管这么说会显得易卜生畏缩不前，但我们可以更进一步说，在《人民公敌》中有某些斯克里布的东西。很值得怀疑的是，倘使没有这样的训练，迫使他在卑尔根和克里斯蒂安尼亚的舞台上上演显然不同于他自己的审美趣味的戏剧，迫使他竭尽全力为那些戏剧被接受而努力，迫使他仔细地分析它们的效果和影响，他是否还会成为感动世界的戏剧家，正如所有明智的批评家必须承认的那样。

起初，他犯了一些错误。他认识到了这些愚蠢的错误：他们也许粗鲁地斥责了当地的出版社，导致卑尔根剧场损失了一些钱。卑尔根剧场派他负责一些主要演员到哥本哈根和德累斯顿的学习也花费不少。从卑尔根到哥本哈根，就像从阿伯德拉旅行至雅典。自1849年起，海贝格（J. A. Heiberg）成为丹麦皇家剧场的唯一负责人。易卜生从海贝格的作品中寻找到某种类似于索福克勒斯的东西。这世上的戏剧、所有有益的名字、一切良好的传统，都在来自北方的朝圣者（指易卜生）这里爆发了。海贝格，这位优雅而多面的诗人，在那些日子里是光源的中心，没有人像他那样了解舞台，没有人能用如此出色的才智诠释它。并且，他以由衷的热情极为优雅地接受了这位粗俗的挪威"戏剧家-经理"（指易卜生）。在易卜生的诸位老师之中，海贝格排在第一。我们可以进一步说，他也是最后一位。当易卜生学习了海贝格的课程以后，只有天性和他自己的天才能教他更多的东西。① 1852年8月，易卜生为挣钱糟蹋了大量的时间，否则他的确会陷于极度的贫困。之后，他回到卑尔根，也回归他的职责。

---

① 也许没有哪个作者，比约翰·路德维希·海贝格给易卜生的印象更深刻，他对海贝格是如此尊敬和热爱。当这位伟大的丹麦诗人去世时（1860年8月25日），易卜生在他的墓上抛下了一捆深具特色的名为"致幸存者"的苦药草，以此表达他对那些慷慨地将死后荣誉给予丹麦的海贝格的人们的最微弱的欣赏："在你的土地上，他举起一只火炬；/在它的光焰中，你们炙烤着他的前额。/他教你们如何挥舞那刀剑，而后——你们即将它刺进了他的胸膛。/当他击溃黑暗的特罗利时——你们却用盾牌绊倒他，挫伤他。/然而，他征服的闪光的恒星/你们必须保卫，因为他为你们留下：/尽力，至少，让它继续闪光，/在这位头戴荆棘王冠的征服者沉睡之际。"

第三章 卑尔根时期（1852—1857）的生活

关于易卜生接下来五年的生活，他本国的传记作者并没有记录什么，仿佛谈不上有什么值得记录的。他待在卑尔根，物质条件很差，生活受到拘束。出于对物质财富的需要，他承受着来自剧场的紧迫压力，并卑微而痛苦地忍受这极大的困扰。似乎所有责任都落到他肩上，而他的责任就是去关照和安排剧场生活的每个组成部分。演员的服饰、家具、场景画、挪威新秀演员的引进、剧本的选择，以上这些不仅要能使他自己感到满意，更重要的是要取悦卑尔根的资产阶级。这位诗人必须完成所有这些工作，否则便会一无所获。易卜生的这段经历同莫里哀类似，我们可以想象，两百多年前，莫里哀在卡尔卡松或阿尔比，用他的双臂坚强地支撑起一位疲倦的提坦巨人——他因过劳而疲惫不堪，咬紧牙关坚持着，容忍一切愚蠢可笑的行为，为整个戏班的喜剧演员和喜剧作家焦虑担忧，时不时还会遭受一些不义之举的伤害。

就我们所掌握的有限证据来看，这位诗人离开了他的同伴们，在他待在卑尔根的漫长岁月里，几乎一直与世隔绝。如果他有可能遭受指责的话，那么他不会被指责玩忽职守。无疑，他坚定地努力完成了剧场的工作；但可以肯定的是，他无法以一种愉悦的心情去完成这些工作。挪威是一个好客而欢乐的国家，因此，毫无疑问，剧场经理会有许多不同寻常的机会和他的朋友们欢聚一堂。然而，易卜生似乎没有朋友，即便有，也寥寥无几，并且他们和他一样安静。在早些年，他甚至没有可说知心话的人，没有人能懂他想表达什么。他对工作没有太多的热情，不可否认的是，他更享受学习的乐趣，尤其是学习戏剧文学的乐趣。

易卜生的阅读因其对外国语言的陌生而受到一定的限制。终其一生，他似乎总是还未学会某种外语就已经忘记了它。很可能，此时此刻，他已开始了解德语。后来，他熟练地掌握了德语，达到了说话流利的程度，尽管似乎常常不合语法规范。这对于一位喜爱阅读但并非语言专家的人而言已属不易；然而，易卜生在学习法语和英语时，则像蹒跚学步的孩子，深一步浅一步地不稳定。随着时间的流逝，他放弃了这样的努力，甚至都不看任何法语或英语的报纸了。

不管怎么说，这一"空白"时期的里程碑式的作品都是易卜生原创之作，也许是根据合同中某些条款的规定，他每年一月的第一周为他的剧场创作出新的剧目。在此，这清单上的剧目对懒洋洋的读者们而言是不可回避的，简言之，因为它们提供了一个梗概，或曰摘要，由此展现出易卜生直至而立之年一直忙于构想的创作。他为卑尔根剧场的观众们带来的最早一部剧作是新年礼物《圣约翰之夜》(1853年)，这部剧当时并没有出版；1854年，他重写了《武士冢》；1855年，他迈出了巨大的、尽管不合规矩的一步，写出了《厄斯特罗特的英格夫人》这部剧；1856年，他创作了《苏尔豪格的宴会》；1857年，他改写了早期剧作《奥拉夫·里列克兰斯》。这些都是易卜生青年时期的作品，它们很少被纳入他被公认的经典作品之中。这些作品没有一部可以充分展示出他的天才，其中还有几部剧是英语读者尚且无法阅读的。然而它们相当重要，我们有必要为之停留半晌。其非凡之处在于，他通过这些戏剧试图创造出属于他自己的一种独立的风格，从而展示出他的努力和干劲，在实现这可钦可敬的目标的过程中，他遇到的极大困难亦不在少数。

《厄斯特罗特的英格夫人》（以下简称《英格夫人》）写于1854年冬季，但直至1857年才发表，在易卜生的诸多戏剧作品中，它是一次以斯克里布的方式写作的浪漫尝试，因而是独一无二的。不仅如此，这部剧也是他的作品中唯一取材于近代历史的剧作，它被认为完全具有研究当代阴谋的价值。从这一视角观照之，这部剧恰恰印证了哈兹里特（Hazlitt）的一句话："言行举止和知识进步对舞台表演影响重大，也许今后会毁掉悲剧和喜剧。……最终，人类将空无一物，不论是在剧场舞台之上，还是在现实生活之中：既无良善者，亦无卑劣者；既乏理想之物，亦无所惧之人。"

当易卜生开始着手写作关于英格·津邓路维（Inger Gyldenlöve）的故事时，

他完全不熟悉有关她的历史的相关细节。当他在所查阅、参考的不完整的历史年表中找到她时，他视其为一位伟大的母亲，一位杰出而英勇的年长女性，在她周围，合理合法地燃起了一种使人感到愤懑的爱国主义的希望。不幸的是，正如哈兹里特所言，"知识进步"表明了这一观念的谬误。这些文件较为仔细地检视并进一步分析了挪威1528年的状况，打破了当时公平公正的幻象，也显示出易卜生当时是作为一名放纵的理想主义者而存在的。

以下是杰格尔在《亨利克·易卜生的生平》（1888年）中对其令人困惑的研究结果给予的验证：

> 在真实生活中，英格夫人并不是一位心怀如此宏伟计划的女性。她来自一个古老的贵族家庭，她的家族仍保持着尊贵的地位，她也因此成为这个国家最为富有的土地所有者。单就这一点，就赋予了她在历史上占有一席之地的权利。如果研习其生平，我们找不出理由假设爱国思想曾影响到她的行为。促使她行动的动力并没有达到这种高度，主要动因似乎是一种惊人的强大的本能：她本能地意欲增加其财富，提升其地位。譬如，我们发现，她伺机掌控了一位邻居的财产，便牢牢抓住不放，直到现实迫使她放弃这笔财产。当她将她的女儿们嫁给丹麦的贵族时，她的目的是通过与出身高贵的女婿联姻来确保自身的直接利益。当她接管在她保护下的一个修道院时，她设计敲诈了一笔丰厚的租金作为赔偿。甚至为了一个善行，她也要强行索取回报，譬如，当她庇护受到迫害的大臣时，她也十分熟练地索取了丰厚的回报——大量的古旧硬币和匈牙利盾。

这一切都不能不使易卜生火冒三丈，他起初打算成为一名现实主义者，却被心怀恶意的历史书写者宣告有罪，被说成是阿谀奉承、温和派的理想主义者。难怪他再也没有触及近现代社会历史中的一系列大事件了。

《英格夫人》中人物的外部性格与《麦克白》有些相似性，然而这当然是无意识的。这部剧有某种未经润色的中世纪陈言故迹的粗糙感，它描述了一种生活状态——一种粗鲁野蛮的状态与奢侈的状态相混淆的状态。然而，根本的不同在于，在《英格夫人》中，没有什么超自然的东西。实际上，在这部剧中，易卜生似乎开始欣赏一种强烈关注现实主义精神的价值。然而，这个故事的浪漫元素完全主导着他的想象，并且，当我们仔细阅读这部剧的剧本时，我们印象中最生动形象的是其场景的画面感和整饬性。尽管戏剧行动激烈，戏剧情境喧哗纷扰，但戏剧完全发生在厄斯特罗特城堡的宫墙之内。这是一座神秘的大厦，昏暗阴郁而古老忧伤，它建筑于大海上方那峭壁危岩之上，并被微暗朦胧的光源点亮：

> 神奇的窗扉洞开，
> 在惊心动魄的海面的泡沫之上，
> 于凄凉悄怆的仙境之中。

  这一行动完全发生在夜间，并且，舞台上如此大的一块地方被一支巨大的可移动的烛台占据，也许可以称之为"烛台的悲剧"（the tragedy of the candelabra）。透过窗户，在朝向陆地这边，一行神秘的访客在月光中走过，一个接着一个，充满命运的庄严感。这部剧充满了惊心动魄的画面，人群或处于缊熙之中，或位于荫蔽之下，其画面诉诸怜悯与恐惧。

  这部戏剧的缺失在于，诸人物的不确定的构想，特别是这位伟大的母亲——英格夫人自己。于我们而言，英格被描述为挪威民族的母亲，作为一位强大的、不容变更的、执着的思想者，她迈入了这样一个世界：身处其中的人们沉沦而愤懑。"如今我们故园中的骑士不复存在"，芬恩（Finn）如是说，然而——这正是这部剧的起点——这样才有了英格·津邓路维。我们已临近紧要关头，其危险如千钧一发，此时，挪威的命运取决于这位伟大而高贵的女性及其坚不可摧的信念。英格被历史的潮流推向前方，尽管她最终也许会失败，我们仍要求证明她本质上固有的、内在的伟大。然而，我们没能获得这样的证据，或者说证据不充分。无疑，易卜生还是偏离了这些划分方法。

  假如奥伦施莱厄尝试过这一主题，他将在人物性格刻画达到锐敏微妙之境以后止步不前，更不用说在历史的色彩得到校正之后。他会向奥拉夫·斯卡克达夫（Olaf Skaktavl）这位心理罪犯稍致忏悔之情。但他会将英格刻画为一位伟大而高贵的人民母亲，而我们应以春秋笔法"微言大义"地给出一种高贵的勾勒，而不加入任何细枝末节。易卜生已然无法仅仅满足于此了，对他而言，细节就是一切，其结果是：在人物形象与最终的作品之间产生了一种无望的不和谐。

在易卜生的戏剧中，《英格夫人》没能给我们留下伟大的印象。"这件事正好是一次使她陷于混乱的尝试。"她从开场就显示出一种明显的软弱性，而将她拥有极大能量的全部证据排除在外。尼尔·列凯（Nils Lykke）的权势地位在她之上，也在她那令人不可思议的新潮女儿艾利玛（Elima）之上，那么其权势存在于何处呢？它表现为一种纯粹的生理吸引。尼尔·列凯只是一个酒色之徒，他在他祖辈的仇敌家中，耽于享乐，厚颜无耻。在他的股掌之间，当然并不仅仅在他的股掌之间，这位伟大而高贵的英格夫人由一位女王沦落为一枚走卒。我们发现，在挪威，所有的男子气概都丧失殆尽。倘使果真如此，那么，岂不是为英格夫人这样一位巾帼英雄扫清了道路？她既非年轻而缺乏经验的女子，不会成为那一腔热情的牺牲品，亦非衰朽不堪，多忧惧之思。这也许可以向我们展示：一位充满智慧和力量的女性是如何取代男性的。不过剧中并非如此，取而代之的是一个又一个伪装起来的无名冒险者，他们在夜里出现，装模作样地迷惑她，使她陷于被欺骗的深渊。她的才智强烈地反对谎言与欺诈，然而她的意志却无力与之斗争。

英格夫人的行为的另一特征违背了这位怀抱宏图大志却经验不足的戏剧家。毫无疑问，一位虔诚的评论者可以成功地解开并阐明这部剧情节的全部线索，但观众要求戏剧应当清楚明了，通俗易懂。然而，观众对圣马丁节之后的第三夜发生的可怕事件感到极为困惑不解，并且对烛光下的这一切阴谋诡计的阴暗不堪表示愤恨。为什么这些形形色色的人都在厄斯特罗特会面？是谁派遣他们来的？他们从何而来，又将去向何方？对于这些问题，无疑可以找出答案，虽然这些答案并不完整，甚至有些牵强，常常由连篇累牍的叙述性介绍给出。但这毫无章法的宴会厅情节剧场景极其重要，它发生在尼尔·列凯与斯卡克达夫之间，此景为何？以韦伯斯特（Webster）[①] 或图尔纳（Cyril Tourneur）[②] 的眼光来看，与卢西娅（Lucia）的棺材有关的事情就是噩梦。所有这些缺点都被斯堪的纳维亚饱含热情

[①] 约翰·韦伯斯特（1578—1632），英国剧作家，以充满恐怖、让人感到厄运临头的悲剧闻名。他的代表作品有悲剧《白魔》（1612 年）和《马尔菲公爵夫人》（1613 年），经常被视为英国 17 世纪早期与莎剧比肩齐名的杰作。——译者注

[②] 西里尔·图尔纳（1575—1626），英国剧作家，他的代表作品有《复仇者的悲剧》（1607 年）和《无神论者的悲剧》（1611 年）。前者比复仇悲剧《西班牙悲剧》更进一步，也更为典型。——译者注

的批评者们忽略了，当然，我们应以宽容之心待之。事实上，《英格夫人》是一部极为浪漫的光华璀璨的作品，它极富韵味地照亮了易卜生天才的进化过程，特别是展现了他从丹麦传统中解放自己的行动和过程。可是，单就这一部戏剧而言，这一点却没有丝毫的积极意义。

《英格夫人》没能取悦卑尔根的戏剧观众，而只是让作者自己感到比较满意——它成为继《凯蒂琳》之后的又一部"孤芳自赏"的作品——这部剧的失败所导致的直接后果是易卜生比以往更激烈地回归了丹麦传统。然而，任何关于易卜生这一阶段事业的记录，都被这一事实弄复杂了：1883年，他做了一件于他而言非比寻常的事情——他详细地写下了他在1855年和1856年创作的韵文作品的细节。简言之，他矢口否认自己受到过丹麦诗人的影响：一直以来，他持续不断地受到指控，被控告模仿丹麦诗人，但他将他的思想运动追溯到纯粹来自挪威的源头。当然，这一说法在他生命余下的时光里，引起了评论界的大惑不解，毕竟，将易卜生否认与丹麦诗人有任何联系这一点作为千真万确的事实来接受，尚且不大稳妥。然而，文学史必须在之前情况的基础之上添砖加瓦，而《苏尔豪格的宴会》和《奥拉夫·里列克兰斯》的实际文本必须纳入文学史，不管它们的作者在30年后如何选择和评说。伟大的诗人丝毫不愿使作品神秘化，他们常常用"掩盖他们的踪迹"这句行话来表达这个意思。丁尼生在年事已高之时，也否认他曾受到来自雪莱或者济慈的一星半点的影响。同样，易卜生否认赫茨的抒情诗戏剧对他的风格的影响。可是，我们必须诉诸新生代的实际作品，而非旧时的专横傲慢。

亨利克·赫茨（Henrik Hertz，1798—1870）是他所处时代的丹麦作家中最为精致细腻之人。他对戏剧形式的重要性印象深刻，并在其巅峰时期开始着手创作韵文戏剧，就像将古老的谣曲放在了戏剧对话中一样。他的喜剧《丘比特的天才灵感》（1830年）开启了一系列的悲喜剧，它们的激情和旋律逐步加深，直到出现了两部顶峰之作，它们是丹麦舞台上公认的杰作：《斯文德·迪林的房子》（1837年）和《国王雷内的女儿》（1845年）。赫茨的天才与易卜生的天才截然对立。在整个欧洲，再没有哪两位作者之间的差别比他们之间的差别更大了。赫茨当时的风格类似凯内尔姆·迪格比（Kenelm Digby）[①]，我敢说，如果这位浪漫作家（指

[①] 凯内尔姆·亨利·迪格比（1797—1880），英裔爱尔兰作家，主要作品有《充满荣光的宽广古堡》。——译者注

迪格比）读过丹麦文学，这位具有骑士精神的诗人（指赫茨）一定会在《充满荣光的宽广古堡》①一书中占有一席之地。赫茨的风格细致优雅，近乎甜美。他的遣词之精致细腻，令人惊叹，而且，它们是如此贴切，以至于造成了一种非用此词不可的印象。他极少关注心理方面的准确性或观察的真实性，但是，他正是我们所说的言语艺术家的典型。

1852年，易卜生在哥本哈根，他应该十分了解上面提到的作品，并且也很可能知道赫茨其人。毫无疑问，当他焦虑地质疑自己的未来，并意识到《英格夫人》中不成熟的错误时，他为自己制定了这么一项任务：以赫茨的方式进行写作。我们难以怀疑（几乎不必怀疑，很容易相信）这是有意为之的练习，在《苏尔豪格的宴会》和《奥拉夫·里列克兰斯》中，我们看到这一练习的结果。这两部剧皆以散文体写成，但保留了谣曲中的韵文（和谣曲一样都是讲究押韵的），就像赫茨的浪漫戏剧一样。不仅如此，它们还同样包含要实现骑士侠义理想的决心。然而，这两部作品只能说是出自一名信徒，而非一位大师。赫茨用他唱诗的衣襟翩翩起舞，丝毫没有不雅的姿势；他透过他那为表演而准备的、精美然而简洁的假面舞会面具，表现出他特有的浪漫神韵。当此之时，易卜生的韵文书写水平时而突飞猛进，时而又在艰难困苦之时出奇地一落千丈，由此显示出一种无望的不可调和——这种不可调和体现在他的本性和他迫使自己去写作的表现方式之间。《苏尔豪格的宴会》（1856年）和《斯文德·迪林的房子》（1837年）之间的相似性被证明是偶然的——有人指出，1856年1月，易卜生在卑尔根的舞台上创作了他自己的戏剧，而在一个月后使赫茨的戏剧重又焕发出青春的光彩。毫无疑问，也许更明智地说，这一事实表明，易卜生是多么着迷于这位丹麦戏剧家摄魂制魄的魅力。

尽管易卜生后来否认这一点，但实际上人们可以这么认为：易卜生意识到自己只不过是一名初出茅庐而经验不足的作家，他自愿主动拜倒在一位伟大诗人的足下，并从这位诗人这里学到了许多。在卑尔根的舞台上，《苏尔豪格的宴会》大获成功，而《奥拉夫·里列克兰斯》却一败涂地，被打入冷宫。然而，这两件事

---

① 此书主要是关于骑士精神的真髓的，书名取自迪格比本人最喜爱的德国古堡的名字——Ehrenbreitstein，他试图通过描述骑士精神的深层内涵而在现代生活中复兴它。在他的这本书中，迪格比为骑士精神给出了如下定义：骑士精神只是一个表示普遍精神或心境的名称，它使人们倾向于像英雄那样去行动，并让他们熟悉一切心智和道德世界中的美善与崇高。——译者注

对易卜生而言都不那么重要。如果说世上真有他这么一位生活在未来的诗人，那么此时他正在等待与守候自己天才的发展。尽管时间已然流逝，易卜生却不仅没有早熟，甚至也没有感受到成熟的快乐，而大多数文豪在他们30岁以前就已经相当成熟了。他似乎生活在一种真空之中，吃力地跋涉前行。他的青年时期是特别黑暗的一个阶段——因为他不仅贫困、孤独，作为一个偏远且不完全开化的乡村里的公民，他必须和他的环境抗争；而且，他尖锐而深刻的批判意识足以使他明白自己尚不成熟，尚且不配获得其内心十分向往的声誉。他甚至没有得到一丝这样的慰藉：一种骄傲的自信本身给予那些未得到赏识的年轻人的感觉。因为他内心深处明白，自己还远远未能做出值得享有最高褒奖的事情。然而，随着时间的推移，完全可以肯定的是，他逐渐变得文思神远，甚至会思接千载，视通万里。最终将至思理之致，神与物游：吟咏之间，吐纳珠玉；眉睫之前，卷舒风云。而此时，他那漫长的学徒岁月也快熬到尽头了。

此时的易卜生和其他的年轻挪威诗人一样，特别是和比昂松一样，受到了民族主义情绪高涨的影响，这股风潮已开始从高山吹向四方，伴随着音乐充满了每个山谷。挪威人发现，他们拥有一笔可观的财富，隐藏于他们自己古老的诗歌与传奇之中。当时，有一位温和文雅、像牧师一样的诗人——他本人是一位农民的儿子——约根·莫伊（Jörgen Moe, 1813—1882）。很久以后，他成为挪威南部港口克里斯蒂安桑的主教，而早在1834年，他就开始在乡间田野里收集挪威的民间故事了。这些故事兼具孩童般的天真无邪的特征和玩笑式的幽默感，不仅深具魅力，而且十分怡人。莫伊欣赏之，爱慕之。幸而，这项工作后来又有一位尽管心思不够细密却决心更加坚定的人加入，从而加速了它的完成，这个人就是彼得·克里斯蒂安·阿思比昂森（Peter Christian Asbjörnsen）。他们通力合作完成的民间故事集最早于1841年首次出版，但直到1856年，再次出版的繁本才引起全国性的轰动。毫无疑问，这本民间故事集唤醒了当时身处卑尔根的易卜生。就在三年前，兰德斯塔德（M. B. Landstad）于1853年出版了他的《挪威民歌集》第一版，而李恩德马恩（L. M. Lindeman）也在这几年（1853—1859）分期出版了《挪威民间歌曲集》。此时，易卜生正通过阅读彼得森（Petersen）忠实而生动的译文，来学习古老的萨迦，除此之外他从未阅读过任何冰岛语的东西。这一切决定了易卜生会进行一场纯粹的民族复兴的复古实验。

第三章　卑尔根时期（1852—1857）的生活

易卜生的实践总是优于其理论，他罗列出了诸多相当杂乱无章的细节，这些细节成为他的下一部剧作《海尔格伦的海盗》的组成部分。然而，显然，通过彼得森的译本所展现的萨迦及其呈现的对象，易卜生看到了它以粗俗而原始的形式，展现出古代挪威家庭中的人物性格冲突，于是他开始大刀阔斧地创作他的这部"沃尔松格传说"，颇有些仓促地回应了这部萨迦传说的有力诉求。他认为，特别是在这段情节中，"那些极为重要的《尼伯龙根之歌》和其他早期中世纪的传说中的提坦巨人已降落凡间，成为肉体凡胎"。他相信，要是这样的故事戏剧化，那么，"我们民族的史诗"会提升到一个更高的水平。在他的随笔中，有一个短语非常有意思，它阐明了这位作者在写作《海尔格伦的海盗》（以下简称《海盗》）之前所考虑的问题。他明确地说——其目的在于反叛奥伦施莱厄的传统——"我的目的不是要呈现我们的神秘世界，而是要质朴地表现我们原始时期的生活。"勃兰兑斯对这种新的尝试发表了看法，说它"的确是一种新的'征服'，然而，和许多'征服'相同，它和大肆掠夺与大规模的扩张密切相关"。

在细读《海盗》这部剧的时候，需关注的首要问题是，相较于易卜生的上一部作品，易卜生的这部剧体现出他已惊人地掌握了戏剧写作的精湛技艺。在《海盗》这部犀利而尖锐的散文体戏剧中，没有任何像《苏尔豪格的宴会》中的诗体韵文所包含的感情丰富的平凡琐事，而《英格夫人》的昏暗阴郁变得完全明朗起来。不管在我们眼中，那些维京人的领导者是否符合戏剧规范，他们做了什么、所做之事又有何意义是清晰的。易卜生获得了，并且是永久地获得了清楚易懂地呈现其作品的大师品质，离开这种品质，一切其他的舞台天赋都将黯然失色。然而，当我们褒扬《海尔格伦的海盗》这部剧的清晰畅达之功时，我们的评论对作者的主题选择却有所保留。将易卜生和威廉·莫里斯（William Morris）[①]对冰岛家族萨迦的处理方式进行比较颇具价值。比如说，《古德龙的恋人们》[②]这部迷人而可爱的小史诗源自伟大的冰岛叙事体传奇的一个片段，它们之间的联系比易卜生的作品和中世纪萨迦的联系更为密切。然而，我们念念不忘减少一些痛苦的努

[①] 威廉·莫里斯（1834—1896），英国诗人、画家，著有几本诗集和许多散文体浪漫故事，以及四卷本史诗《沃尔松族的西古尔德》（1876），他是19世纪英国最伟大的文化巨匠之一。他也是一位冰岛语-英语翻译家，1869年，他翻译出版了冰岛萨迦《古恩拉乌格萨迦》和《格德莱提斯萨迦》。1870年，他翻译出版了《沃尔松格和尼伯龙根的故事》。——译者注

[②] 《古德龙的恋人们》是威廉·莫里斯于1868—1870年间根据古希腊和古斯堪的纳维亚的传奇和史诗改编创作的长篇史诗《尘间天堂》的一篇，它取材于13世纪的冰岛萨迦《拉克思达拉萨迦》。——译者注

力而多增添一些人道的结果。莫里斯成功地实现了易卜生没能达到的目标：他将英雄的、带有传说性质的行动转换成了人性的、可信度更高的表述。

此外，有人认为，我们这位挪威剧作家从萨迦传奇中四处汲取有益的养分，嵌合成为他自己的悲剧。这种看法是错误的。层出不穷的斯堪的纳维亚的文献资料表明，易卜生受惠于这个或那个故事，并且，他被指控隐藏其抄袭行为。但这么说未中鹄的。一位诗人可以随心所欲地"拿来"他想要的东西，只要这么做可以将他所袭之物筑成他自己的"活的"生命结构。然而，我们发现，为了达到这个目的，实际上，也许是因为人类个体本性的能屈能伸的一贯性，最安全的做法就是坚持讲好一个故事，沿着它的主脉添枝加叶，使之逐渐丰富完善，臻于佳境。

然而，《海盗》的许多场景都生机勃勃。它们豪放有力，恢宏而博大。开场时，伊厄迪斯（Hiördis）出现在舞台上，这也许标志着易卜生首次充分发挥出他作为一名剧作家的力量。伊厄迪斯的登场，本应产生极为轰动的效果，然而，我们知道，事实并非如此。使人们大失所望的原因显而易见。《海盗》这部剧的不幸在于，它几乎无法由肉体凡胎的人表演出来。伊厄迪斯本人是位女超人，她吞食了一匹狼的心脏，并声称自己是好战的巨人家族的嫡系后裔。她的形态与性格特征带有某种庄严崇高的色彩，然而，这种庄严崇高的特性很可能会吓倒一位凡胎俗骨的女演员。人们几乎想象不到倘使希登思[①]女士（Mrs. Siddons）来扮演这个角色，会有多么猛烈而恐怖，以至于会迫使剧场中的人们如同身处拜伦所在的时代一样，在狂乱的歇斯底里的状态中离开。伊厄迪斯傲慢无礼地侮辱她的客人们，并图谋在他们眼前进行一场可怕的谋杀——谋杀名叫托德罗夫（Thorolf）的男孩。此情此景，为我们呈现出一个舞台困境——要么这位女演员必须不合时宜地处理这个场景，要么她将无法忍受。"不必让美狄亚当着观众的面屠杀自己的孩子"[②]，

[①] 萨拉·希登思（1755—1831），英国著名莎剧演员，尤以扮演麦克白夫人而闻名。——译者注

[②] 此句原文为拉丁语"Ne pueros coram populo Medea trucidet"，葛斯在此引用古罗马诗人、理论家贺拉斯（前65—前8）的《诗艺》中第185行的原句，旨在说明扮演伊厄迪斯这一人物形象的演员在舞台表演中的两难困境。贺拉斯在原文的第188行写道："Quodcumque ostendis mihi sic, incredulus odi."意思是："你若把这些都表演给我看，我也不会相信，反而使我厌恶。"贺拉斯列举了几种不宜在舞台上呈现的情况，它们属于表演禁忌。参阅 Quintus Horatius Flaccus, ARS POETICA, line 185 - 188；也可参阅贺拉斯著，杨周翰译，中国科学院文学研究所、外国古典文艺理论丛书编辑委员会编的《诗艺》，（人民文学出版社，1962年），135~168页；谭霈生先生的长文《戏剧与叙事》第一部分第二点，"叙述"部分的戏剧化，有关"古代戏剧演出的禁忌"的论述部分，见中央戏剧学院"谭霈生戏剧理论学术研讨会"组委会编的《谭霈生戏剧理论学术研讨会论文选集·2013》，（文化艺术出版社，2014年）。——译者注

我们会因一种生理上的厌恶而对伊厄迪斯退避三舍。她那令人过目不忘的大手和发出凄厉尖叫声的嘴,就像罗马神话中的女战神贝罗娜(Bellona)一样,带着血腥味。

《海盗》中的其他人可不像伊厄迪斯这样。他们是"伟大美好而愚笨的人",正如切斯特顿先生(Mr. Chesterton)所说:

> 我们的海洋黑暗而忧郁,可怕的船舰置于其间,
> 满载着奇特的战利品和火焰,
> 还有令人恐惧的人们和同样陌生的罪孽,
> 他们的首级令人毛骨悚然,猛地涉水进来,
> 穿过那低洼泥泞的海中沼泽,道阻且长。

这是这幅图景的另一面,这是厄努尔夫(Örnulf)和他的七个儿子在乡下农夫括勒(Kaare)面前必然呈现的模样,说实话,这也是他们在真实生活中呈现给我们的样子。《海盗》中的人物是如此原始,以至于他们几乎不能使我们有一丝现实感。尽管这位诗人赋予了他们过多的浪漫色彩,并使他们的语言含有庄严宏伟的感情色彩,我们仍能感到,海尔格伦的居民们一定会这样看待他们:就像在韦尔斯①先生(Mr. Wells)那令人毛骨悚然的故事里,瑟比顿(Surbiton)的居民们看待从火星上被击落的人们一样。

《海盗》是一部充满暴力和煽动性的作品。戏剧人物彼此之间像海豹一样厉声喊叫,像海狮一样大声咆哮,他们"吵着要喝血,如同夜间的猛兽"。冷酷寡言的厄努尔夫是家族中一位上了年纪的父亲。在戏剧伊始,他伤得极为严重,然而,这没有改变他一分一厘。没有人包扎他的手臂,但他和从前一样说话、打架、旅行。我们可以看到,这预示了易卜生后来更加精湛的作品的诸多特征。古纳(Gunnar)②是他最喜爱的、传统的、逆来顺受的人物形象,因为,在诸多吵吵嚷

---

① 赫伯特·乔治·韦尔斯(1866—1946),英国作家。以科幻小说《时间机器》(1895年)和《星际战争》(1898年)而闻名,他也写了历史及科学的普及读物。——译者注
② 古纳,沃尔松格传说中布林尔特的丈夫、西古尔德的妹夫和古德龙的兄弟。——译者注

嚷的英雄人物中，他像一位泰斯曼①家族中的人一样呜咽啜泣。易卜生最喜爱的"诡花招"就是"得不到回报的自我牺牲"；西古尔德②穿着古纳的盔甲杀死了神秘的白熊，但古纳得到了由此带来的好处。公平地说，在《海盗》中有更多值得称道之处，其进展彰显出一种一以贯之的、高度简朴的浪漫之美。威廉·阿契尔先生比任何一位斯堪的纳维亚的批评家都更欣赏这部剧，他理由充分地注意到了厄努尔夫在第三幕登场的崇高性。然而，总体而言，我承认，我自己无法不对海贝格初次阅读《海盗》时所做的严厉评价感到惊奇，这种严苛必然伤及易卜生的要害。

1857年是易卜生不大安定的一年。他负责经营与管理卑尔根剧场的阶段至此告一段落，他也并不想延长这个阶段。他已经受够了卑尔根，对他而言，卑尔根就像一条锁链一样牢牢地束缚着他。那些对他的作品断章取义并因此曲解这位诗人的生平事迹的人们，也许会通过将达格尼（Dagny）和伊厄迪斯之间的讨论看作久久萦回在易卜生心中的关于婚姻的想法而感到满足。在易卜生去世之后，他和一位十分年轻的女孩之间的陈情往事被传播开来，这个女孩名叫瑞克·霍斯特（Rikke Holst）。最初，她朝他的脸上抛掷了一束野花，从而引起了他的注意，于是他开始疯狂地追求她，想和她结婚。瑞克的父亲怒火中烧，咐膺切齿，断然拒绝了他的求婚。易卜生受到重创，这一幕似乎常常在他记忆中徘徊，挥之不去。然而，这毕竟是他早年十分短暂的一次感伤经历，在他的内心并未留下很深的印象。

接踵而至的是一次更加深刻而漫长的情感历程。1856年1月，易卜生发表了一首可爱的、尽管零碎不全的诗歌，这首诗是写给苏珊娜·托雷森小姐（Miss Susannah Thoresen）的。这封信③表明，易卜生已经在很长的一段时间之前，就将这位20岁的少女当作"年轻的梦幻之谜"，而他对解开这个谜比解决任何其他生活问题都更加感兴趣。它超越了一位作诗者的恋人絮语——易卜生认为，托雷森小

---

① 泰斯曼是易卜生晚期剧作《海达·高布乐》中海达的丈夫。——译者注
② 西古尔德，挪威神话中的英雄武士（Sigurd，也译为希古尔德，这个名字后来也是易卜生与苏珊娜的独生子的名字）。他赢得了一笔受到诅咒的珠宝，使布伦希尔德从受魔力控制的梦境中醒来。后来，他娶了一位公主，却因布伦希尔德的嫉妒而被谋杀。——译者注
③ 在易卜生的书信集中，收录了1856年1月致苏珊娜·托雷森的这封信，"我要勇敢地选择你作为此生钟爱的新娘"。参阅汪余礼和戴丹妮的译著《易卜生书信演讲集》（人民文学出版社，2012年）第一部分，6~8页。——译者注

姐那"正在走向成熟的孩童的灵魂"是他的夙愿。在他黑暗阴郁的路途中，他已然陷入了对她的狂热而强烈的爱恋。

她父亲汉斯·康拉德·托雷森（Hans Conrad Thoresen，1802—1858）的家族是卑尔根最为文雅的家族。他本人是圣十字教堂的主事人，是一位爱读书、爱沉思的人，没有什么特别的首创精神。然而，他和他的第三任妻子、他们家的女管家、丹麦裔挪威人安娜·玛瑞娅·克拉格（Anna Maria Kragh，1819—1903）结婚了，并且在很长一段时间内，将可能成为他妻子的卡米拉·科莱特（Camilla Collett，1813—1895）拒斥在外。要知道，卡米拉·科莱特是当时挪威最活跃的女作家，她是著名诗人威尔格兰德的妹妹。苏珊娜是托雷森先生第二次婚姻的独生女，而这位丹麦血统的托雷森夫人则是苏珊娜的继母。在玛格德琳·托雷森（Magdalene Thoresen）① 和易卜生之间迅速结下了深厚而牢固的友谊，其友情甚笃，持续终生。在易卜生弥足珍贵的书信中，有好些是写给他的妻子苏珊娜的继母的②。在卑尔根剧场，玛格德琳为易卜生努力工作，她翻译了许多法语剧本，并且还在易卜生负责经营与管理剧场期间，创作了几部自己的剧作。她的散文体故事，连同她的名字一起，本应在挪威文学中占有一席之地，但尚未被记录下来，载入史册。当易卜生在她身边时，她的思想似乎一直专注于舞台。这位深具魅力的女性仅比易卜生年长九岁，并且在当时，比易卜生在传统文化圈内享有更高的威信，易卜生同她频繁的通信和交流，对他这位乳臭未干但前途无量的年轻诗人而言，无疑是提高修养的一个学习过程。而此时，这位智慧的玛格德琳女士似乎对他有了新的认识，她决定将家中这颗最为珍贵的掌上明珠——这位快乐而神秘的苏珊娜小姐——奉送给他。

当易卜生写作《海盗》并对苏珊娜·托雷森展开追求时，他收到了一封邀请函。这封邀请函似乎来得很及时。俗话说，来得早不如来得巧。这次，挪威剧场邀请他做他们的导演。易卜生欣然赴邀，这样，他和他的家人便可以在克里斯蒂

---

① 玛格德琳·托雷森，即前面所说的安娜·玛瑞娅·克拉格，托雷森先生的第三任妻子、苏珊娜的继母。玛格德琳即玛瑞娅的全称，克拉格是她的娘家姓，在与托雷森结婚后，改夫姓。——译者注

② 在中文版《易卜生书信演讲集》中，收录了易卜生写给玛格德琳·托雷森的三封信，分别是：1865年12月3日，"我内心深处的想法一旦说出听起来就总是错的"；1868年3月31日，"要是我们不能渡过这个难关，我们就没有生存的权利"；1870年5月29日，"只有体验过的事情才是创作的基础"。参见汪余礼和戴丹妮的译著《易卜生书信演讲集》第一部分，34～37，65～66，以及91页。——译者注

安尼亚安顿下来。于是，1857年夏天，在离开首都六年之后，他又回到了这个地方。此后开始另一个六年，这6年是易卜生人生中最为痛苦的日子，正如哈沃森（Halvorsen）所言，他必须搏斗，不仅是为他自己和家人的生存而搏斗，更是为挪威诗歌与挪威舞台的存在而搏斗。这种斗争令他极为痛苦。他离开卑尔根时，入不敷出，债务累累，并且他的婚姻（1856年6月26日结婚）使他因背负更多责任而过度忧虑。克里斯蒂安尼亚的挪威剧场是一家中等的剧场，在它的赞助商有限的支持下勉强度日，摇摇欲坠，濒临破产，并且当时挪威国内的文学发展十分落后，以至于想要以诗歌和戏剧为生就等于自讨西北风喝，忍饥挨饿乃常有之事。他微薄的薪俸很少能如期发放，并且从未领全过。直至1863年，易卜生售出了唯一一本公开出版物《诸武士》，他由此总共挣了227元，折合英镑约25镑。

然而，克里斯蒂安尼亚已经今非昔比，完全不同于易卜生上次离开它时的样子了。它在许多方面都有突飞猛进的发展。从知识分子的视角来看，人们已经可以感受到民族主义者的工作。兰德斯塔德、莫伊和阿思比昂森编纂的民间故事为年轻人留下了无穷的想象空间。有些戏剧形式的发展使易卜生感到不悦，他甚为沮丧。比如说，安德烈阿思·孟克（Andreas Munch）的无韵体悲剧的成功（《萨洛蒙·德·高思》，1855年；《威廉·茹塞莪勋爵》，1857年）是迈向错误方向的一步，这令人愤怒；新生的散文体小说学派以比昂松为首（《希努维·索尔巴克恩》，1857年；《阿恩》，1858年），而卡米拉·科莱特的《完美的女儿们》（1855年）则成为其先驱；还有乌斯特郭尔德（Östgaard）关于大山里的农民生活的诙谐描绘（1852年）——这一切直接威胁到民族舞台表演受欢迎的程度，为爱国民众提供了一种轻松而诱人的选择。易卜生反对以之为唯一语言写作的典雅的丹麦语，还能作为挪威上层阶级的语言继续存在下去吗？这时，伊瓦勒·沃森（Ivar Aasen，于1853年）指出，可以使用惹人怨怅的新挪威语来进行散文和诗歌创作。

当易卜生回到克里斯蒂安尼亚时，他看到了新鲜的活力。然而，在形式上，它们要么是对他无用的，要么是对他不利的，在他觉醒的本性中，这一切是严苛而阴郁的。我们看到，易卜生在他生命中的这个阶段，就像莎士比亚在他最黑暗、最不幸的时期一样，"命途多舛，耻莫大焉，多遭世人冷眼"，不仅没得到赏识，反而已经开始怀疑自己才华的真实性。他喃喃自语道：

盼愿吾心之希望不泯，而生命之羽翼更丰，
分明如伊，宾朋满座，千里逢迎，谈笑无穷，
意欲研习此君之精湛技艺，与彼君之视野见识。
以及吾心之至享——永不满足之欣慰。

克里斯蒂安尼亚的文学圈对易卜生的伟大天才所知甚微，我们可以从官方编纂的文集《现代挪威诗人集萃》（1859年出版）一书中略窥一斑，尽管它包罗甚广，甚至详细地指出了国歌的不足之处，却只字未提《苏尔豪格的宴会》中那些悦目怡情的诗歌，也没有收入易卜生这位作者的一言半语。正是在这情绪低落、生活凄惨的时光里，易卜生的才华仿若展翅的海鸥一样，猛然翱翔于海洋与高山之上。1858年夏季，他构想出严肃悲剧《觊觎王位的人》，这部剧在五年以后成为他的第一部家喻户晓的作品，并且很可能是他所有作品中最为精巧的一部。

《觊觎王位的人》（挪威语 Kongsemnerne，意思是"用来雕刻国王的木头"，也许意在说明其内容与"国王是如何造就的"有关）是易卜生最早关注人物心理的戏剧之一，并且，它也并没有试图掩饰事实。关于这部剧的创作，没有任何相关的文字记载。其"白璧无瑕"，使批评界困惑不解。事实上，它在易卜生寄给乔治·勃兰兑斯（Georg Brandes）的初稿基础上改善了很多，和勃兰兑斯初阅其稿所产生的印象迥异，长进不少。勃兰兑斯的这篇文章很经典，如果它可以被视为易卜生的天才获得认可的最早例证的话，它就很值得被引用——这可是来自一位伟大的批评家的分析呢！1867年，勃兰兑斯写道：

《觊觎王位的人》一剧是探讨什么的呢？简言之，它是个古老的故事。阿拉丁和神灯的故事人尽皆知，这个质朴的传说收录于《阿拉伯之夜》（即《一千零一夜》）中，还有我们伟大的诗人（奥伦施莱厄）那无与伦比的诗歌①里。在《觊觎王位的人》中，再次出现了两个互相对立的人物，一强一弱，一高一低，其本质上正如同阿拉丁和努德莱丁。迄今为止，易卜生在无意之中一直朝着这种二元对立的方向努力，如同大自然母亲不知不觉地尝试着摸索她

---

① 奥伦施莱厄写过一首戏剧性的长诗，由上下两编组成，题名为《阿拉丁或神灯》，1863年出版。——译者注

的道路,最终形成了她的特质。哈康（Häkon）和斯古勒（Skule）是争夺同一个王位的两个人,他们都是皇室的后裔,人们会从中选出一位国王。然而,前者是幸运、胜利、正义与自信的化身,而后者——这部剧中的主人公,在真实性和原创性方面体现出此剧的精湛技艺——是一位沉思者,是一位牺牲者,他饱受内心挣扎的煎熬和无止境的被怀疑之苦。他智勇双全,怀抱鸿鹄之志,也许同样具备当国王的资质,并且他宣称要当国王；然而,他缺乏某种不可言传、难以触及的东西,这种东西能赋予世人存在的意义——宛如那盏神灯一般。他说:"我是一位国王的手臂……也许甚至是国王的大脑,但是,哈康是国王的全部。"而哈康则对他说:"你拥有智慧和勇气,还有一切崇高的思想禀性","你天生就注定要紧紧跟随国王,然而,你自己不能成为国王。"

对于一位诗人而言,他自己与同时代最伟大的人共同创造的艺术成就对于治国和战争而言都是至关重要的。因此,将《觊觎王位的人》中的两位贵族公爵视作易卜生自己与青年才俊比昂松的某种镜像式反映丝毫不为过。"比昂松-哈康"的光明自强、热情自信和幸运与"易卜生-斯古勒"的阴郁延宕、对希望落空的极端厌恶和最终信仰的缺失恰恰形成了强烈而鲜明的比照。比昂松"充满力量的地带"与哈康一样,表达出他对自己的信念,心怀此念,他的对手甚至无法扼制住他。"最幸运者即最伟大者",剧中尼古拉斯主教（Bishop Nicholas）如是说,而在这哀而不伤的岁月里,比昂松之幸运,正如易卜生之不幸一样,双子并行。然而,这位主教的看法并不足以说明问题,而且结局也尚未见分晓。

第四章 讽刺家时期（1857—1867）：从克里斯蒂安尼亚到罗马

这一时期，易卜生的性情与环境彼此耦合。我们认识到，易卜生在这一阶段转变为一位讽刺家。1857年到1864年是易卜生的"狂飙突进"[①]时期，此时，他天性中最严酷无情的部分觉醒了，他变成一个热衷于"执敲扑而鞭笞时弊"的人。随着世人的认可与荣光的到来，易卜生逐渐淡出了这一时期，他不再怀抱幻想，也不再有什么遗憾，并且，他也不再答责他的同胞了。尽管《觊觎王位的人》这部品格威严、优美精湛的卓然超群之作直到1863年才最终完成，但它实际上属于易卜生更早期的、更具实验性的作品。这部作品是易卜生进行民族研究的顶峰之作，尽管它远胜于《海尔格伦的海盗》，但我们似乎应该将两者并置起来进行思考。我们现在必须倒回一年，开始一个全新的、与过去部分重叠的阶段，即易卜生用戏剧性的韵文书写讽刺文学作品的时期。

关于诗艺形式的采用，我们必须了解挪威和英国之间存在着极大的审美品味差异。当易卜生在创作轮廓清晰、对仗工整的双韵体剧作《爱的喜剧》时，丁尼生在《海梦》中表达了英语对讽刺的放弃——而讽刺在拜伦的时代里一直如同四处蔓生的藤蔓一般。如在著名的诗句中：

我憎恶之：他从未发过善心，

[①] 此处原文为Sturm und Drang，德语"风暴与压力"之意，弗雷德里克·麦克西米兰·冯·克林格（1752—1831）写有一部同名戏剧，后来，18世纪后期德国浪漫主义文学展开了一场"风暴与压力"（史称"狂飙突进"）的运动，其特点是描写感情激烈的个人与传统社会之间的冲突。——译者注

也没想过改善自己，

他是最先书写讽刺诗而毫无怜悯之心的人。

    英国人所批驳的，恰恰是挪威人在某种程度上意犹未尽之物。论战文学即便极少从属于上层社会，也十分丰富并备受欣赏。此时的现代挪威诗歌作者群仍是以魏尔哈文为代表的讽刺文人圈。在日常的论战中，他们的语气更为严苛，鞭挞程度更为猛烈，超过了当时的英语审美可以承受的程度。那些易卜生打算碾压的人并没有吞吞吐吐、拐弯抹角地兜圈子，而是单刀直入，直截了当地坦率言之。新闻界本身就是暴力①，而且这种暴力是不公正的。当这位诗人放眼四顾时，他所见正如德莱顿（Dryden）②所言："美德被无礼地刺痛了，它备受折磨，遭到来自四面八方的责备和指摘，因而不得不堕入耻辱的深渊。"

    然而，这不是一个充满简单粗放的恶习的年代，言谈举止不是凶恶残忍的，它们只是一种令人作呕而枯燥无味之物。易卜生恼怒不已且跃跃欲试，他没能找到鞭笞的暴虐无礼的路径，但他可以让这个年代跟随他一起嘲笑某些传统，重新思考一些带有倾向性的观点。他必须言语尖刻，但又不能公开地猛烈抨击；他必须讽刺挖苦，将当下的道德符号视为笑柄。他发现，他周围的社会环境对他而言太格格不入了，但又并未发生什么政治上或伦理上应受到指责的、罪大恶极的事情。在他身上存在着成为资深作家的可能性，我们称其为"以一种尖锐却彬彬有礼的方式嘲笑羞愧难堪的愚钝行为"。

    不幸的是，被嘲讽的人们将永远不会赞同这种"彬彬有礼"的方式，因此，易卜生受到了严厉的责备，人们说他"太想显摆自己的品位"，这种指责模糊而狡猾。我们知道，易卜生刚开始写作戏剧时用的是散文体③，但他发现，散文体戏剧作为一种媒介被用来讽刺与抨击挪威社会发展尚不成熟的地方，显得太过生硬单调。在书写讽刺文学作品的过程中，至关重要的是，形式应当合适。然而，此时易卜生的写作水准尚未达到他后来写作散文体戏剧时那样的水准，其语言尚不够

---

① 指语言文字方面。——译者注

② 约翰·德莱顿（1631—1700），英国作家和桂冠诗人，英王复辟时期文学界的杰出人物。其戏剧作品有《一切为了爱》（1678年），诗歌有《押沙龙与亚希多弗》（1681年）。——译者注

③ 指《斯凡希尔德》，一部散文体三幕喜剧，写于1860年，被认为仍存有手稿。

第四章 讽刺家时期（1857—1867）：从克里斯蒂安尼亚到罗马

完美，没有达到无可挑剔的程度。因此，他开始重新用韵文写作《爱的喜剧》，将其写成了一本小册子。我们不确定他对抨击时弊的台词是否有明确的看法。他当时十分困窘，十分痛苦，十分难受，并且，他确信，这是一个颠倒混乱的时代。后来，他发现，如果挪威的上层阶级有何引以为豪的事情，那便是他们订婚和结婚的行为了。柏拉图说，青年人之间婚前的熟悉了解可以预防以后的恨意和失望，因此，提前了解性情的特点是有益的，并且，要学会习惯它，从而减少恨意与失望。然而，易卜生不持有这种观点，或者更确切地说，他选择不这样思考。北方地区极为缓慢而公开的订婚方式给予了他第一个机会。

他创作的最有品位的一首歌开启了这场运动的序幕。在茶几边围着各式各样的一群凡夫俗子，这位反叛的英雄对他们高唱："大家严肃点，大家认真点——

> 在阳光和煦的果园尽头，
> 当刺嘴莺歌唱与摇摆时，
> 它并不在意怒号的秋风
> 打破了春之希望；
> 那玫瑰色和白色的苹果花开
> 将你从这狂暴的天空中隐匿；
> 让它像莺一样拍打羽翼，随风飘动，
> 不久以后，在这草地上零落成泥。"

这就是说，在两性的努力挣扎中，恋人们不应该停下来考虑他们的结合所带来的世俗的益处，而应该私下里尽情地投进相互的怀抱。通过斗争的法则，女性应该被抢夺到征服者的鞍头上，被快马带走，进入漫漫长夜，不屈服于宗族的笑话、好言相劝的建议和粗鲁无礼的祝贺。年轻的罗勤瓦尔（Lochinvar）[①] 不会等着去问新娘堂表亲的律师，也不会等着挨她姑姑婶婶们的骂，他带着她蹚过没有任何浅滩的爱斯基摩河。易卜生偏重于权宜婚姻，因而毫不同情地压制了恋爱婚

[①] 罗勤瓦尔，瓦尔特·司各特的叙事史诗《玛米恩》（1808年）里的男主人公，他是一位居住在高地的青年男子，他在心爱女子的婚礼上劫走了她，并带着她骑马离开。罗勤瓦尔是典型的浪漫英雄形象。——译者注

姻，认定恋爱婚姻的荒谬性。最重要的是，最糟糕的事情莫过于公众的宣传和评论，婚约的干预和长期暴露毁坏了爱情的美味，就像鸟儿们可能会在旁人插手去接近它们自己的蛋时打碎它们一样。

这便是《爱的喜剧》的核心，但除此之外，还有许多东西，譬如对家庭生活"神圣崇高"的不顾后果的讽刺。一夫一妻制的重任被以不正经的方式处理，这位鲁莽的诗人轻率地触及了婚姻持续的时间这一问题：

> 伴随我的生活，伴随我的歌声，
> 我将拆除这树篱！
> 将这些花草扫拢成堆！
> 任它枯萎，黯淡失色，随风而去！
> 敞开这花园的门扉！
> 让羊儿和牛儿吃到最好的青草！
> "有花堪折直须折"，
> 谁会来吃这剩下的牧草，
> 又有何干！

《爱的喜剧》也许是易卜生作品中最有趣的一部，当然它也十分粗俗。如果在挪威社会中有一种人是不受批判的，那就是牧师了。在易卜生的这部喜剧中，有一位重要的人物——牧师斯屈劳曼先生（Rev. Mr. Strawman），他粗俗不堪，虚情假意，油腔滑调，却对妻子宠爱有加，是一个无可责难而又呆滞无趣的人。讽刺的矛头集中在这个人身上，因此这个形象从未被遗忘，并且易卜生因此很长时间内未得到原谅。1866年，挪威国会拒绝授予易卜生奖金，其原因明确无疑：易卜生对斯屈劳曼牧师这一形象的讽刺引发了诸多流言蜚语。每位诗人都致力于吸引女性观众，可是诗人易卜生却激起了她们深深的公愤，因为他对所有形式的恋爱情感都展示出宽容的态度，尽管易卜生实际上已经通过对订婚方式的讽刺，将之提升到对爱的精髓本身进行哲学审思的高度。

勃兰兑斯指责易卜生没有记下理想订婚（婚姻）的历史。对于勃兰兑斯的评论——"你知道，在这世上有好土豆也有烂土豆"，易卜生做出了犀利的回答：

第四章 讽刺家时期（1857—1867）：从克里斯蒂安尼亚到罗马

"恐怕任何好土豆都没有引起我的注意。"当古厄德思塔向美丽的斯凡希尔德证明物质享受至关重要时，他已经说出了不信任爱具有持久力量的定论。易卜生作为一名广为人知的"不朽的"作家，其广受欢迎的印象似乎主要建立在《爱的喜剧》的悖论及其引发的激烈争论的基础之上。

1862年，易卜生的可怜境况一定程度上得到了"宽恕"。这位诗人尽管很不幸，但他却如此活跃热情、才华横溢，并且敢于进行大胆的创作。此时，这些品质在他的脑子里聚合在一起，威胁着他，要湮没他。他也许因长诗《泰耶·维根》的出版而暂时获救了——这首长诗在发表以后享有稳定的声誉。的确，这首长诗是易卜生作品中的一个主要的、几乎也是唯一的被北方评论者称为"史诗"的典型范例，但我们更清楚的是，这首诗是以韵文写作而成的。《泰耶·维根》永远也不可能被成功地译为英语，因为它是以挪威民谣的方式改写而成的，易卜生写得得心应手，技艺精湛，难以用我们的语言贴切得体地将其再现出来。

在易卜生的作品中，《泰耶·维根》作为一部纯粹的感伤之作是独特的，它完全没有任何反讽或尖刻批评的迹象。它是一个关于一位受伤的挪威航船者复仇的故事，当他有机会淹死他旧日的仇敌米罗尔（Milord）和米拉笛（Milady）时，他看在那不说话的蓝眼睛英国婴儿的分上救了他们。《泰耶·维根》是一部杰出的代表性作品，我们可以将其定义为"催人泪下"的叙事类型。它写得非常好，结构精巧，语言独特生动，但奇怪的是，全世界那么多人，只有易卜生把它写出来了。

在这一阶段，易卜生篇幅短小的抒情诗更明显地悖离了人类的真性情。它们充斥着渴望与烦躁，同时也充溢着痛苦的激情和被延迟的希望。在这些易卜生写于1857年到1863年间、尖锐刺耳、声嘶力竭的抒情诗中，我们可以最佳办法阅读到他的思维记录，并分享他借以表达的愤怒之情，惊叹于他蕴于其中的灵活性。商籁体系列诗作《在画廊里》极为强烈且开诚布公地表达出他对自己的天才的怀疑，而书信体诗文《致艾池·欧·布罗姆》坦率地承认了他对其他人的才华和诚实更加怀疑。易卜生表现的不是别人，恰是他自己所处境况的特殊性和危险性。比如，《爱的喜剧》中许多关于自由的表达导致那些女性解放运动的倡导者们认为易卜生是很同情她们的，然而实际上并非如此。他这一生虽然透彻地洞明了人物的个性，相当公正地分析了女性的形象，但他本人从来不是一位真正的女性解放运动的支持者，他从未将他对女性形象的分析扩展到公众对女性的责任。后来

(1869年),当约翰·斯图尔特·密尔(John Stuart Mill)的《女性的奴役》在斯堪的纳维亚引发了极大的轰动,并遇到许多热情的支持者时,易卜生冷冷地保留了他的看法。他总是一个冷眼旁观者,总是在社会的病床边进行冷静的临床分析。他从来不是一位先知,也从来不是一位宣传者。

紧接着,他的麻烦来了。两家剧场都不同意上演《爱的喜剧》,要不是满怀一腔热忱的年轻小说家约纳斯·李用大约35英镑的价钱购买了版权,将它作为他主编的一份报纸的增刊内容出版,这部剧的剧本甚至都没能出版。随后爆发了一场风暴:出版界一致反对它,在私人的社交圈中,两性话题几乎成为一种社会禁忌。1862年,剧场破产了,易卜生仿佛被抛弃了,他成为当时最遭世人唾弃的人,还欠下了一屁股债。的确,他和克里斯蒂安尼亚剧场签约,可以领取一周大约一镑的普通薪资,但他靠那点钱无法过活。1860年8月,他向政府提交了可怜的作家经费申请,请求政府给予一定经费支持,为北方国家有才华的人发放一些津贴。政府将这笔津贴发放给比昂松和文叶,但易卜生一文钱也没得到。然而,由于他的朋友们有一定的影响力,政府于1862年3月为他颁发了一笔不到20英镑的旅行奖金,这笔奖金是用于搜集民歌和传说的,足以让他在哈当厄(Hardanger)的西部和松恩峡湾(Sognefjord)附近的地区游荡两个月了。这趟旅途的成果是可以出版的,但这个成果一直没有出现。不过,这次有趣的短途旅行在《布朗德》和《培尔·金特》中留下了诸多印记。

整个1863年,易卜生的境况都不妙。他唯一的希望,就是决定离开挪威,彻底地自我流放,因为对他而言,挪威的形势已经太激烈,导致他无法容身了。毫不夸张地说,他的好朋友们大致帮助他度过了这个可怕的、身处逆境的阶段,为此,他们赢得了易卜生长达一生的感激之情。一段时间以后,易卜生的天赋还是得到了政府的承认,尽管他们极不情愿地给他另一笔微不足道的旅行经费(1863年3月),这一次,他的对手、广受欢迎的比昂松也再次获得了一笔不菲的奖金。同年5月,易卜生绝望地向国王提出申请,请求国王给他每年90英镑补助,在未来短期内,这笔钱可以支撑这位伟大的诗人勉强不挨饿。但这个消息经媒体传到克里斯蒂安尼亚以后,他颇受鄙夷且遭人唾骂。

然而,在这"可怕的一年"的6月,易卜生产生了一闪而过的幸福感。他受邀赴卑尔根参加第五届大型"歌曲节",在这个全国性的事件中,他和他的诗歌受到了热烈的欢迎。不仅如此，他还发现，他的才华横溢的对手比昂松，也在卑尔根忙于类似的差事。于是，他与这位热心而有影响力的天才再续旧谊。终其一生，比昂松之于易卜生，仿如易卜生作品中的哈康之于斯古勒伯爵。他们一起度过了此后的大半个冬天。哈夫丹·科特说得妙："他们的交流使他们比以往更亲近了。他们感到，他们受到同样的思想和希望的鼓舞，也经历了同样的苦难和失望。他们极度痛苦地、眼睁睁地看着兄弟民族丹麦绝望地同强大的德国搏斗，看到一个斯堪的纳维亚人民居住的、说斯堪的纳维亚民族语言的省区从丹麦分割出去，并入一个陌生的王国，而作为具有亲缘关系的同一民族的挪威人和瑞典人，尽管曾许下庄严神圣的承诺，却拒绝提供任何援助。"对荷尔斯泰因（Holstein）地区的攻击（1863年12月22日）引发了第二次丹麦战争，这一年8月，战争带给人们屈辱的灾难性结局。

1864年4月，易卜生迈出了意义重大的一步，他离开了他的祖国。在这黑暗的时刻，他来到了哥本哈根，此时石勒苏益格与荷尔斯泰因都被抛弃了，唯有杜佩（Düpper）的堡垒挺立于丹麦与废墟之间。这年春天，从他创作的愤愤不平的诗歌之中，我们可以读到他的苦恼。两周后，他动身了，目的地是罗马，中途经过吕贝克（Lübeck）和特希艾思特（Trieste）。他决定居住在罗马。不久以后，他到达了那座城市（指罗马），以不可言喻的满足感沉浸于它古老而恬静的臂弯之中。他在给比昂松的信中写道："终于，在这里，我获得了被赐予的和平与安宁。"在这里，他安定下来，细细地思量他的诗歌。

从冬季漫长而严寒的北方到热情而光彩熠熠的意大利，这一改变使这位诗人心醉神迷。易卜生，又一位"永恒的朝圣者"，来到了罗马的"碧空、花朵、废墟、雕塑、音乐"之中。首要的是，相比于他发现的荣光，他远离的粗鄙不堪几乎是不可忍受的。他无法工作，他整日徜徉在令人兴奋而激动的空气中，变得像个小孩一样。几乎找不出另一位一流作家，像他这样如此深切地渴望美，却被剥夺了一切美的享受，直到37岁时，他才仿佛突然沉浸于一个魔力喷泉之中，未经任何过渡与转变而直接进入它清澈美好的核心。雪莱和济慈在不到易卜生从冰冷的牢笼中解放出来的年龄之前，早已离世了，而拜伦在他这个年岁时，正在结束他的浪漫生涯。

对于那些诗人在易受影响的时代里习惯于探讨的东西，易卜生最初的印象是矛盾的，甚至是含混不清的。对异教徒古老遗物的热情使他在很长一段时间内感

易卜生画像（挪威插图画家古斯塔夫·拉儒姆绘）

到困惑。他漫游在这些古老艺术的遗迹之中，无法感知到它们同现代生活的关系，或者它们原本的意义。他没看到个体对古代雕塑的印象，这是因为他没看到——它们之间的平行关系是奇特的，但他自己并不感到奇怪——古代冰岛萨迦"《埃达》式的"诗歌。他喜欢让一首抒情诗或一座雕塑告诉他关于创造它们的人的信息。他感到，比起更古老的艺术家，和雕塑家贝尔尼尼（Bernini）与建筑师布拉马恩特（Bramante）在一起更自在。我们也许记得，雪莱在一种类似的异教观念

第四章 讽刺家时期（1857—1867）：从克里斯蒂安尼亚到罗马

下劳作，每一位诗人的个性吸引力都超越了那个年代孱弱无力的味道，而这位艺术家（指易卜生）则在这个年代里繁荣发展，蒸蒸日上。易卜生对一种过誉的意大利式建筑纪念碑十分欣赏，这本是不值一提的，但他补充说：其建造者为他带来的奇特活力可能成为他闲暇时光中的月亮。

在易卜生居住在罗马的前几个月里，他脑子里的一切都是混沌的。他满怀热情地投身于对自然之美的沉醉之中，开始了一段惬意的人与艺术相互渗透的生活体验，他从未梦想过这种艺术，对其只有模糊的理解。1864年9月，他告诉比昂松自己正在写一首长诗①。这便是《布朗德》的初稿，我们知道，起初它只是一首叙事诗，或者，按照北方人的说法，它被称为"史诗"。尽管《背教者朱力安》的初稿已经在他脑中形成，但这个主题还需要用诗体韵文写出来。此前，他将他的妻子和幼子留在哥本哈根，直到10月初，他们在罗马团聚了。这一家人依赖着微乎其微的收入过活，每个月最多不过40斯库多②。然而，在罗马挨饿和在克里斯蒂安尼亚挨饿是不同的，易卜生没有怨言。在他经历了这所有痛苦之后，一种突如其来的倦怠感向他袭来。于是他每天懒洋洋地在拉丁路③（Via Latina）的墓园里游荡，度过大约一半的时光，或者沿着阿庇亚大道④一个小时接着一个小时地徘徊。尽管他知道米开朗琪罗的"摩西"在那里，他也迫不及待地渴望看到它，但他还是花了几周时间积蓄能量去文柯礼（Vincoli）访问圣皮耶特罗（S. Pietro）。易卜生天性中所有紧绷的弦都松了。他的灵魂正在复苏，他正经历一个漫长而温馨的恢复期，这使他从年轻时痛苦的疾病中解脱。他加入了一些斯堪的纳维亚作家、画家和雕塑家的社交圈子，他们在这痛苦而贫困的年月里聚集在罗马。然而，在这些人当中，只有一个人强烈地吸引着他，他就是年轻的瑞典抒情诗人库恩特·卡尔·斯诺伊尔斯基（Count Carl Snoilsky）。与他相伴的不仅有前途和希望，甚

---

① 1864年9月16日，易卜生在罗马致信比昂松，信中说道："罗马这里的写作环境相当美好和平静。我正在写一首长诗（指《布朗德》），还准备写一部悲剧《背教者朱力安》，对此我充满了抑制不住的喜悦。我敢肯定这部戏一定会成功。我希望能在今年春天或者至少在夏天完成这两部作品。"参见《易卜生书信演讲集》，21~25页。——译者注

② 斯库多，16—19世纪在意大利流通的银币单位。40斯库多约有40美元。——译者注

③ 拉丁路，原文为"Via Latina"，拉丁语中"拉丁路"之义，指的是意大利通往罗马的一条东南走向的道路，距离罗马大约200千米。——译者注

④ 阿庇亚大道，古罗马一条往南的大道，根据监察官阿庇亚·克劳狄·卡埃科斯的名字命名，他于公元前312年监建了通往卡普阿的路段，后来大道延伸至布朗迪西恩。——译者注

至还有其祖国的荣光。在易卜生与斯诺伊尔斯基两个人之间有些奇特而有趣的差异：他们一位是粗鲁而阴郁的挪威戏剧家，已经人到中年；而另一位则是血气方刚、活泼机智的瑞典外交家，年仅 23 岁，这个小伙子富有、备受青睐，并且已因其时髦作品《好运》而一举获得像拜伦一样的显赫声誉。可是他们俩也有两个共同之处：他们都对艺术怀揣一腔热情，胸中激情澎湃；并且，他们都以一种反叛的态度对待艺术领域里的先驱者们。两者都以自己独特的方式成为一个新学派的领导者。易卜生和斯诺伊尔斯基之间的友谊持续了一生，因为这种友谊建立于共同的艺术观念基础之上。

几年以后，本书的作者从一位丹麦诗人那里获悉，这个阶段的易卜生给人留下了令人愉悦的印象。这位丹麦诗人就是自 1865 年起也待在罗马的克里斯蒂安·摩尔贝克（Christian Molbech）。这位似乎有些不大友好的摩尔贝克先生很想再现这样一个易卜生：他时常默默地在街上游荡，他的双手深深地插在那件永远不变的、褪了色的棉绒夹克口袋里；有时候他会突然郁郁寡欢地出现在斯堪的纳维亚俱乐部，终止大家的交谈；他通过燃起一场讽刺性悖论的熊熊烈火而粉碎画家们的理想和古文物收藏家们的热忱。当摩尔贝克谈及他夏季前往阿尔班山（the Alban Hills）的旅行、计划以最谨慎的方式提到那些可望而不可即的资源时，他描绘了一个更容易相处的易卜生。尽管如此，不出所料，在真扎诺（Genzano）或阿尔巴诺（Albano）的某间小屋前的葡萄叶下，我们会发现易卜生在平静地做着白日梦。他常常感到自我满足，独立而有主见，但不愿意与人交流，常常与一位丹麦朋友一起喝一瓶淡淡的小酒，直至微醺。在 1865 年夏秋之间，在易卜生村居于阿里恰（Ariccia）的日子里，《布朗德》已在他脑中构思良久、最终成形了。他一气呵成地完成了此剧，没有半点停顿、间歇或者犹豫。在这一年的 7 月里，这位诗人放下一切开始写作这部剧，到 9 月底之前便完成了它。

《布朗德》使易卜生位居他那个时代最伟大的欧洲诗人之列。它比雕塑般完美的《觊觎王位的人》和优雅睿智的《爱的喜剧》都更为伟大，令人惊叹不已。外语的面纱遮掩了这部伟大作品，影响了人们对它的接受程度，因为最好的翻译也无力再现崇高的韵文，无疑，这在短期内影响了这部大师级作品的传播。在斯堪的纳维亚不存在这层面纱，对于那些心眼明澈、不被偏见所蒙蔽的人们而言，显然，在挪威终于出现了一位极为伟大的作家。比昂松似乎比易卜生略高一筹，他

第四章　讽刺家时期（1857—1867）：从克里斯蒂安尼亚到罗马

的《西古尔德·斯莱姆柏》（1862年）比这位年长朋友的作品更为成熟，但是《玛丽·斯图尔特在苏格兰》（1864年）则代表着一种倒退，现如今，易卜生再次远远地领先于他的对手了。当我们在对待这么一个庞大的主题时，不得不承认，我们明确地需要贯穿《布朗德》的象征主义以及最后两幕中的视角转换，自然，这有些含混不清。但很少有人这样赞美一首诗：它的感情如此多样而丰富，它的诗文如此优美，它的原创性如此无与伦比，令人惊讶；它不仅在斯堪的纳维亚文学中是不可超越的，而且在当地（指罗马以及欧洲）也是不可企及的。它有些类似于遥远的《浮士德》，但除此以外，也许世界文学中没有哪部作品可以与《布朗德》相提并论了，当然，《培尔·金特》除外。

在相当长的一段时间内，人们一直认为，在舞台上搬演《布朗德》困难太大，难以克服。但仍有人尽可能地尝试这项工作，1895年，此剧于斯德哥尔摩首演。在几年内，这一鸿篇巨制的奇观已经被充分地展现于津津乐道的观众眼前，它在哥本哈根、柏林、莫斯科以及别的地方也多次上演。尽管剧场经理并不情愿上演此剧，可凡是以恰当的时机和方式演出这部剧的地方，都一下子就吸引了情绪激动的观众。此剧对冷漠道德的控诉惊醒了慵懒安逸的人们。它清楚而完整地象征着唤醒和谴责弱者的力量的准则。在原作中，《布朗德》里涌现出的押韵诗文振奋人心，产生出一种令人几近疯狂的兴奋感。如果将它看作一场演说，它就是一种对市民呼吁的伟大回应；如果将它作为布道书，那么它是具有严肃的宗教性的，使人心中充满泪水的一卷。在神圣的山风之中，冰川的上方依稀回响着庄严的钟声，没有人会问《布朗德》究竟讲了什么，也不会在意它是否绝对连贯。在舞台上，它用风暴见证了灵魂的堡垒。而当人们阅读这部剧时，这种评判变得冷静起来。

仔细审思《布朗德》，便会发现，它呈现的是一种令人不安的现实主义与神秘主义的混合体。两者似乎在这部剧的写作中都起了作用，而且它们的效果有时候是矛盾的。时常有人问起："《布朗德》是易卜生自我本性的表达吗？"是，也不是。他很大程度上将他自己投射到他的主人公身上，然而，他又小心谨慎地保持着自我，将自我置身其外。正如我们已经指出的，易卜生在他晚年很愿意讨论他自己的作品，而他关于其作品所说的话，经常令人感到极为困惑。他告诉乔治·勃兰兑斯，布朗德的宗教职业并不是必要的。"相比于将之运用到一位牧师身上而言，我也可以将整个演绎推理运用到一位雕塑家或者政治家身上。"（他后来打算处理这诸种可能性，但处理方式和结果是多么不同啊！）他坚持说："我也完全可以在驱使我写作的冲动下，完成以伽利略为主人公的作品——当然，假定伽利略立场坚定，并且决不勉强承认地心说的稳定性——或者，以你自己为主人公，写你在同丹麦反动派搏斗。"这并不是关键，因为事实上，不管是乔治·勃兰兑斯还是伽利略，作为一部神秘剧的主人公，都不可能产生这样一种进化的能力和身份，但这位固执的牧师可以表现出来，他确定无疑地恰好体现出宗教的本质，尽管我们承认，它并非建立在理性的神学理论基础之上。

当我们将布朗德看作一个从12世纪转移到19世纪的人物形象时，理解他变得容易起来。他身上带有某种独居隐士圣彼得的东西。他本应成为一位"圣战"中的基督教国王，为了神的某个闪光城市的自由而与异教徒搏斗。他存在于他的角色之中，在悬崖峭壁之下，在峡湾之上。他如同一个未开化的中世纪宗教隐士，在荒漠中品尝着他的长角豆①和野生蜂蜜。我们无法通过任何被广为接受的宗教信条和道德准则来理解布朗德的行动，因为他距离宗教习俗是如此遥远，以至于客观地看，他似乎一点儿也不虔诚。他言行激烈且语无伦次，他并不清楚自己想要什么，但他想要的一定是对现存世界的剧烈改变，这必然将人类带入与神更近的交流之中。布朗德是一位灵魂的国王，但他作为国王的尊严被毁坏了。有时候他被带到几近荒谬的境地，被他所处的平淡无奇的现代环境摧毁。他严酷而残忍，他也许会感到一阵阵的愤怒，在这一阵阵的愤怒面前，整个世界都在颤抖。经过一场由布朗德自己的愤怒而引发的雪崩，他最终被埋在这座冰雪教堂的废墟之下。

明智而审慎的读者也许会将布朗德这个人物形象与欧可达维·米合博（Octave Mirbeau）笔下非同寻常的暴力研究作品《传教士弗雷》中的主人公弗雷相比。这两部作品都描写了反叛的历史，在一连串危机之中，两位主人公都与一种不可战胜的职业对抗。两个主人公的性格弱点都在于他们作为一个乡村牧师的傲慢。然而，在易卜生的作品中，欧可达维·米合博所回避的愤世嫉俗得到了充分展现——这是一种真诚的构想：这样一位反叛者为追求个人神圣而不懈努力。由

---

① "长角豆"这个单词，也有艰难而贫困潦倒的寓意。——译者注

此看来，在现实世界中是否真的存在某个拉梅赫（Lammers）或者拉梅内（Lammenais）这样一个因反叛而激发易卜生巨大想象力的牧师，又有什么关系呢？我们可以把这些讨论留给评论家们。《布朗德》是这世上的一首伟大的诗歌，批评家们将代代相传，不断地探察它的目的，分析它的形式。

然而，除了神职人员这一面以外，还有另一面。这首诗包含了许多肤浅而简短的、对当时斯堪的纳维亚生活的讽刺，它呼应了受到恐吓的克里斯蒂安尼亚挪威议会、斯德哥尔摩狡猾的法庭以及绝望而痛苦的丹麦——她将她血迹斑斑的双手伸向她的姐妹①。这首诗还略微具有一种反讽品质，它使第三幕的中间部分变得轻松起来。这里，易卜生并不是在治愈，而是在杀戮。他暴露了令人精疲力竭的年代里的一具尸体，并迅速用教堂司事的歌曲和如同精灵笑声般的钟声将之埋葬在瀑布之下的某块岩石的深沟之中。"唯有意志是至关重要的"，对于弱小者而言，唯余嘲笑——像这样六英尺②被废弃的尘土，大自然可以随意从她所储存的原始墓园中让出位置来。面对这高山景观，布朗德执着于他的座右铭"全有或全无"，其坚持之持久几乎令人生厌，仿佛一个现代广告经纪人用他的万能药不断地顶撞和冒犯这山景。更为盛气凌人的是，他坚持对神的信奉与崇拜，这个神不是白胡子老者，而是和赫丘利③一样年轻，这对于谨小慎微的路德宗神学家而言，是令其愤慨的丑事，它是暴力能量的原型。

然而，布朗德自己的任务尚不确定——如果它精确地成形了——直到阿格奈斯向他展现：

> 选择你无尽的丧失抑或收获！
> 完成你的工作并忍受你的疼痛……
> 现在（他回答）我看到了适合我的路。
> 在我们自己心中有那年轻的世界，

---

① 丹麦的姐妹，这里指的就是挪威和瑞典。这一比喻影射的是 1864 年普鲁士-丹麦战争中，两国为争夺石勒苏益格与荷尔斯泰因等地展开的激战，丹麦由于没能得到邻国瑞典和挪威的援助而失败。——译者注
② 1 英尺约合 0.305 米。——译者注
③ 赫丘利，希腊罗马神话中一位有超人力量和勇气的英雄，他完成了强加于他的十二项艰巨任务，死后被立为神。——译者注

为了神的新生而成熟。

当令人惊奇的第四幕开始时，她展现出对她亲爱的、死去的小孩的爱，并且她耐心地忍受了她的丈夫布朗德那极端的所有残忍——在阿格奈斯这个人物身上，易卜生的天才首次发出了清晰而不使人难受的完整人性的音符。此时他不再目光狭隘，他是这个"现时世界"的一个乳婴。如果这位严酷残忍的牧师是以挪威造就易卜生的方式成为易卜生的，那么阿格奈斯、艾伊纳①，也许还有葛德②则是意大利目光敏锐的子嗣。

相当多的延迟事件耽搁了《布朗德》的出版，它在创作完成很久以后，最终于1866年3月在哥本哈根问世了。它一度受到丹麦出版社的欢迎，这家出版社迄今为止对易卜生知之甚少，而这位诗人的受众面却因此在相当程度上被拓宽了。这部剧的讽刺唤起了一场热切而激烈的争论，家喻户晓的牧师维克塞尔斯（Wexels）在布道宣讲时表达了反对它的倾向。一部名为《布朗德的女儿们》的小说出版了，作者在小说中分析了《布朗德》这部剧的教导所导致的结果。易卜生享受着他从未经历过的跌宕起伏，这是一次颇具争议但受到旷日持久的欢迎的成功。《布朗德》的四大版本在它出版的那一年里全部售罄。并且，当然，它的售出后来以更为从容不迫的节奏进行，在为数不多的仍在架上的书中，它还在继续稳定而持续地被售出。它在斯堪的纳维亚诸国中，永远是易卜生所有作品中最著名也最受欢迎的一部。

然而，这一成功很大程度上只是一种情绪，而没有带来财富。像《布朗德》这样一部剧的四个版本的全部收入，在四十年前的北方文学生态下，不会超过一百英镑。易卜生刚一成为普遍讨论的对象，他就发现自己受到了来自贫困的前所未有的猛烈攻击。他无法呼吸，动弹不得，他甚至无钱支付粘贴在他的商务信函上的邮票。他受到了资源彻底枯竭的威胁。就在哥本哈根大力褒扬易卜生之时，他本人却正在罗马为了他少得可怜的食物和价格不高的房租而向丹麦领事借钱。

1865年冬季，易卜生陷入了一种高度紧张的境况，他的身体遭到了疟疾的猛

---

① 《布朗德》中的画家。——译者注
② 《布朗德》中的疯女孩。——译者注

攻，他进入了死神的视线。使他深情而尽心尽力的妻子感到痛苦的是，他躺在生死之间过了好一段日子，而他们遭受的极度贫困使他们度日如年，举步维艰。对她而言，要为他提供他的状态所要求的减轻痛苦的治疗，甚至是不可能的。然而，在他妻子的悉心照顾下，也许也由于他自己强壮的身体，他逐渐恢复了，但勇气的弹簧似乎已经在他的胸中啪的一声折断了。

1866年3月，被疾病、贫困和提心吊胆耗尽了精力的易卜生写了一封信给比昂松，"我唯一的朋友"。这封信是文学史上最令人心碎的文件之一。[①] 很少有伟大的灵魂像易卜生这样靠近绝望的边缘，此时正值他38岁。他的欣赏者们智穷计尽，为他出谋划策，他们催促他直接写信给瑞典和挪威的国王卡尔，描述他的境况，并请求支持。与此同时，《布朗德》获得了极大成功，这使得挪威出版社首次认识到这位诗人的价值。总的趋势是对易卜生有利的。卡尔国王谦和地打开了他写于4月15日的请愿书；5月10日，挪威议会几乎一致投票同意为易卜生颁发一项"诗人的津贴"，尽管金额不大，但对于他微小的需求而言，已经足够。

他的第一个自由行动就是搬离罗马，因为他发现待在那里无法写作。于是，他移居到坐落于群山之间的弗拉斯卡蒂（Frascati）地区[②]。他在海平面两千英尺以上的帕拉佐·格拉提欧希（Palazzo Gratiosi）租用了几间便宜的房间作为小窝，同他的妻子和小儿子一道住在那里。在那里，他为自己建造了一间书房，将他的写字台放置在窗边，从这扇窗子可以眺望窗外广袤的乡村，视线的尽头是索拉克德山（Mont Soractö）那火红的金字塔。在他这个时期的通信中，突然出现了值得注意的欢庆内容和无忧无虑的心情，而这在他的书信中完全是新事物。可怕的负担被清除了；对陷入诸多麻烦和永远迷失的可怕的恐惧感，以及促使他给卡尔国王写下痛苦书信的恐惧感，都云消雾散了：他的情感天堂是平静的。在弗拉斯卡蒂，他不知所在为何。他尝试过这样那样的主题，等待着天国的火花降临。似乎直到1866年秋季，在图斯库鲁姆（Tusculum），易卜生正在寻找的对象才降临其身。他匆忙回到罗马，将所有其他项目都放在一边，开始全身心地投入《培尔·

---

① 1866年3月4日，易卜生致信比昂斯腾·比昂松："我感到自己像个疯子般无望地盯着一个漆黑无底的深渊。"参见《易卜生书信演讲集》，38～41页。——译者注

② 弗拉斯卡蒂，指意大利的弗拉斯卡蒂地区，盛产白葡萄甜酒。——译者注

金特》的创作中,他将之描述为"一首长篇的戏剧性的诗,其主要形象作为一位带有神话色彩的、怪诞的人物,来源于现代挪威的乡村生活"。

易卜生这部作品的创作进展十分缓慢,比以往要慢得多,光是创作准备就花了整整一年。易卜生通常的最佳创作状态是在夏季,但《培尔·金特》的创作进展并不顺利,直到这位诗人在伊斯基亚岛(Ischia)上的皮萨尼村庄(the Villa Pisani)里安顿下来以后,他才进入状态。易卜生自己说:"《培尔·金特》出现于《布朗德》之后,它仿佛是自己自然而然地到来的。《培尔·金特》写于意大利南部的伊斯基亚岛和索伦托镇(Sorrento)。当作者距离他的读者如此遥远时,他便会变得草率而鲁莽。这首诗包含的许多东西来源于我自己青年时期的状况。我自己的母亲——加上必要的夸张——便是奥丝妈妈的原型。"《培尔·金特》完成于易卜生离开索伦托之前的那个秋季末,其手稿一经完成就立即被寄送至哥本哈根了。拖延《布朗德》出版的那些因素现在不再困扰这位诗人,很快,《培尔·金特》于1867年11月面世了。

尽管易卜生本人明确表示说,《培尔·金特》和《布朗德》的精神是截然相反的,它并没有直接地批判社会问题,但这首稍晚于《布朗德》的长诗《培尔·金特》的批评者们却不断地坚持用他们迂腐的学究气将其黑暗化。易卜生巧妙地表达了对他的评论者们的愤怒。他说,"他们在《培尔·金特》中发现的讽刺比我想要表现的要多得多。为什么他们不能像读一首诗那样来阅读这本书呢?我正是像写诗一样去创作它的啊!"然而,易卜生的不幸在于,他受到了那些想看到诗中除诗意以外的一切的人们的特别关注,他们对待所有的郁金香和玫瑰的态度就仿佛它们是道德教育这口锅里的白菜一样。然而,令人惊奇的是,在这位作者说了这些话之后,尽管这首可爱的诗《培尔·金特》向人们挥舞着它小丑帽上的小挂饰,但仍有评论者在《培尔·金特》中只看到"它处理普遍难题的糟糕兴趣"。批评人士迷恋于在易卜生的作品中发现"问题",这成为他的作品使很多读者不耐烦甚至受到完全不公正对待的主要原因之一,这些读者原本应该自然而然地喜爱和欣赏这些作品的。易卜生是一位充满奇妙智慧的诗人,他的想象力经常漫无边际地驰骋,而他却被歪曲为一位穿着黑色长外套和白色硬高领的牧师,仿佛他象征着不信奉国教者的道德良知。

因此,将这部欢快而世俗的戏剧那站不住脚的"教训"和假"难题"置于一

第四章　讽刺家时期（1857—1867）：从克里斯蒂安尼亚到罗马

旁，我们可以在它不规则的大胆突破之中认识到两种主要的优秀品质。在《培尔·金特》中，首要的便是它的趣味性和别具一格的生动语言。它以不同时候的不同心情写成，在其构成中有一种非连续性，即便它最全心全意的欣赏者也无法绕开这个问题来解释它。第一幕是一场独特的诗歌精神高涨的爆发，它在荒诞的边缘跌跌撞撞，伴随培尔有趣而欢闹的生涯的，不仅有危险和困境，而且也有光彩夺目的成功，它们绝不亚于培尔为自己胡编乱造的那些故事，以及他杜撰的他们骑着驯鹿沿着那延德山（the Gjende）上令人眩晕的石刃行走的情形。在第二幕，讽刺和幻想变得完全不受约束。这位诗人的天才在他体内载歌载舞，像一艘暴风雨中的大船一样，然而，这艘船是没有方向的，驾驶员明显是一位浪荡子。在这一幕里，自由驰骋而漫无边际的幻想，始于培尔和绿衣女骑上的猪，一直持续到他与博格这个象征着自我欺骗的庞然大物进行搏斗，这漫无边际的幻想超越了自《浮士德》第二部分以来的任何作品。第三幕，伴随驱使培尔到索瑞阿·莫瑞阿城堡（Soria Moria Castle）去的动力和奥丝妈妈之死，该剧到达了高潮部分，这正是使易卜生位居一流创作者之列的诗歌精髓所在。第四幕的开头有些突兀和荒唐，它将我们带入一个完全不同的、我认为不那么富有想象力的地方。第五幕是这首诗最好与最坏部分的混合体，其语调、风格和方向常常看似较之前的部分有些距离，它更像是对前三幕做出的一种象征性或者理想化的诠释，而不是整个故事发展的最终结局。

　　在这整个复杂而丰富多彩的场景中，作者的精神几乎一直保持在反常的高涨状态中。如果这全是狂欢和讥讽的笑声，我们就会厌倦这种特性。但是它开放地提供了最迷人的自然之美，以调剂过多的反讽。我认为，毫不夸张地说，在世界戏剧文学中，再没有别的作品，像《培尔·金特》这样——甚至莎士比亚也没能做到这一点——在一部戏剧中引入如此多的可爱的风景，它们是如此丰富多样，如此精美绝伦，使人一饱眼福。第五幕包含了许多读者无法欣赏的东西，但它的开场场景充满了高山与海洋的荣光，在就我所知的戏剧中，再也找不到别的作品能与之相比。接下来又发生了一场所有诗歌中最精巧的海难。诗中一个场景接着一个场景：第一幕描绘了挪威风景的寒冷庄严之美，并形容说任何画家的笔也无法创造出这样的美。关于三个牧牛女的林地背景，虽然在造型艺术中没有类似的作品，但是在挪威绘画最为经典的作品——画家达尔的《暴风雪中的白桦》中，出现了类似的景观。说起来,《培尔·金特》每一幕中一幅又一幅生动形象的画面得到的褒奖与称赞也许得写上好几本书才能穷尽。

这位主人公自私自负到极致,他有些迟疑地向我们展示出他是违抗命运安排的一类人。然而,培尔·金特是否被设计为一位有用的、善良的,甚或是成功的人呢?当易卜生写作第一幕时,他一定还未发现这一点,第一幕中几乎什么也观察不到,它仅仅是一项充满欢快和讽刺,针对狡猾、懒惰和过着寄生生活的乡村无赖阶层的研究。这种类型的人物并非易卜生的创造发明。这些故事由阿思比昂森和莫伊做了独一无二的整理,易卜生只不过在那些乡村故事中发现了这类人,他向我们展示出,他的记忆是长久的。同样,也是在这里,他找到了博格——古斯堪的纳维亚传说中的一个怪物,它体型庞大,生性冷酷,狡猾而不可见,能够无限地缩小和扩大。后来,他似乎认为,这种可怕的东西象征着某种自私而不稳定的民族情绪的发展。由此,《培尔·金特》以一出笑剧开始,逐渐发展为一个神奇的寓言。易卜生严肃的提倡者们将最接近道德论证或"问题"目的的方法归功于他,这可以在此剧第五幕第六场中找到证据,它相当于歌德所使用的方式,思想、格言、歌曲和眼泪都是有形的形式,它们突然涌向年迈的培尔·金特,化作对他的谴责。

《培尔·金特》在北方引起了一些批评者的困惑,它从未像广受欢迎的《布朗德》那样成为一部备受推崇的伟大作品。但是,当易卜生被告知《培尔·金特》没有遵循诗艺的规则时,他带着胜利者的骄傲断言,要改变的必定是规则,而非《培尔·金特》。他写道:"我的这部剧是诗,如果它现在还不是,那么它将来必定是。挪威语关于诗是什么的概念,将会以我的这部剧来下定义。"起初出现了反对这一说法的争论,但这部剧已经成为一部经典之作了,现在大体上允许称其为诗了,只要诗歌这个术语足以涵盖《云》和《浮士德》的第二部分,它就一定可以涵盖像它们这样的独特诗剧,可见,伟大的杰作常常伴随有善变的智慧。

补记:迄今为止,当我将这本书送给出版社付梓时,我所见的这世上对《培尔·金特》最透彻的分析是由奥托·魏宁格的遗嘱执行人在他离世后出版的《关于过去的事情》(1907年)这本书。这位卓越非凡的年轻人,于1903年10月4日在维也纳贝多芬去世时所居住的那所房子里开枪自杀了,年仅23岁。他用残酷而暴力的方式夺走了欧洲哲学界至今最有前途也最受瞩目的新成员的生命。如果我承认自己没能在《培尔·金特》中看到魏宁格在其中所看到的一切,那么无疑错在于我。但是不可否认的是,时间将在易卜生的作品中产生深刻性,如同它在莎士比亚的作品中产生深刻性一样。最伟大的作品之重要性的生长,如同树木在种植它们的凡俗之人死去之后继续生长一样。

第五章　在德累斯顿流亡时期
　　　　　（1868—1875）

　　在意大利，易卜生在憩息与独处之中宁静地度过了四年。他对意大利的态度迥异于同时代流散各地的其他名人。那些重要的流浪者如司汤达（Stendhal）、拉马丁（Lamartine）、罗斯金（Ruskin）与勃朗宁夫妇（the Brownings），都对意大利的事物带有强烈的个人兴趣。意大利受奴役的状态引起了他们当中某些人的愤怒或讽刺，他们长夜不眠，梦想着意大利的自由与解放。《桂迪公寓之窗》①也许可以看作是极端的类型，而意大利并没有给易卜生留下这样的印象。他在那里追寻——在阿尔班（Alban）山脉那清澈湛蓝的苍穹之下，在那海水和谐的低语之中，在那漫山遍野的紫罗兰的影子里，在罗马那灰暗的街道上。此时，在他待在挪威的艰难而冗长的青年时期过后，最重要的是，他获得了他最需要的大脑的休息与精神的成熟。在他欣赏的诸位流放者之中，他也许更像兰多（Landor）②——他在易卜生于罗马安定下来不久，就在佛罗伦萨离世了。这位挪威青年的性格与这位天才的搏斗者极为相似。

　　1867年9月8日，当加里波第（Garibaldi）③在热那亚（Genoa）④宣告他进

---

① 《桂迪公寓之窗》，1851年由勃朗宁夫人所作，表达了她对意大利独立运动的热情支持。——译者注

② 沃尔特·萨维奇·兰多（1775—1864），英国诗人、评论家，作品包括东方英雄史诗《格比尔》（Gebir）（1798）和散文《文人与政治家的想象对话》（Imaginary Conversations of Literary Men and Statesmen）（1824—1828）。——译者注

③ 朱塞佩·加里波第（1807—1882），意大利爱国者，意大利复兴运动的军事领袖，1860—1861年，他领导的"红衫"志愿军从波旁家族手中夺回了西西里岛和意大利南部，对建立统一的意大利王国起到了关键作用。——译者注

④ 热那亚，意大利西北海岸城市，利古里亚区首府，哥伦布的出生地。——译者注

攻罗马的意图时，许多诗人都发自内心地响应他，他们用"以玫瑰装饰河流与脚步轻快的小溪"作为回应，但这带给易卜生的却只有惊慌失措。如果罗马要从意大利教皇的奴役中解放，它将不再是使人昏昏欲睡且沉默无言的幽灵，不再是这位挪威人想要治愈其坏脾气和道德疑症的地方。在10月里，自由的先驱者穿越了教皇辖地的前线地带。在30日这天，法国人不动声色地进入了罗马。而关于易卜生，在这被搅扰的旅居岁月的最后几个月里——他很快决定，如果意大利要爆发人民战争，那么这个国家将不再是他的居所了——我们什么风声也没有听到。然而，这个秋季，我们发现易卜生越来越多地关注乔治·勃兰兑斯的事业，后来，这位才华横溢且主张革命的丹麦批评家成为他的第一位伟大的诠释者。我们注意到，这与他同比昂松之间的友谊开端是不同的：起初，易卜生认识比昂松的时候不幸而悲苦，他和他的作品几乎得不到理解，似乎比昂松并没有认识到《培尔·金特》这首诗应有的价值。自海贝格以降，克莱门·彼得森被公认为丹麦批评家的资深前辈——他公开发表文章攻击《培尔·金特》这首诗①，而易卜生在他心情最糟时写的一封信中，言辞激烈地向比昂松痛诉了对这一批评的谴责。

我们发现，易卜生待在罗马的最后几个月里处于非常滑稽的状态。如果可以将他比作一种动物的话，他似乎是他那个时期作家中的"獾"——在夜间出没，温和无害，过着独居生活，然而那时涌现出的传闻认为他是可怕而凶残的（像獾一样）。"咬人"的易卜生并不是玩笑话，在他怒不可遏的时候，他也会不加选择地同样"咬"朋友，和他"咬"对手的方式如出一辙。在他写给比昂松的另一封信中，他说，如果他没有成为一名严肃的诗人，他会尝试"作为一个照相师的运气"②。比昂松亲切友好而机智风趣，他立即接过这个话茬，请他将他的"摄影术"置入一出喜剧之中。然而，如易卜生本人所言，那可怕的恶魔将他的阴影抛掷到

---

① 1867年12月，克莱门·彼得森在《祖国报》（Fadrelandet）上发表评论，宣称《培尔·金特》并不是一首"真正意义上的诗"，因为"它从现实到艺术的转换既不完全符合艺术的要求，也不符合现实的要求"。在他看来，《培尔·金特》充满了"谬误的观念"和"费解的谜团"，而且"里面压根儿就一无所有"。此处援引《易卜生书信演讲集》，57页，注解①，特此致谢！——译者注

② 1867年12月9日，易卜生致信比昂斯腾·比昂松。信中主要内容是关于"挪威将以《培尔·金特》这部戏来确立诗的概念"的，也表达了对克莱门·彼得森发表在《祖国报》上的关于《培尔·金特》的评论的痛恨与愤怒。信中说道："如果我不是一个诗人，那么我什么也不会失去。我将试试我作为一个照相师的运气。"参见《易卜生书信演讲集》，58页。——译者注

他的朋友心中，使往昔阴郁的时光里所有的恩惠与深挚的友谊都被迅速地遗忘了。他们也争吵，相当荒诞的是，他们争吵的内容是关于国王与使臣的装饰品的。比昂松决心拒绝一切华而不实之物，但易卜生表示，他愿意接受（并佩戴）授予他的每一个十字架和五星勋章。毫无疑问，在这个时候，两者之间的关系是很难处理的，两位诗人都坚持将自己的决定贯彻到底。然而，比昂松关于这出喜剧的提议，似乎成为接下来的几年中闪现在这两位诗人之间的最后一星半点的友谊火花。关于这一点，易卜生在不久以后以一种非常无礼的方式回复了比昂松。

1868年3月，易卜生开始对这个阶段发生的事情表达他的怒火。他友善地怒吼："挪威想要的是一场民族的灾难！"此时，这只獾应该寻找新洞穴的庇护，而后，在5月，我们发现，他最终离开了罗马。其时，有一场告别宴会，朱利乌斯·拉恩格（Julius Lange）出席了这场宴会，他评价说，易卜生显示出了一股恶魔的味道，但是"相当机智和友善"。易卜生前往佛罗伦萨度过了6月，然后举家离开了意大利，在贝希特斯加登（Berchtesgaden）① 居住了3个月。这个小小的浪漫的"沐浴着阳光的地方"位于萨尔茨堡②阿尔卑斯山的附近（约20公里），十分安静，是个不时髦的老城区。在那里，他开始写作他的五幕喜剧《青年同盟》。整个9月，他都待在慕尼黑，而后，在1868年10月，他再次驻扎于德累斯顿，这一次，他在这里待了相当长的时间。他几乎立刻再次陷入了孤绝而平静的阴郁心情之中。他漫步在德累斯顿的街道周围，一如往昔在夜里或者人少的时候，久久萦回于罗马街道的四周一样。他过着非常隐逸的独居生活，很少见访客，也很少写信。慢慢地，他完成了他的带有"摄影术"的喜剧，1869年3月，这部剧最终完稿了。尽管他仍然非常贫困，但他拒绝了所有来自期刊或杂志编辑的约稿请求。他更想在长时间的间隔以后，带着他新完成的重要作品出现在公众面前。

对于一位非挪威裔或不熟悉北欧政治与社会习俗的批评者而言，是不可能对《青年同盟》产生多少兴趣的，这部剧是易卜生所有成熟作品中乡土气息最浓的。在这部剧的创作过程中有一个流行语"de lokale forhold"，我们可以蹩脚地将其译

---

① 贝希特斯加登，德国南部城镇，位于巴伐利亚阿尔卑斯山，近德（国）奥（地利）边境，希特勒曾在此修建堡垒式别墅。——译者注

② 萨尔茨堡，奥地利西部城市，在与德国交界处附近，为萨尔茨堡州首府，因每年的各种音乐节闻名，其中之一是为纪念作曲家莫扎特而举办的。莫扎特于1856年出生在该城。——译者注

第五章 在德累斯顿流亡时期（1868—1875）

易卜生在 1868 年

为"当地的情况"或"情境"。这部剧完全是关于 de locale forhold 的，它神秘的吸引力来自一种类似于小佩德灵顿（Little Pedlington）① 的强烈气息。正如阿契尔先生所说，这并没有阻止《青年同盟》成为"挪威文学中第一部举足轻重的散文体喜剧"②，然而此剧被更广阔的欧洲视野排除在外。离奇的是，易卜生认为，或者假装认为，《青年同盟》是一部"温和宽容"的愚作，它天真宽容的戏谑并没有对最恶劣的冒犯者表现出任何厌恶之情。也许，像许多艰苦的作家一样，他低估了他自己的语言所激起的暴烈的力量；也许，居住在距离挪威那么远的地方，他仅

---

① 小佩德灵顿，地名。这里指的是 19 世纪英国著名喜剧与笑剧剧作家约翰·普厄（John Poole，1786—1872）的代表戏剧作品《保罗日记》（全名为《爱管闲事的保罗居住在小佩德灵顿的日记》，英文剧名为 Paul Pry's Journal of a Residence at Little Pedlington，简称 Paul Pry，后来 Paul Pry 也用来指天生好管闲事或好奇心重的人，此剧发表于 1836 年）与《小佩德灵顿与佩德灵顿的人们》（Little Pedlington and the Pedlingtonians，此剧是前者的续篇，发表于 1839 年）中的地名。——译者注

② 通常人们认为，相比于比昂松的《新婚的夫妇》（1865 年），阿契尔先生更喜欢《青年同盟》一些，但于我（埃德蒙·葛斯）而言，《新婚的夫妇》似乎是一部更有意思的喜剧。

能微弱地感觉到挪威所遭受的政治苦难的影响，而没能意识到本地的爱国者对"当地情况"的任何揶揄有多么敏感。当他发现挪威人极为恼怒时，易卜生直率地告诉他们，他已经仔细研究了他们"恶劣的、沉浸在谎言中的小团体"的方式和方法。他对于其诗意的受害者而言，总是如同草丛中的一条蛇一样。

　　阿契尔先生对这部剧赞赏有加，认为此剧高超非凡，他竭力掩饰其中生硬的部分。但就本人所耳闻的，当我在25年以后再次阅读它的时候，它的语气显得很不自然、不友好，这种语气来自本质上很乡土却严肃得乏味的克里斯蒂安尼亚社会，仿佛它是写给19世纪70年代早期的某个年轻朝圣者的，它似乎浓缩了那时所有的敏感、傲慢和粗俗，这使得外来者与过去那个时期杰出而友好的挪威人之间的交流变得非常艰难——特别是对于刚从温暖的哥本哈根来的优雅可爱、精致而有教养的人们而言，简直太难了。导致易卜生写作《青年同盟》的政治状况现在已经是陈旧的历史了。在挪威的政治中曾经出现过"解放的"元素，它在1868年迅速变得强大起来，对政府的阻碍也越来越严重。苏伦·约巴埃克（Sören Jaabaek，1814—1894）的影响与日俱增——他是一位抱有极端社会主义观念的农民，几乎单枪匹马地反对挪威议会给诗人颁发任何津贴，因此，他的名字是易卜生十分憎恶的。

　　此时，比昂松在他的政治宣传事业进程中，越来越大胆地玩弄这些极端的想法与这个粗暴好斗的农民团体。他甚至在约巴埃克这个可恶的家伙出现之前就已经被激怒了。从身处德累斯顿的视角来看，易卜生由衷地相信，比昂松以他的热忱、能量以及雄辩的才能，正在成为一个全国性的危险人物。我们已经看到，比昂松激起了易卜生关于《培尔·金特》的虚荣心，没有什么比将公众原则转移为私人的轻视与冒犯更致命地破坏这一段友谊的了。大体来看，比昂松的天性是好交友的，而易卜生则是离群索居的；比昂松肯定总是大多数人的领导者，而倘使有十个人追随易卜生，易卜生都会感到良心不安。他们俩之间必然会产生分歧。同时，易卜生通过创造《青年同盟》中的史丹斯戈（Stensgaard）这一人物形象而破釜沉舟——这是一位轻松有趣而顽皮淘气的演说家，他的雄辩修辞术使每个人都无法抗拒地想到比昂松滔滔不绝而辞藻华丽的演讲术。比昂松并非没有尊严，他反对的不是人身攻击，而是整部剧试图"将我们年轻的自由党描绘为一群莽撞冒进、散布言论的冒险者，他们的爱国情怀仅仅是空口无凭的"。易卜生承认，这恰是他对他们的看法，对于这样一段已然土崩瓦解的友谊，接下来除了恼怒与沉默以外，还能有什么呢？

易卜生手迹摹真本

现在我们进入1869年，这一年在易卜生的事业中是引人注目的。在这一年里，他旅行的次数是最多的；在这一年里，他在社交圈里抛头露面，崭露头角。他能够做到这一点，有赖于他的津贴的相当幅度的增加。首先，他受邀访问斯德哥尔摩，为期几个月。突然，他产生了一种强烈欲望，想要研究瑞典的状况，而迄今为止，他自称不喜欢这个国家。在斯德哥尔摩，他高高兴兴地待了两个月，便受到了来自卡尔国王的宴请。在宴会上，他与斯诺伊尔斯基再续前缘，并处处受到最高规格的接待。如今，易卜生和比昂松被公认为挪威的两位伟大作家，而他们作为矮小而貌不惊人的杰克·斯普拉特先生与夫人（Mr. and Mrs. Jack Sprat）① 以通信所维系的奇特平衡已经明确。毫无疑问，此时，比昂松对瑞典的有力攻击反衬出易卜生对瑞典人而言是如此亲切与可爱。易卜生在瑞典很受欢迎，他成为他们钟爱的人。他在斯德哥尔摩是如此幸运，如果他没有收到赫迪夫（Khedive）② 9月发出的邀请，请他作为苏伊士运河③通航仪式的客人④，他甚至可以在那里无限

---

① 杰克·斯普拉特，在英语谚语中指16—17世纪矮小而貌不惊人的人，这里指矮小而貌不出众的易卜生。关于杰克·斯普拉特和他的夫人，流传着一个童谣：Jack Sprat would eat no fat, /His wife would eat no lean, /And so between them both, you see, /They licked the platter clean. 其中，第三句也作 And so between the two of them, 或 And so betwixt them both between. 参见 Iona Opie, Peter Opie, *The Oxford Dictionary of Nursery Rhymes* (2nd ed.), Oxford: Oxford University Press, 1997 (1951): 238. ——译者注

② 赫迪夫，1867—1914年奥斯曼帝国统治下的埃及总督的称号。——译者注

③ 苏伊士运河是在塞得港处连接地中海与红海的航运运河，1859—1869年间由费迪南德·德·雷塞布开凿。——译者注

④ 1869年11月17日，易卜生作为挪威代表出席苏伊士运河的开通典礼。与此同时，《青年同盟》遭到国人贬斥。——译者注

期地逗留。突然闯入本文叙事之中的这位"东方君主"似乎令人惊奇,直到后来,我们获悉,来自所有国家的声名显赫的贤达都受邀参加了这个典礼。有意思的是,易卜生此时已经如此著名,以至于挑选他来参加这个典礼变得如此自然,而唯一受邀的另一位挪威宾客是杰·德·希·里埃布莱恩(J. D. C. Lieblein)教授,他是一位埃及学家。

9月28日,诗人易卜生动身出发去埃及,途经德累斯顿与巴黎。《青年同盟》于29日出版,并于10月18日首演,因此,易卜生刚好错过了这部剧在挪威引起的公愤与骚乱。他和赫迪夫的其他85位声名显赫的宾客一道,在玛丽艾特·贝伊(Mariette Bey)的照顾下,沿着尼罗河进行了一次长达24天的远征,进入努比亚(Nubia)①,然后回到开罗和塞得港。在那里,在皇后和几位皇室血亲的王子的陪伴下,他于11月17日看到运河正式开通了。他们有幸为一支宏伟的舰队饯行,这支舰队从塞得港出发,航至伊斯梅利亚。然而,在塞得港的码头上,易卜生收到了来自挪威的邮件。他从邮件中了解到,在克里斯蒂安尼亚,信件与报纸中充斥着相似的暴力场景——那便是《青年同盟》被嘘下台的场景。于是,他在那里,将他所有论争性诗歌中最尖锐也最奏效的一首题为《在塞得港》②的诗以及他的抗议送回了挪威。尽管直译残忍而不公正地删减和削弱了原文含有恶意的韵律,但这首被直译为散文体的诗歌必定已能足以表达出他的情感了:

> 东方陆上的曙光
> 在港口之上闪亮;
> 来自全球各个角落的旗帜
> 在旗杆上招展。
> 音乐里的音调,
> 传递着康塔塔③;

---

① 努比亚,埃及南部和苏丹北部的古老地区,包括阿斯旺和喀土穆之间的尼罗河流域及其周围地区,该地区现已被淹没,努比亚人在埃及构成了一个少数民族。——译者注

② 《在塞得港》这首诗,贺东先生译为《在塞特港》,袁艺林译为《在塞得港》,译者在此参照了他们的译本,特此致谢。——译者注

③ 康塔塔:一种有独唱的中等长度的叙述或描述音乐,一般还配有合唱和管弦乐队的演奏。——译者注

一千发礼炮

为运河的首次开通施洗。

汽船队行进

驶过方尖塔碑。

用我家乡的语言

带给我新的消息。

我所润饰的镜子般的诗剧

本为风流雅士而作

在家乡遭受诋毁

糟糕的嘘声不断。

毒蝇叮刺；

它使我的记忆令人厌恶。

星辰啊，感谢你！——

我的家乡是古老的过去！

我们站在甲板上，

问候护卫舰；

我挥动着我的帽子

向旗帜敬礼。

致盛宴，致盛宴，

哪管那毒虫的毒牙刺伤！

一位特邀的宾客

穿过"苦湖"啊！

当白昼黯淡

我将沉沉睡去，进入梦眠

梦里法老沉淹——

而正当那时，摩西转世得生。

在这种反抗的心情之中，伴随着毫不减退的愤怒，易卜生途经亚历山大和巴黎，回到家乡，然后于 12 月再次抵达德累斯顿。

1870 年，正如法国的占领迫使他离开罗马一样，易卜生被迫离开德累斯顿。对他而言，有必要在安静而陌生的人群中休息。他来到丹麦，部分原因是为了与勃兰兑斯交谈——勃兰兑斯现在已经是他生命中的关键人物了，他帮助安排了易卜生的早期作品特别是《觊觎王位的人》这部剧的部分演出。在 6 月中旬，当普法战争宣告开始的时候，易卜生尚未形成确定的计划。然而，两周后，易卜生离开了萨克森（Saxony）①，在哥本哈根居住了 3 个月。那里的人们非常友善地接待了他。10 月初，在斯特拉斯堡（Strasburg）② 被攻陷、梅斯（Metz）③ 被围困之后，战争的好运会降临哪一方显而易见，易卜生如同从丹麦社会"浴火重生"一样回到了德累斯顿。此时，德累斯顿处处是法国囚犯，苦难深重，此外，它还得舔舐贸易瘫痪的创伤，因此它极度缺乏对普鲁士的热情。

易卜生远离了所有这些令人颓丧的主题，他开始自己收集和润色一系列诗歌。1871 年出版的《诗集》，是他发表的最早的、实际上也是唯一的诗集。我们可能会想起，正在此时，没什么理由将自己与战争的恐怖隔绝开来的泰奥菲尔·戈蒂耶（Théophile Gautier）④ 正在为《珐琅与雕玉》这本诗集做最后的润色。1870 年 12 月，易卜生致信瑞典的利姆奈尔夫人（Fru Limnell），他的这封"气球信"（"Balloon-Letter"）是一首讽刺而滑稽的韵体书信诗文，将近 400 行，包含着大量关于他奇异的埃及之旅的象征性回忆，也影射了德国的入侵队伍，对其进行了强有力的反讽——伴随着哈索尔（Hathor）⑤ 与何露斯（Horus）⑥，队伍冲到巴黎，在普鲁士旗帜那令人悲恸的色调下，进行武力袭击。易卜生的讽刺直指德国人的丑恶行径及其平庸的实利主义，他说："小毛奇（Moltke）⑦ 已经杀死了战争之诗。"

---

① 萨克森，德国东南部、易北河上游的一个州，首府是德累斯顿。——译者注
② 斯特拉斯堡，法国东北部城市，位于阿尔萨斯，靠近德国边界，1871 年被德国吞并，第一次世界大战后被归还给法国，是欧洲理事会和欧洲议会总部所在地。——译者注
③ 梅斯，法国东北部洛林大区城镇，位于摩泽尔河畔。——译者注
④ 戈蒂耶（1811—1872），法国诗人、戏剧家、小说家、记者、文艺评论家。——译者注
⑤ 哈索尔，埃及神话中的女天神，是爱情和欢乐的保护神。——译者注
⑥ 何露斯，埃及神话中保护君主的神。——译者注
⑦ 小毛奇，按照德语原名音译为"莫尔特克"，德意志帝国陆军大将。——译者注

第五章　在德累斯顿流亡时期（1868—1875）

此时，易卜生极大地拓展了他的观念，形成了他自己的世界观念。德国严明纪律的成功给他留下了深刻的印象，他认为这一天很可能已经到来了——它对于所有反叛和为了未来的"自由反叛"都是致命的。他比以往任何时候都更惧怕约巴埃克与比昂松这些人提出的革命信条，他认为它们会引发流血事件与民族灾难。同样的事件在同样的时刻给高德文·斯密斯（Goldwin Smith）① 留下了印象，他著名的预言是，所有王朝与贵族机构的废除即将来临，随之而来的是整个世界选出的产业政府的"平静的开创"。因此，历史坚定地向前迈进，俨然一位在右派预言家与左派预言家之间无动于衷的世界孩童。终究，易卜生在哥本哈根还是错过了与勃兰兑斯见面的机会——那时勃兰兑斯在罗马患了一场漫长而危险的伤寒病，因此耽误了与易卜生相见，而他能做的一切就是与这位还未见面但越来越聊得来的年轻朋友不断地通信。易卜生致信勃兰兑斯相较于其他任何人都更为自由，那些震动欧洲的大事件占据了他们俩大部分的思想：

> 那个古老而虚幻的法国已经坍塌了（1870年12月20日，易卜生致信勃兰兑斯如是说）。事实上，一旦新普鲁士也同样坍塌，我们就该一跃而进入未来的时代了。各种思想观念将会以怎样的方式在我们耳边打转啊！是时候了。到目前为止，我们还一直在靠上世纪革命餐桌上剩余的残羹冷炙过活，我认为我们咀嚼那些东西已经太久了。旧的条款必须注入新的含义，给出新的解释。自由、平等和博爱已经不再与过去令人哀悼的断头台时期的意思一样了。政客们是不会明白这个道理的，这也是我憎恨他们的原因。他们只想要他们自己需要的那种革命——对外革命、政治革命，等等。但那不过只是些浅薄之事。最重要的是来一场人类精神的革命。②

这场以巴黎公社为标志的革命没能满足易卜生的期待，勃兰兑斯借此告诉他，他还未从科学的角度仔细地研究政治。易卜生回复说，他没有掌握的知识在某种程度上会以他的直觉或本能获得。"听凭如此，诗人的本质任务是审视，而非反

---

① 高德文·斯密斯（1823—1910），英国历史学家。关于何为现代教育最核心的问题，古代语言与现代语言之间的对立关系问题，他提出现代语言是"必不可少的成就"，但是，现代语言"并没有形成智性更高的训练"（相比于古代语言）。他的至理名言是"人性是高于一切民族的"。——译者注
② 此段书信的译文参照并大体援引《易卜生书信演讲集》，103~104页。特此致谢！——译者注

映。于我而言，过多的反映尤为危险。"易卜生此时似乎正处于心理结构摇摆不定的状况，他在致力于从他富有创造力的作品中提炼形成某种积极的生活理论，并予以和谐的解释。而在其他时候，他迫切希望突破理论与原则的拘囿，将作为个体和例外的经验呈现出来。在两种态度中都看不出任何道德医生的迹象，这是托尔斯泰与易卜生的核心差异所在，而乍一看，他们的方法有时似乎十分相似。托尔斯泰分析一种病态的状况，总是尽他所能以治愈这种病态为鹄的；易卜生则给出更细致的临诊症状，但他把去除疾病的治疗工作留给别人，他自己的任务仅在于诊断。

《诗集》经过了无数次修改，变得很厚，在很长时间以后，于1871年5月3日出版了。易卜生对完成这本书感到高兴的原因之一是，他终于能将思想集中于他已经断断续续构思了七年的伟大戏剧，这部剧便是关于背教者朱力安的三联剧（他那时是这样计划的）。1871年7月，勃兰兑斯来到德累斯顿，他发现易卜生沉迷于对尼安德（Neander）与施特劳斯（Strauss）的研究。对这位性格阴郁、作品晦涩难懂的诗人而言，吉本（Gibbon）[①] 的书不幸地被封印起来。整个秋季和冬季，他一直处于一种长期的焦虑之中，这是由一名挪威的盗版者引起的，他威胁说要为他自己获取利润而再版易卜生早期和没有充分版权保护的作品。这加深了这位诗人对其祖国的厌恶，他认为那里的法庭对他怀有敌意。关于这个话题，他采用强调性语言来表达对挪威的厌恶："来自瑞典、丹麦和德国的消息都给我带来欢愉，而来自挪威的一切信息都糟糕透顶。"这暗示出，将要造访的挪威访客在德累斯顿是不受待见的。他说，挪威的朋友是"一种昂贵的奢侈品"，他很庆幸他自己不是这样的人。

《背教者朱力安》（简称《朱力安》）的第一部分在这一年圣诞节的时候完成了，但直到一年多以后，整部作品才（如我们现在看到的这个版本一样）最终完成。这位作者称之为"一项艰巨的劳动"，当他最后疲惫地放下手中的笔时，已经是1873年2月了。1872年，他一直非常安静、连续不断地进行文学创作，时不时有一些老一辈的著名丹麦人士短暂而友好地造访他，特别是汉斯·克里斯蒂安·安德森和梅耶·阿伦·高德施密特，还有几位德国人也正式地同他会面与交谈，比如康拉德·马伍莱勒（Konrad Maurer）和保罗·海伊瑟（Paul Heyse）。让我们

[①] 爱德华·吉本（1737—1794），英国历史学家，最著名的作品是多卷本《罗马帝国衰亡史》（1776—1788）。——译者注

回忆一下，这段时间一直都没有挪威人"受邀前来"。易卜生的这个夏季是在奥地利的高山之上以长时间地漫步度过的，在夏末的最后一个月，他在德国的贝希特斯加登深沉而安静地憩息。第二年也和这一年类似，只不过他长时间漫步、忙碌不停的夏末几个月是在维也纳度过的。1873 年 10 月 17 日，在易卜生起念创作《皇帝与加利利人》的第 9 个年头，这部鸿篇巨制在贺拉斯式的建议与商讨之后，终于在哥本哈根面世了。

易卜生在德累斯顿，1873 年 10 月

在易卜生的所有作品中，这部伟大的关于朱力安的兴盛与衰落的"双重戏剧"是影响最为广泛也最雄心勃勃的。不难理解，它关乎人物内心最微妙与最狐疑的东西，它们使古时的衰朽焕发出新的生机，而这正是易卜生为之心醉神迷的。一代代的历史学家对朱力安的灵妙智慧与坚定意志称道不已，这同他对抽象美的激情与对复兴希腊异教崇拜体系的热情融为一体。朱力安身上有一种个性，一种关于帝王修辞与日常特权习俗的缺席，这使易卜生对他称赞有加。对于认为整个现代世界都土崩瓦解的人们而言，朱力安以对基督教一意孤行的、苦行式的反叛提供了一种吸引人的原创性。作为一名革命者，朱力安呈现出充满激情的性格与思想，吸引着这位挪威诗人。他对他的皇帝和他的上帝的态度都是怀疑的，重要的是，这两者都不是由粗俗的动机引起的，而是由一种崇高而忧郁的宿命论引起的，这保证了这部剧的主题拥有迷人的复杂性。关于易卜生如何艰难地在脑中形成有关朱力安的具体想法，在易卜生的通信中保留有奇特的痕迹，这在他而言是非常诡异的。他被隐隐约约地拽向这个主题，而当他已来不及撤退时，他发现自己被所遇到的悖论和透过历史贬损的迷雾而出现在黑暗之中的人物矛盾抑制住了。

作为一名严谨的戏剧诗人，易卜生尽可能全面地考虑这些困难，尽可能仔细地查阅文献资料。他努力调整朱力安外在的傲慢，使之符合他个人举止的荒诞奇特与公共行为的徒劳无果。他注意到，这位背教者在性格上的所有小缺点都来源于他的美德与宽广的襟怀。他毫不犹豫地调查与跟踪这个奇特的叛乱过程——它将一位粗莽的极端主义者从王位上用力推下来——结果不过是在他的房间里置入一个文学学究，他的手指上沾着墨水，胡须浓密，他接受从寄生者到特权者的一切。易卜生的第一部"世界戏剧"成功地避免了以历史影射现实的危险。在情绪强烈而高涨的《恺撒的背叛》的场景中，事件层出、高潮迭起，它们固有的重要性，以及朱力安内心最初从错误信念的锁链束缚中解放出来的天真光辉，都结合在一起，产生了一种高度的戏剧性美感。乔治·勃兰兑斯对这些事情的直觉几乎是不会出错的，当他在第一部分完成不久后阅读它时，便请求易卜生将这部作品献给公众，并将《皇帝朱力安的终局》也继续独立发表出来。倘使易卜生同意这么做了，那么《恺撒的陷落》肯定会比现在在他作品中的地位更高，而现在，此剧的影响或多或少地被肢解了，其意义因这位作者在此剧第二部分做出的明显的大突变所引起的不连贯性而受到威胁。

第五章　在德累斯顿流亡时期（1868—1875）

令易卜生一辈子都感到失望的是，《皇帝与加利利人》这部剧是他耗费了远比其他作品多得多的精力和劳动所创作出来的，但它从未成为公众或评论家最喜欢的作品。然而，即便带着这世上最良好的意愿，想要在这部鸿篇巨制中寻得充分的愉悦享受也并不容易，因为它的文风有一些因分析不足而导致的任性，缺乏即使是易卜生最差的作品也常常具有的特点即生命力。那些古代人说的话往往是合适的，但很少是生动的。正如本特利（Bentley）评论朱力安的老师利巴尼乌斯（Libanius）的书信时所说："通过它们的空虚与沉闷可以感觉到，你在与某个正在做梦的学究交谈，他的胳膊肘放在他的书桌上。"易卜生戏剧的格局相对于他选择采用的具体而微、注重细节的方法而言，太过庞大。他给予我们的是一张巨大的画布，他在上面到处绘制微缩的图景。遗憾的是，他选择了这么庞大的一个领域做戏剧呈现，而更适合于体现他的天才的方式是放弃写作一段决定性历史的尝试，转而选择朱力安一生中的一些关键时刻加以表现。他本应将他的能量集中起来，使之独立于那些编年史，而专注于那段复苏的历史，在这一过程之中也不必那么谦卑——在阿米阿努斯（Ammianus）[①] 举起的令人振奋的手指之下战战兢兢。

关于《皇帝与加利利人》，易卜生后来说："它是第一首（他可能也补充说它是'唯一的'）我在德国思想影响下写成的诗歌。"他注意到自己的生活太久地远离他的思想与语言秩序的危险。但对他而言，这总是很困难的，一旦扎根在某个地方，再想连根拔起地挪窝就很难了。在他的这部"双重戏剧"出版以后，一种疲惫感扑面而来，而后的四年里，他实际上什么也没做。这标志着他事业结构中的一个中心关节，建筑师们称之为一个"通道"，它为易卜生的作品整体提供了一个坚不可摧且足智多谋的方面。在这些年里，他修改了他早期的一些作品，更为仔细地学习了雕塑与绘画艺术，并且不知满足地写作——记录下了旅居德国的简朴岁月。1875年春，他和家人一起从德累斯顿移居慕尼黑。

1874年，他简短地访问了克里斯蒂安尼亚，结果十分不幸。易卜生怀疑，那个年代的挪威人过于僵化保守。常年生活在南方人之中，他习惯于人们使用大量的手势和重音。而在他待在挪威的短暂时光里，他一直遭受着一种无法忍受的抑郁不安。十年以后，在他写给比昂松的信中，这种不适感仍未消除。他写道："我现在还没攒够钱来维持我自己和家人的生活。如果我放弃文学创作，生存会很成

[①]　阿米阿努斯，约出生于325到330年之间，卒于391年之后，是公元4世纪时的一位罗马战士与历史学家。他用拉丁文书写了96—378年的罗马编年史，但现在仅存353—378年的部分。——译者注

问题。而如果我生活在克里斯蒂安尼亚，我便不得不放弃创作。……这就意味着我不能写作任何东西了。十年前，当我沿着挪威的峡湾逆流而上时，我感到胸口似乎被什么重物压迫着，有一种身心很受压抑的感觉。当我在国内时，这种感觉一直伴随着我。在挪威，每当看到从街边或窗口投来的冷漠的、不理解的眼神，我就感到不自在。"①

至此，易卜生离开挪威的流散生涯已有十余载，而他对自己国家和人民的感情仍停留在1872年7月他寄送回国的一首诗《千年节庆颂》（*Ode for the Millenary Festival*）中所写的那样。这首令人惊叹的诗作是易卜生诗歌作品中坚不可摧的一首重要作品，从这首诗开始，他便公然反对国内民众的观点。这首诗旨在向挪威人展示，他们必须改变对他的态度，否则他永远也不会改变对他们的态度。他说：

> 我的同胞，为我深深盛满几碗良药，
> 如同在诗人濒死的墓穴边给予他新的力量，
> 让他在暮色苍茫、风起云涌之时起身而战，——
> 我的同胞，让我成功地跨越这波谲云诡，
> 得以放逐而生，伴随我流浪者脚底的哀恸，
> 还有我对重负的畏惧，对权杖的怀疑，流走他乡，——
> 我从这宽广的世界向你们致以家乡的问候。
>
> 感谢你们给我的礼物，助我坚强，
> 感谢每一个充满痛苦的时辰，净化我心；
> 每一株成长在我诗意花园中的植物
> 生根于你们用严酷播洒雨露的地方；
> 每一条嫩枝儿的发荣滋长
> 归功于来自北方的灰霾；
> 太阳休憩，而雾霾凝集！
> 我的故土啊，谢谢！是你赐予我有生以来最好的礼物。

---

① 此处信中译文大体上援引1884年9月29日易卜生致信比昂松的中文译文，参见《易卜生书信演讲集》，249～250页。特此致谢！——译者注

第五章　在德累斯顿流亡时期（1868—1875）

尽管易卜生写了这些讥讽的致谢词，他在挪威的声誉也仍存有争议，但此时已有稳定的保证。他在丹麦和瑞典的地位几乎是不可动摇的，在德国也至少是个人物。从1872年算起，他在英国享有空前的荣誉。但是在意大利、俄国和法国，他还不是很著名。因此他正在以他的才智给这三个国家留下广泛而持续的印象。

与此同时，透过整个欧洲文学来看，我们看到，从他50岁这年开始，他的形象变得越来越重要了。在丹麦那些德高望重、声名显赫的老者们突然消失以后，他成为第一位充满生命力的北欧作家。他之于挪威，如同瓦勒德拉（Valera）之于西班牙，卡尔杜齐（Carducci）之于意大利，斯温伯恩（Swinburne）或罗塞蒂（Rossetti）之于英国，勒孔特·德·李勒（Leconte de Lisle）之于法国。这些人主要是诗人，不能忘记的是，易卜生至少在1871年以前，一直主要是作为一位以诗体形式写作的作家而闻名于世的。如果在他事业的第二阶段[①]，他决定去除对诗体修辞的迷恋，那么这是一种严格而质朴的志愿行为。如同查理五世在西班牙心甘情愿地用珠宝王冠与圣杰罗姆（St. Jerome）交换粗糙的棕色风帽。[②] 而后，在一两年的祈祷与斋戒之后，易卜生开始了新的智慧事业。

[①] 指散文体剧作。——译者注
[②] 指代教皇的权力。——译者注

第六章　辗转于慕尼黑与罗马之间（1875—1882）

1875年头几个月，易卜生待在慕尼黑，处于他事业转折期的节骨眼儿上，他整日无所事事，梦想着奇妙的事情。他的主要对手比昂松则写了两部新剧——《编辑》和《破产》。在这两部剧中，比昂松从往日的萨迦和小说突然滑向了坚实的现代生活，这是他首次尝试"用喜剧来表现照相术"，1868年时他曾劝易卜生这么做。我认为，易卜生对这两部剧的评论并没有被记录或保留下来，特别是对《破产》的评论，但我们在易卜生对自己的下一部作品的评论中可以看到他对《破产》这部剧的泛泛之谈。显然，他感到比昂松已经活跃而有力地入侵了专属于他的领地，并决心以更大胆的方式将这个放肆的敌人驱逐出去。

然而，这并不是一蹴而就的，因为一种非同寻常的沉闷气息似乎压得易卜生喘不过气来。他与社会的隔绝变得很极端，这一年，他几乎没有参加什么社交活动。1875年9月，或者更早些时候，他的确是在写作一部五幕剧，但这部剧是什么却无从知晓。大概在1876年冬季，在经历了一个前所未有的无精打采的阶段之后，他开始写作一部新喜剧《社会支柱》。1877年7月，他在慕尼黑完成了这部剧。那个夏季很特别，事实上，易卜生一家人好像根本没有离开过那个小镇。

至此，易卜生的性格起码已经变得外向了一些。在他50岁这年，他不再以诗人自居，而是成为一名商人。摩尔贝克（Molbech）告诉我，这时，象征着高贵的艺术延宕的棉绒夹克已经被抛弃，取而代之的是紧紧包裹着胸部的双排扣大衣。此时，易卜生非常羞赧而狡猾地开始投资了，他甚至发现自己在频频的窘况之中

第六章 辗转于慕尼黑与罗马之间（1875—1882）

急躁而不耐烦地寻找可用的钱币，以使每块银币生出更多的钱来。他摒弃了对诗歌的疑虑，用他金子般的形象气质、长长的络腮胡子、穿着宽绒布料的胸部以及急促的嗒嗒脚步，形成了办理事务的绅士举止，他的形象非常正面，没有什么关于他的谣言。

长期以来，他一直决定要抛弃诗歌的形式，这段著名的陈述写于他给我的一封信中（1874年1月15日），尽管这段话众所周知，但这里还是有必要引用一下，因为它包含所有解释中最清楚的东西，易卜生通过它来评判他的新起点：

> 您认为这部剧（指《皇帝与加利利人》）应该用诗体来写①，而且这样写还会更赚钱。在这一点上，我必须跟您持不同观点。正如您早已看到的那样，这部剧是以最现实的文风创作出来的：我期许我所营造的幻觉是真实的。我希望读者会产生这样的印象：他所读到的是真实发生过的事情。如果我用诗体来写，就会违背我的创作意图，阻止我计划完成的这项任务。如果我让所有人都用相同的韵律来讲话，那么，我刻意引入这部剧中的许多平凡的小角色便会模糊不清，彼此之间难以区分了。我们已不再生活在莎士比亚的时代了。雕塑家中已有说法认为，应以自然的色彩为雕像上色。无论是赞成还是反对这个观点，都有很多可说的。我不想看到《米洛斯的维纳斯》②涂上颜色，可是，我倒愿意看见黑人在行刑时，他的头被涂成黑色，而不是大理石的白色。总的来说，风格必须与整部作品呈现的理想程度相符。我的新剧并不是古代观众接受认可的悲剧，我想描绘的是人类，因此我不会让他们讲"天神的语言"。③

易卜生对诗体戏剧的反叛是这个时代的一个特征。1877年，阿尔方斯·都德（Alphonse Daudet）打算写一出喜剧："可是，天啊！这部作品是用诗体写的，而

---

① 《皇帝与加利利人》于1873年12月27日刊登在英国周刊《观察家》上，埃德蒙·葛斯对其做了点评，对这部剧没有以诗体来写深表遗憾。易卜生给葛斯的这封信揭示了他为什么要放弃诗剧而转向散文剧。——译者注

② 《米洛斯的维纳斯》，1820年在希腊米洛斯岛上发现的女神维纳斯的雕像，约完成于公元前2世纪末。——译者注

③ 此段书信中的译文与注解参照并大体援引自《易卜生书信演讲集》，135～136页。特此致谢！——译者注

且韵文的字里行间徘徊着自由游荡的百无聊赖的气息。"①

然而，没有哪位诗人像易卜生这样做出这么大的牺牲，或如此严格地坚持他精准再现真实生活语言的意愿，易卜生在以《社会支柱》为开端之后的一系列剧作中始终恪守这一点②。《社会支柱》这部剧于1877年10月在哥本哈根出版，并几乎同时在丹麦、瑞典和挪威上演。它很幸运，在德国也受到了热烈的欢迎。易卜生的想法存在于他创造的这种新类型的现实主义戏剧之中，事实上，他的想法立即就被德国观众接受了，尽管它并不总是得到称赞。他是热衷于戏剧的萨克森-梅宁根公爵（Duke of Saxe-Meiningen）的宾客，《社会支柱》也由此在德国的许多地方上演。这部剧的剧本在斯堪的纳维亚很畅销，这部作品在舞台上的表演也取得了一些成功，但它并没有产生作者所希望的那种令人振奋的效果。丹麦人称它"太德国了"，他们的品味不大一致。

事实上，除了在斯堪的纳维亚与德国以外，《社会支柱》后来没能再在剧场里占据恒久不变的一席之地，威廉·阿契尔先生给出了一个无可争议的理由，即，在其他外国公众充分意识到易卜生的存在之前，

> 他自己早已超越了以《社会支柱》为代表的发展阶段，那部剧似乎已经变得平常而过时。它恰恰十分契合80年代德国公众的品位，它完全吻合他们的戏剧智性水平。然而，它高于英美公众的智性水平，并且……低于法国公众的智性水平。这当然是一种夸张的说法。我的意思是，奥吉尔（Augier）和大仲马、小仲马的祖国同胞们没有什么理由对《社会支柱》产生什么特别的兴趣。它并没有在技巧方面明显地领先于这些大师，而贯穿其中的条顿人③的情感血脉不可能对那个时期的巴黎公众具有极大的吸引力。

---

① 阿尔方斯·都德（1840—1897），法国小说家和戏剧家，以对自己在家乡普罗旺斯的生活素描而著称，尤其是《小东西》（1869，*Lettres de mon moulin*）。葛斯此处直接援引了都德的原话："Mais, hélas! cette pièce est en vers; et l'ennui s'y promène librement entre les rimes." ——译者注

② 关于从《社会支柱》到"戏剧收场白"《复活日》的所有未定文稿和创作札记，请参见亨利克·易卜生著，威廉·阿契尔编，汪余礼等译《易卜生的工作坊》（武汉大学出版社，2016年）一书。——译者注

③ 条顿人，公元前4世纪居住在日德兰半岛的居民，公元前2世纪在法国与罗马人作战，常作贬义，指日耳曼人或德国人。——译者注

《社会支柱》的主题是那些主持者的空虚与堕落，而易卜生此时采用的严肃质朴的散文体十分有利于它的讨论。然而，他被指控离开祖国太久以至于脱离了真正的挪威生活，而只是从报纸的"凸面镜"中获悉有关挪威的一切。对《社会支柱》更严厉的驳斥声是：和在《青年同盟》中一样，易卜生在这部剧中也没有彻底与佳构剧传统分隔开来。尽管前面的几幕阴郁沉闷，家庭氛围浓重，但易卜生认为，除了斯克里布与其他"佳构剧"的方式以外，再没有别的办法来解决极为错综复杂的尴尬局面。博尼克领事的道貌岸然在剧末因其在死亡床榻前的忏悔而得到宽容，这是非常典型的"保佑你，我的孩子"这类惯用手法。"印第安少女"号轮船的沉没被奇迹般阻止了。最后，诸位人物被庄重化，他们受到了警示，然而其本质也不过是警示而已。不幸的是，这并不是现实生活中诡计多端的人们对待他们罪愆的方式。然而，在历史批评家看来，发现比昂松的《破产》与易卜生的《社会支柱》比以往的戏剧都更为相近，这是非常有意思的。尽管他们现在彼此之间仁慈友爱，却渴望互相竞争，这显然对他们俩而言都有益处。

在易卜生的个人事业中，没有什么比他和比昂松之间的关系更有意思的了。尽管易卜生是个伟大的天才，但我们即使尽可能不勉强评定之，也不得不承认，比昂松的性格在两者中更具吸引力，也更阳光。易卜生是一位世界公民，他在相当程度上属于一小部分人，他们的才智使他们自身超越地方状况的狭隘，属于更广大的文明范畴，而不是某一特殊民族的系统。结果，他几乎被自然地赋予了这样一种本能，即从一种中心视角进行思考。如果他受到了限制，那他也许是受到了欧洲风格的限制，尽管极少的西方公民比他令中国人、日本人或者印度人更容易理解，这些地方的人们的思想具有不同寻常的广泛性与文明性。而且，在接受这种广大的思想景观的优势之中，他被迫放弃民族性的优势。没人会说易卜生是一位挪威好公民，直到他抵达生命的尽头，他也没能通过他的语言引起当地思想的共鸣。然而，比昂松虽然没有他那么强的原创性，却成为文学领域内典型的爱国者，而且他所说的、所想的与所写的及其存在的深度都得到认可，唤醒了当地人的良知。

因此，易卜生由于一切自然义务与时代趋势而不得不与比昂松保持良好的关系，当1867年他们之间的旧谊中止而陷入真实的敌对状态时，他正跟随他的不可抵抗的命运进程发展，正如比昂松跟随他命运的脚步一样。不可避免的是，易卜生只得孤独地进入他"高处不胜寒"的境界，正如比昂松不可避免地变得憔悴痛苦，直到他得到来自普罗大众、学生们的欢迎以及当地激昂情绪的高涨所带来的阳光和雨露。细枝末节的原因，比如我们在前面列出的，也许会导致分歧，但那种分歧在两人的成长中其实是固有的。

然而，易卜生并非一开始就是完全的获胜者，甚至在天才方面他也不完全是获胜者。由于地理空间的分隔，他完全切断了与挪威的联系，而投入了德国的怀抱。易卜生与比昂松互不理睬长达13年，这些互不往来的年月并没有为他们俩带来精神上的愉悦。可是，在这么长的时间里，这两位著名人士都"进入了自己的王国"，当他们不再有机会以自己的偏见对待对方的天性的时候，命运再次使他们俩团聚。

当然，这次和解以比昂松的一次谦和的行动开始。1880年末，在写给美国读者的信中，比昂松慷慨而率直地说："我想，我对世界戏剧文学的了解是比较透彻的，一点也不犹豫地说，亨利克·易卜生比我们这个时代任何一位剧作家所拥有的戏剧力量都更强大。"当我们回想起，仅在法国，奥吉尔（Augier）、小仲马（Dumas fils）、雨果（Hugo）、阿列维（Halévy）、梅尔哈克（Meilhac）与拉比什（Labiche）当时都还在世时，这赞美之词虽然显得过于完美，但同时也很生动。关于易卜生的所有说法迟早都会传到他本人的耳朵里，哪怕这话是在一座缅甸庙宇的圣坛后面用乔克托语悄声说的，这来自对手的表示敬意的漂亮话还是产生了效果。不久后，仍待在美国的比昂松在一场火车事故中幸免于难，易卜生打破了长时间的沉默，给他写了一封十分热情的表示祝贺的信。

下一个事件是《群鬼》的出版，这时，比昂松被彻底惊醒了，他几乎孑然一身地将他极具声望的评论置于天平上空空的这一端，反对另一端一致的拒绝声。然后，他们之间达成了充分的和解，产生了兄弟般的情谊，易卜生以一种罕有的感情从罗马写信（1882年1月24日）[①]："在挪威，唯一公开地、勇敢地、无畏地支持我的人是比昂松。这是他与众不同的地方。他确实拥有一个伟大的、高贵的灵魂，我永远也不会忘记他现在所做的一切。"6个月后，适逢比昂松50岁生辰，易卜生致电给他："我感谢您25年来在争取自由这项事业中一直与我并肩作战。"

[①] 1882年1月24日，易卜生致信当时《新学刊》（*Nyt Tidsskrift*）的主编奥拉夫·斯卡乌兰，此处信中内容译文参见并大体援引自《易卜生书信演讲集》，206页。——译者注

第六章　辗转于慕尼黑与罗马之间（1875—1882）

这些话消除了往日里一切不愉快的回忆，它们使公众认识到，尽管这两位伟大的诗人有半辈子的时间都由于环境所迫而分开，但他们俩是站在同一战线反对共同的敌人的。

然而，这些都是后话了，我们再把时间往前倒回去一点。在《社会支柱》出版以后，易卜生有段日子一直保持沉默。的确，从日期来看，我们发现他有这样的习惯：在他的每一部作品发行以后，他都要让大脑休息一年，然后用下一年的时间构思和创作新的剧本。对他而言，慕尼黑逐渐变得乏味，他在恰当的时候发现，德国环境的压力不利于他的天才的健康发展。1878年，他回到罗马，尽管此时罗马已经不再是教皇时期的那个安静的贵族统治的罗马了，但对于易卜生的性情而言，它仍然极具吸引力。此时，易卜生在某种程度上已经是"一位富裕的人"了，并且他将鉴赏画作视为爱好。他收集了一小部分画作，他相信，他得十分谨慎地选择作品。很久以后，当那些在他晚年时造访他的人聚集在他（挪威克里斯蒂安尼亚）的豪华公寓房间里参观的时候，这些收藏品为世人所见。他在那里度过了晚年时光，并最终在那里离世。就人们所记得的来看，他的审美品位倾向于那些衰落的意大利大师，而他是否以良好的判断力选择画作只得留给其他人去判定了。他很可能和雪莱（Shelley）一样，喜欢圭尔奇诺（Guercinos）①与圭多·雷尼（Guido Renis）②的画作，我们现在只能不顾罗斯金（Ruskin）③的蔑视而欣赏它们。

据了解，1879年4月，易卜生根据发生在丹麦法庭的一桩关于西兰岛（Zealand）④一个小镇上的一位年轻已婚女士的案件，开始构思一部新剧。在他的心中，他不断好奇地苦思冥想着挪威社会的"值得敬重的狭隘观念与世俗观念"，在那里，没有贵族，取而代之的是下层的中产阶级。他在思考这一切及其肮脏不堪的结果。但他不再遭受这样的苦难了（他曾这样描述道）："那感觉就像是一个疯子

---

① 圭尔奇诺（1591—1666），原名乔凡尼·弗朗切斯科·巴尔别里，"圭尔奇诺"是其艺名，意为"斜眼的人"。——译者注

② 圭多·雷尼（1575—1642），意大利17世纪杰出的画家，以神话和宗教题材作品中所表现的古典理想主义著称。——译者注

③ 约翰·罗斯金（1819—1900），英国艺术和社会评论家。他的众多著作包括对文艺复兴时期的艺术进行抨击的《威尼斯之石》（1851—1853），对资本主义进行抨击的《艺术的政治经济学》（1857），以及对功利主义进行抨击的《直到最后》（1860）。——译者注

④ 西兰岛，丹麦主要岛屿，位于日德兰半岛和瑞典南端之间，主要城市是哥本哈根。——译者注

无望地凝视着一个漆黑无底的深渊。"这个夏天，他到阿马尔菲（Amalfi）[①]度假，在这个令人愉悦的地方，他如此好奇，以至于无法保持平静的心情，于是他开始着手写作很可能是他所有作品中最广为人知的《玩偶之家》。在动身的前一天，他从罗马给我写信说："自从去年9月份以来，我和家人都住在罗马。我一直忙于写作一部新剧（《玩偶之家》）。这部作品很快就要完成了，并将于今年10月出版。它是一部严肃的戏剧、一部真正的家庭剧，处理的是当代社会中的婚姻问题。"[②] 1879年9月，他待在阿马尔菲完成了这部剧。这部剧是一项工程师的实验，旨在揭开一个道德泥沼的角落，并把这些泥淖排出沟外。对于易卜生暴烈而反讽的精神而言，挪威社会似乎确是这样一个道德泥沼。

《玩偶之家》是易卜生首次百分之百的成功。此剧不仅是他引起热烈广泛的讨论的最早几部戏剧之一，而且在结构与技巧方面，也远远超越了此前的戏剧，它使易卜生的新理想形象成为一位坚定的现实主义者。阿瑟·西蒙斯先生（Mr. Arthur Symons）说得好："《玩偶之家》是易卜生戏剧中第一部看不到玩偶牵引线的作品。"[③] 也许甚至可以说，它是第一部"没有使用线"的现代戏剧。这部剧的技巧并不像易卜生后来的作品那样完美。巧合的过程被严重缩短，前几幕尽管聪明过人而令人愉悦，但仍远不及真实生活那样具有必然性。然而，当精彩的最后一幕中，娜拉从卧室里出来，整理着装打算出走，令海尔茂与观众感到震惊时，以及当这对行不安坐不宁的夫妇坐下来"解决问题"，面对面地分坐在桌子两边时，观众的确感到一种新事物从戏剧中诞生了。随之，顺便提一句，"佳构剧"突然变得像死去的安妮女王（Queen Anne）[④]一样了。生活的肮脏不堪在最后的场景中令人惊叹，它首次摒弃了老式的大团圆结局，生活的悖论在此也毫不拖沓、直截了当地呈现出来。

非同寻常的是，意识到《玩偶之家》是一场庞大的表演是一件极为突然的事情。整个斯堪的纳维亚响起了娜拉的"独立宣言"。每个夜晚，人们兴奋而憔悴地

[①] 阿马尔菲，意大利西海岸港口与旅游胜地，位于萨莱诺湾。——译者注
[②] 此处书信内容的译文大体援引自《易卜生书信演讲集》，179页。这封信写于1879年7月4日，在埃德蒙·葛斯写作这本书的时候尚未发表。——译者注
[③] 载于《每季评论》（The Quarterly Review），1906年10月。
[④] 安妮女王（1665—1714），斯图亚特王朝的最后一代君主，因子女均夭折，去世后，王位根据1701年的《王位继承法》传给了汉诺威王朝。——译者注

离开剧场，他们争论、吵嘴、提出质疑。一时间，人们揭开了这部剧内在本质的面纱，新的流行语也口耳相传，不断地被重复。这句伟大的陈述及其回答——"没有哪位男性会牺牲他的名誉，甚至为了他爱的人也不行""成千上万的女性为她们所爱的人牺牲了自己的名誉！"——在无数家庭中引起了没完没了的讨论。这些争辩一度如此激烈，以至于威胁到家庭的和平。模仿者形成的学派很快出现了，他们从不同的角度在小说、诗歌和戏剧中分别效仿这种情境。①

易卜生自视过高的《社会支柱》并没有引起他所希冀的普遍兴奋，但他对此没有预期的《玩偶之家》却颇受欢迎，唤起了普罗大众的振奋。易卜生受到他最近这部剧的接受反应的刺激，进入一种不同于他在其他任何阶段的心理状态。一般而言，易卜生并不是一位开路先驱或者革新家，但他确实产生了强烈的道德影响力，在他写给他的德文译者路德维希·帕萨奇（Ludwig Passarge）的信中，他说道（1880年6月16日）：

> 我所创作的一切，即便不全是我亲身经历过的，也与我内在体验到的一切有着最为紧密的联系。我写的每一首诗、每一个剧本，都旨在实现我自己的精神解放与心灵净化——因为没有一个人可以逃脱他所属社会的责任与罪过。②

在这种不同寻常的、无比沉重的精神状态之中，易卜生开始着手创作《群鬼》。关于他1880年在慕尼黑（Munich）和贝希特斯加登（Berchtesgaden）是如何创作的，并没有什么记录，我们只知道，他在3月里开始起草，而后放弃了后来成为《海上夫人》的那个剧本。在这一年的秋季里，他再次沉溺于好奇的不安之中，带着他的全部家当和贵重物品又一次来到了罗马。他的思想有一段时间离开了戏剧艺术，他那时计划写作一部自传，打算记录下他思想逐步发展的进程，并且将自传的标题拟订为《从希恩到罗马》。他实际上是否写了这部自传不得而知，不过，他计划写作自传表明他更成熟了，有人怀疑说，他此时已经53岁，也

---

① 读者若想更深入地了解《玩偶之家》的技术品质，请参见威廉·阿契尔先生对这部剧的详尽分析。载《半月评论》（*Fortnightly Review*），1906年7月。
② 此处书信的译文援引自《易卜生书信演讲集》，190页。——译者注

许要江郎才尽了。可事实是，他才刚刚进入一个新的阶段。1881年夏季，他和往常一样，到索伦托（Sorrento）去度假，在那里①，《群鬼》的情节浮现在他的眼前。易卜生创作这部作品比惯常更为小心翼翼，它于12月初出版，初版印发一万册。

1881年底，易卜生注意到《群鬼》引起的可怕的骚动。他致信帕萨奇说："我的新剧（《群鬼》）已经出版，并且已经在斯堪的纳维亚新闻界引起了一阵可怕的骚动。我每天都收到大量的信，并看到一些报纸文章赞成它或者反对它。我认为目前完全没有可能在德国任何一家剧场上演它。我几乎不相信将来有人敢在斯堪的纳维亚国家上演这部剧。"② 事实上，此剧一直没有公开上演，直到1883年，瑞典人冒险尝试之，而后，德国人在1887年上演了此剧。丹麦人则更久地抵抗它。

易卜生申明，他对这种骚动早就见怪不怪了。无疑，如果没有发生骚动，他会更失望。尽管如此，他对这些甚嚣尘上的漫骂风暴和强烈攻击还是有点惊慌失措。然而，他一定得明白，在当时的社会条件下，在那时认为正当的批评限度内，《群鬼》必然引起恶毒的攻讦与非议。特别是在德国，自1880年以降，出现了许多对生活阴暗面的医学哲学上的揭露。几乎不可能在任何真正文明的国度里再出现对这样一种最简单而常见的遗传病引起的惊人的厌恶之情的原因分析。当易卜生潜心钻研卡姆麦勒艾勒·阿尔文（Kammerherre Alving）的家族史的时候，克拉夫特-埃宾（Krafft-Ebing）③ 与一组调研人员、斯特林堡（Strindberg）、白里欧（Brieux）、豪普特曼（Hauptmann）以及遍布欧陆的20位探索性剧作家比易卜生走得更远，并常常表现得更为糟糕。如今当我们阅读《群鬼》的时候，我们无法再感受到它25年前带给人们的"新的震撼力"。然而，不能忘记的是，它在那个迂腐守旧的时代的出版，是一种非同寻常的勇敢行为。乔治·勃兰兑斯总是心眼明亮，唯他一人立即发表孤独的评论，说《群鬼》并没有攻击社会，而是一种以

---

① 葛斯自述：但是在易卜生写给我的一封信中（这封信写于罗马，日期为1880年11月26日），我发现易卜生写道："我现在刚开始构思一部新的戏剧，我希望我将在明年夏季里完成它。"似乎他已经习惯于在确定文学形式之前首先在脑中长时间地思考一个主题。——译者注

② 此处信中内容的译文大体援引自易卜生致路德维希·帕萨奇（罗马，1881年12月22日）的书信，参见《易卜生书信演讲集》，201页。——译者注

③ 理查德·冯·克拉夫特-埃宾（1840—1902），德国医生、心理学家。——译者注

更全面更肯定的立场努力对待人的责任的作品，易卜生是通过直接用父母双方与孩子的关系来进行表现的。

然而，当这位声名显赫的批评家继续评论说，《群鬼》是"一部以诗意的方式处理遗传问题的作品"时，同意他的看法变得更为困难了。既然这位剧作家的勇敢之光与震撼力受到了折损，那么我们自然会问，作为一部纯粹的艺术作品，《群鬼》在易卜生的作品中是否名列前茅呢？我承认，就我个人来看，它似乎没有什么"诗意的"处理，也就是说，它几乎没有什么十分优雅、迷人与活灵活现的呈现。它的确极富原创性，也非常生动，令人激动，然而，在一个外国人看来，他可能会评价说，对话似乎夸张而不自然，陈腐并且雷同，而人物尽管有些明显的不同之处，却过于类型化，缺乏个性。在旧日里斗争的岁月中，大肆褒奖《群鬼》是必要的，因为对手的辱骂是如此愚蠢无礼，但现如今并不存在什么厉害的对手了，我们应该承认，要做出更冷静客观的评判——蠢笨的对手只字未提，可是——在易卜生的保留剧目中，有比《群鬼》更令人信服的戏剧。

至此，易卜生被视作挪威保守党的支柱，他与领导激进派的比昂松对峙。然而，这位被指控传播无政府主义与虚无主义的《群鬼》的作者，现在机智地脱离了托利党（保守党）的阵营，同时也没有受到自由党人的欢迎。每个党派都迫不及待地否认和他有任何关系。当他被贵族以及相关人士抛弃，并且"遭受着奴隶们将他轰出罗马的声音带给他的痛苦"时，他就像科里奥兰纳斯一样[①]。

这种情境为易卜生提供了契机，使他从流放的视角形成了关于政治生活的某些印象，它们立即变得辛辣尖刻而庄重威严：

> 我越来越确信（他在1882年1月3日致信乔治·勃兰兑斯时，信中如是说），我相信在政治与政党中有些不道德的东西。在任何情况下，我都决计不会参加多数派的政党。比昂松说："多数派总是正确的。"我猜想，作为一个务实的政治家，他一定会那么说。而与之相反，我却必须说："少数派总是正确的。"[②]

---

① 科里奥兰纳斯曾被放逐出罗马，后来领导一支沃尔西军队攻打该城。——译者注
② 此段书信中内容的译文大体援引自《易卜生书信演讲集》，202～203页。——译者注

为了将这一观念清晰地呈现在他的同胞面前，他开始着手创作那部极为生动而成功的戏剧。这也许这是他所写的最成功的政论剧，它以最清晰的方式提出了少数派的主张。1882年的整个夏季，他一直待在他多年来最喜欢的避暑胜地——蒂罗尔（Tyrol）① 的格森萨斯（Gossensass），忙于准备这部剧。这个地方在易卜生的记忆中如同波尔尼克（Pornic）之于罗伯特·勃朗宁（Robert Browning）以及贝尔·阿尔普（Bel Alp）之于丁铎尔（Tyndall）② 一样，他假期在这里（国外）栖居，完全投身于使他欣喜而幸福的工作，不受打扰。这里，在一个现在被官方命名为"易卜生广场"（Ibsenplatz）的地方，他创作了《人民公敌》，和他以往的习惯一样，全神贯注于他的创作，除了忙于编造剧中人物的历史以外，什么也不看，什么也不想。奇怪的是，他认为这是一部"温和的"戏剧，写作它是为了愉悦读者和激发读者的兴趣，并没有打算在情感上伤害任何人。事实上，易卜生就像危险的虎猫或者黑豹一样，拥有比他自己意识到的更为锋利的爪子，而当他从天而降，打算展示日常人性的时候，他的"戏剧"在双重意义上都是一件非常严肃的事情。

这里再次引用他写给勃兰兑斯的这封信，信中表明了易卜生此时对他的祖国与他的艺术的态度：

> 当我想到国内的一般知识分子是多么迟钝阴郁、沉闷无趣时，当我注意到他们用一种十分低下的标准来判断一切事物时，我内心深感沮丧，并经常觉得，最好立刻停止我的文学活动。他们真的不需要诗歌。有了党报和《路德会周报》之类的报纸，他们完全可以过得很好。③

如果易卜生认为他在《人民公敌》中写的是"诗"，那么他指的是斯堪的纳维亚语意义上的诗。我们的批评从未将双臂张开到足以拥抱一切富有创造力的文学并视之为诗歌的程度，并且，在英语意义上，世界戏剧里再没有比《人民公敌》

---

① 蒂罗尔，位于奥地利西部，首府因斯布鲁克，第一次世界大战后，其南部地区被割让给意大利。——译者注

② 约翰·丁铎尔（1820—1893），爱尔兰物理学家，因研究热闻名，也研究抗磁现象和声音传播以及悬浮粒子散射光，是论证天空是蓝色的第一人。——译者注

③ 此处信中内容的译文大体援引自《易卜生书信演讲集》，203页。——译者注

更标准或者更纯正的散文剧了，它没有丝毫的浪漫或修辞，像一本蓝皮书一样不理想。尽管如此，它仍理所当然地是这位作者最成功的作品之一。作为一部舞台剧，它吸引了观众的注意力；作为一本小册子，它唤起了无法抵抗的同情；作为一个戏剧艺术的样本，它的结构与发展几乎毫无瑕疵。在一种浅显易懂的寓言之中——他冒险告诉他们：那里的温泉将在群集而来的访客到来之前干涸。这描绘出易卜生受到的挪威公众对他的"礼遇"。然而，这位剧作家没有误将自己与斯多克芒医生混同起来，他完全是一个独立的创造。阿契尔先生将剧中主人公（斯多克芒医生）与纽科姆上校（Colonel Newcome）进行了比较，他们的确都具有健谈而友好的特征，但相比于纽科姆上校，斯多克芒医生的性格富有更多的能量与创造力，我们永远也想象不到他会独自一人"清洗社会"。

《人民公敌》立即大获成功，回应了国人对《群鬼》的反应，也证实了易卜生勇于面对困难的实际智慧，将"道德的洪水"问题以这种新的大胆的形式呈现给公众，使明智的挪威人相信这个问题不是那么荒诞与危险。这种责备是尖刻的，最严重的冒犯者都蹲在了鞭绳之下。《群鬼》在一段时间内还是被禁的，但《人民公敌》受到了热切的欢迎，并且，它持续地成为易卜生最受欢迎的作品之一。它在舞台上仍具有较为显著的影响效果，由于其舞台演出采用了比作者通常使用的更多的幽默手法，它变得轻松，因而甚至吸引了那些对舞台脚灯背后闯入的任何庄严崇高者怀有敌意的人们。

第七章　在罗马的旅居岁月与在慕尼黑的流浪岁月（1883—1891）

1882年11月，《人民公敌》出版，易卜生的事业也随之进入一个新的阶段。他与挪威保守党的关系彻底破裂，而且他也没有让自由党感到满意或者赢得他们的信任。他现在与比昂松的友谊日久弥深，比昂松慷慨地褒扬戏剧家易卜生的作品，这使他的精神持续振奋。然而，人们对《群鬼》充满敌意的反应强化了他的个人主义。如今，易卜生的生活由两个部分组成：冬季在罗马，夏季在格森萨斯。不管是在意大利的城市里，还是在蒂罗尔的乡下，他总是独自一人漫游，沉默寡言，沉浸在自己的思想世界之中。他在沉思中进入了日愈孤独的状态——就像乘坐在先驱者的神毯之上，在政治的天堂和大地之间飘来飘去，阴晴不定，变化无常，任性地拒绝上升或下落。他已经进入他思想发展进程中的怀疑阶段，这个阶段持续了相当一段时间，他逐渐从保守派的角度修正它。有人想知道，思想单纯而忠诚勤奋的比昂松，在被悄悄告知（1884年3月28日）以下这些时作何感想：任何地方的下层阶级都没有思想自由或自我牺牲精神，并且"在我们（挪威）的乡土观念中，真正的自由主义一点也不多于蒂罗尔的教皇至上观"。在政治上，此时的易卜生是一名"异教徒"，他说："我不相信政治手段的解放力量，也不相信当权者的利他主义与善的意志。"

这种努力却徒劳的感觉在他的下一部作品中烙下了深深的印记，这部作品便是才华横溢但阴郁而具讥讽意味的悲喜剧《野鸭》。1884年春，它的初稿完成于罗马，而后，这位戏剧家把它带到格森萨斯，进行最后的润色工作，直到秋季才完成定稿。值得一提的是，当易卜生在通信中谈及反讽问题时，他总是说到《野

第七章　在罗马的旅居岁月与在慕尼黑的流浪岁月（1883—1891）

鸭》。他称之为一系列疯狂的把戏或愚蠢的事情，在这个意义上，"疯狂"（galskaber）这个词表明了他对自己固执的悖论供认不讳。罗伯特·勃朗宁也有过与之神似的看法，在他为世人所理解之前，他曾说起过"完全不明智的《索德罗》（Sordello）"①，仿佛它在一定程度上讽刺性地满足了批评者。

　　当《野鸭》开始在易卜生的欣赏者之间传播时，它使一些人感到困惑不解。人们接受这部剧的理念的过程相当缓慢，质言之，迄今为止，这位如此严肃甚至愤怒的讽刺家仍以此来自嘲。忠诚的读者不太愿意承认这一点。但我们现在足够清楚地看到，在某种程度上，它的确如此。我试图展示，我们想象易卜生在说，您的虚伪的多愁善感需要纠正——您居住在"玩偶之家"里。我敢向你们指出，你们的社会在物质上和道德上都腐烂了，处处都是"群鬼"。你们已经驳斥了我作为一名改革者的诚恳的努力，并称我为"人民公敌"。那么，很好，悉听尊便。我是多么愚笨，竟来搅扰您。沿着尼日利亚的加达拉（Gadara）那陡峭的地方往下走，然后淹死你们自己吧。如果这使您感到愉悦，那么将我视为格瑞格斯·威利也会使我感到愉悦。不管发生什么，坚持继续吧。（Vogue la galère.）"然而，由于这部剧既不是关于最高法庭的，也不是关于绝对否决权的，甚至也无关旗帜联盟标志的取消"，这些问题后来在挪威政治中炙手可热，"它（指《野鸭》这部剧）几乎不能指望在挪威引起多少兴趣"。然而，指出我所关心的事情的荒诞性使我感受到巨大的愉悦。

　　在阅读《野鸭》的过程中，我们首次发现，易卜生与欧里庇得斯其实惊人地相似。部分原因在于这位挪威戏剧家现在放弃了其他任何中心话题而为他的观众呈现性情的对抗与冲突，部分原因也在于他自此以后一直将自己与一切灾难紧密联系在一起。与早些时候的任何一部剧相比，甚至与《群鬼》相比，《野鸭》都更像一场开始崩塌的雪崩，随着一场未受情节事件影响的运动，它在大幕很久升起以前就开始了。易卜生的后期戏剧不同于绝大多数其他现代戏剧，它们并不取决于被呈现时发生的事情，而是冲向它们不可避免的终局，服从于一系列长时间以来的冲动。为了获得这种效果，这位戏剧家不得不熟悉发生在他的人物身上的一切，我们发现，易卜生有时候一连几个月在他的思维王国里构建他的玩偶们的过

---

　　① 《索德罗》，是罗伯特·勃朗宁的一首叙事诗，他耗费了7年才完成它，它虚构了13世纪的一位意大利行吟诗人索德罗的生活。——译者注

往历史。他现在是这种实践活动的大师了。因此,我们毫不惊奇地发现,一位非常尖锐的戏剧评论家在评论《野鸭》时说:"这位诗人从未展现出如此令人惊奇的力量,它通过逐渐摘下过往的一层又一层面纱吸引着我们,使我们为之心醉神迷。"

我们可以从《野鸭》翔实的描写中看到一种仔细探究个性化而非类型化的性情的决心,我认为,这打破了易卜生以往所有作品的一致性,它似乎是视角突然改变而产生的结果。就我所见,《野鸭》中并没有特别的连续性。孔子云:"告诸往而知来者。"① 尽管《野鸭》中有些人物是易卜生创造的最卑鄙者,但这位作者自己是如此深刻地了解他们,以至于他们完全和生活中一样。通过令人生厌的雅尔玛(Hialmar)这位过着无序生活的人之镜像,任何人都可以看到自己;可怜可鄙的格瑞格斯·威利(Gregers Werle)永远是餐桌上的第十三个人,他总是天才地把别人的生活搅得一塌糊涂、糟糕透顶;粗俗的基纳(Gina);美丽的殉难少女海特维格(Hedvig)——所有人都完全是活生生的人。

当然,易卜生的这部剧的主题是我们没有预料到或者说至今尚未预料到的。它的主题是"一种病态良知"的危险以及幻象的价值。社会也许充满了有毒的蒸汽,它建立在谎言的框架之上。然而,仍需谨慎考虑:打破幻象的理想,其好处是否大于实际上它所带来的坏处,首要的是,要记住,如果你夺走了普通人的幻想,你几乎也必定夺走了他的幸福。这个主题的颠覆性本质使易卜生变得几乎前所未有地"游戏人生"了。我们可以想象,当他写作《野鸭》第三幕的时候,在如此可怕的一个午餐会上——"我们都将陷于困境"——他对青鱼沙拉幸灾乐祸,他一次又一次地沉浸在那一阵阵无声而可怕的欢乐之中,约翰·鲍尔森先生(Mr. Johan Paulsen)将其描述为与易卜生交谈中的一种令人无比惊奇的元素。

对于那位可亲可爱的鲍斯韦尔(Boswell)② 的闲聊,我们也必须转入一种深刻的印象:易卜生此时开始养成一些固定的习惯,这些习惯在他离开慕尼黑以前具有标志性。他现在成功地将自己与整个社会分隔开来了,甚至他的家人也仅在

---

① 葛斯在此处引用孔子《论语》中的这句话,出自《论语 · 学而》:"子贡曰:'贫而无谄,富而无骄,何如?'子曰:'可也,未若贫而乐,富而好礼者也。'子贡曰:'诗云:如切如磋,如琢如磨。'其斯之谓与?'子曰:'赐也,始可与言诗已矣,告诸往而知来者。'"——译者注

② 詹姆斯·鲍斯韦尔(1740—1795),苏格兰作家,萨缪尔·约翰逊的朋友与传记作家。这里指上文的约翰·鲍尔森先生。——译者注

第七章　在罗马的旅居岁月与在慕尼黑的流浪岁月（1883—1891）

吃饭时才能见到他。来访者无法接近他，但是如果足够勇敢，必然得尝试在楼梯间转悠，这样就有望在他匆忙赶去咖啡馆的时候拦住他一会儿。在易卜生的书房里，亲爱的鲍尔森有几次冒险进去过，我们得相信，易卜生在里面什么也没做，除了"坐在那里躬身于他自己思想的太平洋——它为他提供了这样一个镜中的世界——这个世界远比他周围的真实世界更具吸引力、更庞大，也更丰富"。[①]

现在，易卜生开始了著名的咖啡馆下午时光。在罗马，易卜生有他最喜欢的桌子，他会坐在斜对着一面镜子的地方，半隐于一张报纸和他光辉的身影之后，他可以通过镜子看到整个餐馆，尤其是通往街道的门。每一位进来的人，每一对交谈的人们，这场景中的每一个动作，都会给他这双不知疲倦的眼睛一些启发。报纸与咖啡馆的镜子——这几乎是易卜生后来专门用来学习的课本。从餐桌上一些朋友的手势中，从报纸的篇章段落里，甚至从一则广告的用语里，他都可以建造出一部戏剧。不断观察真实的生活，不断捕捉未受影响、未被考虑的短语，实际生活经验在他手中跳跃，像一只被奴役的野生动物，现在，这些便是编织易卜生全部梦想与戏剧的物质。将注意力专注于人物的画龙点睛之戏是他的兴趣之一。

鉴于此，他突然决定去亲自看看挪威的真实生活是什么样的。一位新英格兰的智者曾经否认某位才华横溢、热爱欧洲的美国作者是一个世界主义者。他说："不，一个世界主义者即使在他自己的祖国也是四海为家的。"易卜生开始怀疑，他是否距离挪威太遥远，以至于跟不上那里发生的事件，而这些事件现在开始变得令人非常兴奋了，足以形成关于它们的独立评判。在20年的流放之后，这个问题的提出无疑是公正的。《野鸭》于1884年11月出版，它在斯堪的纳维亚的所有演出都获得了极大成功。评论界与公众头一次一致认同，易卜生是一位非常伟大的民族天才，如果挪威没有为他感到骄傲与自豪，那么欧洲人将视挪威为十足的傻瓜。易卜生曾说过，挪威是一个野蛮的国家，住着两百万不名一文的小百姓。可是在罗马，人们对易卜生的褒奖之辞多是令人愉悦、高度文明的，以至于他开始想象，人情的元素开始被引入国内了。鉴于1885年6月他自己亲眼所见的一切事件，他没有选择停留在格森萨斯，而是勇敢地进驻克里斯蒂安尼亚。

起初，一切都很顺利，但从他观察到的或者他认为他观察到的访问伊始，出

[①] 载于《与易卜生同在》（*Samliv med Ibsen*），1906，30页。

现了一些棘手的现象。这个国家由于政治兴奋而激动不安，它受到浮夸的解决方式的震动，而这对于易卜生而言似乎非常空洞，一无是处。他对纯理论问题有一种与生俱来的恐惧，而这些问题一直不断地一个接一个地占据着挪威。国王的否决权、领事的困难、国旗上的瑞典国徽，这些都是被狂热讨论的主题，易卜生对这些问题当中的任何一个都没有任何兴趣。必须承认，他既没有政治远见，也没有想到这些"理论问题"对日后可能产生的实际作用。

伟大的作家与（易卜生）愉快的伙伴，瑞典诗人库恩特·卡尔·斯诺伊尔斯基（Count Carl Snoilsky），是为数不多的陪伴易卜生而从未使他厌倦或恼怒的人之一。他们在遥远的北方相聚，在莫尔德（Molde）[①]一起度过了一段愉悦而安静的时光。莫尔德是一个令人沉醉的亚北极小镇，南临阳光灿烂的峡湾，罗姆达尔峰（Romsdalhorn）永远守卫着这山脉绵延的视界。这里不受政治的影响，易卜生在斯诺伊尔斯基离开他的时候，已经在思考一部新的戏剧，他留在莫尔德，在码头的尽头凝望那清澈冰冷的海水，度过了很长时间。他对大海的激情从未背叛他。在罗马，他很长时间都没去任何展览或者剧场，但他总在一位挪威的海洋画家的房子里转悠，这位画家便是尼尔斯·汉斯廷（Nils Hansteen），他的画稿使易卜生回想起旧日里回忆中的海水。

可是，秋天飞速地来到这些高纬度的地方，易卜生不得不回到克里斯蒂安尼亚，回到那里的火炬列队中，回到那里吵闹的晚宴上，回到那里胜利的革命演讲之中。他对此极为厌恶，并且决定回到冷漠的南方，那里的人们毫不关心诸如此类的事情。不幸的是，克里斯蒂安尼亚的居民不愿听任他自由活动。他们不满足于让他成为隐退江湖的旁观者，而想要他明确地代表一方政治力量或另一方政治力量。9月底，他被迫接受由挪威学生联合会以他的名义安排的火炬列队游行，这是无法避免的。他敏锐地发现，这也许会使他妥协，丧失作为个体的独立性。但他很可能过于关注自我了，总认为有人为他布下了陷阱。他说，他没有看出他的出席给予了学联任何荣幸，他并不在乎他们在他离别时的欢畅表达。这是不礼貌的，因为学生们似乎对他将要离开并不知情。他不愿在回复中称学联为一个主体，而是称之为"我的学生们中的朋友们"。

[①] 莫尔德，挪威城市。——译者注

第七章 在罗马的旅居岁月与在慕尼黑的流浪岁月（1883—1891）

一个委员会拜访他，并恳请他重新考虑他的决定，但他坦率地告诉他们，他知道他们是反对派，并且想要他加入他们的党派，但他并不是瞎子，已经看穿他们的把戏。于是，他们困惑地撤退了。易卜生则在极度的紧张之中，决定让自己与他们的阴谋划清界限。10月初，他退隐到或者说是逃到了哥本哈根，然后到了慕尼黑，在那里，他重新开始了呼吸。与此同时，学生中的极端自由党派声称，易卜生的行动意味着他全心全意地与他们站在一边，反对那些反动分子。年轻的奥维·罗德先生（Mr. Ove Rode）曾采访过他，他信誓旦旦地说，（上面说的）这些是易卜生的真实感受。易卜生相当恼怒，他狂怒地申明，这一切都是蓄谋已久的。他用颤抖的笔写道："这是一个侮辱诗人的机会，失去它将是悲哀的遗憾。"一场持续的争论跃然出现在挪威的各大报纸上，易卜生在他的巴伐利亚避难港里，继续颤抖地度过了1885年的整个冬季。这一次易卜生从流放地回到祖国的经历，结果是使他远离了成功。

他的新戏已在形成，而他个人宏愿的达成——他的儿子西古尔德光荣地进入挪威外交部工作，极大地平定了他的情绪。易卜生现在越来越富裕了，也越来越著名了，倘若挪威的人们能让他一个人好好待着，他会更幸福。这部新戏是《罗斯莫庄》，这部戏的创作冲动源自易卜生在特隆赫姆（Trondhjem）①旅途中的一场演说，他向令人尊敬的工薪阶层观众阐述了个人主义的信念，强调了将贵族品质引入真实的民主生活的必要性，这种品质会让女性与劳动在发展中结合。他说："当然，我思考的不是出生，也不是金钱，甚至也不是智慧，而是人类性格中的高贵。正是这种性格使我们自由。"这种高贵人格的培养主要依赖于母爱与劳动相结合的努力。这在挪威是一种全新的信条，它使他的听众为之疯狂。然而，值得注意的是斯堪的纳维亚"最好的公民"对此有何反应，以及现如今的一代人在重复表达这样的感情时是多么自然。正是出于公共人格很"高贵"这一想法，《罗斯莫庄》径直出现了。

我们不应该从这方面去推想。在易卜生写给比约恩·克里斯腾森（Björn Kristensen）的信中（1887年2月13日），当他在纠正一个关于《罗斯莫庄》的意图的错误观念时，易卜生有意解释道："此剧处理的是人性内在的冲突——所有严肃认

---

① 特隆赫姆，挪威中部西海岸的一个城镇和重要地区中心，北欧海盗时期为挪威首都。——译者注

真的人为了能让自己的生活与自己的信念和谐一致,而不得不经历那种自己与自己的斗争。……人的道德意识——就是我们所谓的良心——往往是非常保守的。它的根通常深植于传统与过去之中。因此就有了个人内部的矛盾冲突。"① 当我们阅读《罗斯莫庄》时,不难发现,这种思想主导着易卜生的写作。那幢被称为"罗斯莫庄"的房子保留了典型的挪威资产阶级贵族的古已有之的传统,它无异于由雷克多·克罗尔(Rector Kroll)校长表现出来的这种现代的胆小的保守主义——他惧怕一切新事物,因为它们是新的。罗斯莫的品质,其本质的高贵,在于它高于一种对民主的胆怯与恐惧,并且,它通过实现其个人命运的勇气,展示了它超越一切暂时的偏见、接受一切明智与善良的事物的眼光。

不幸的是,易卜生在他思想的无意识束缚之中,并没有以足够坚实的现实构建出他的戏剧。比起《罗斯莫庄》,他的作品中没有哪一部更引人联想,但也没有哪部作品给予无信仰之人更多机会去亵渎上帝。这幢由极为富裕的祖先留传下来的房子(指罗斯莫庄),由一位单身的、上了年纪的女仆照管,这纯粹是不切实际的幻想。如果其他所有人物不是都同样奇怪,那么罗斯莫家庭中文娱设施与优雅礼仪的缺席也许设置得有些诡异。据某些欣赏者说,吕贝克是一位光荣的女主角,但也有欣赏者啰唆地将她描述为"罪犯、小偷与谋杀者",她身上有一种山精的东西,没有人可以解释——然而解释似乎是必要的——她在罗斯莫的房子里做什么。这位剧作家急切地制定了一系列哲学思想,但他一时间忽略了可行性。《罗斯莫庄》非常显著的一个特征是,易卜生第一次也几乎是最后一次,在理论化的行动中失去了他对现实的掌控。他将他精致而新颖的——考虑到前提——不可避免的结局置于一种场景之中,它几乎不如吉尔伯特与沙利文(Gilbert and Sullivan)②的歌剧可信,也没有它们那么令人感到愉悦,甚至不及它们的十分之一。《罗斯莫庄》紧跟在《野鸭》的脚踵之后,相比于《野鸭》这部带给戏剧观众真实生活感受的著名戏剧,《罗斯莫庄》的人造痕迹显示出易卜生作为一位艺术家,显然在他可以向前跃进的地方后退了。

换言之,《罗斯莫庄》证明了易卜生想要征服另一种戏剧领域的心愿。尽管诗性精神在他身上是根深蒂固、无法改变的,但他已经有好些年极为强烈地抗拒诗

---

① 此处书信内容译文援引自《易卜生书信演讲集》,276~277 页。——译者注
② 吉尔伯特与沙利文合作创作了 14 部轻歌剧,吉尔伯特作词,沙利文作曲。——译者注

性精神的各种诱惑了。他想要在观众的心中留下这样的印象——他在观察某些实际上已经发生的事情,并且恰以它们发生的方式和语言表现它们。他对女演员卢西埃·伍尔夫(Lucie Wolf)确切地表达过这一原则——应该认定理想的戏剧性诗歌已经灭绝,"就像某种古怪的史前动物一样"。然而,人的灵魂不能以一块石头来满足,易卜生此时已经发现,完全平淡的"现实生活"有时候也许是有益与有价值的,但诗人迟早会有更多要求。因此,如果说他算是一位诗人,他已经厌倦了将自己关在天堂里进行自我编造的法则。他几乎不知道如何解决这个问题,于是不情愿地下决心再次赋予他的作品精神与想象的品质。这些品质自从《培尔·金特》出版以后已经被排斥将近 20 年了,而他至此也不会重新开始用诗体写作他的戏剧了。诗体戏剧注定会终结。如果没有,那么它至少是一种不成熟的、转瞬即逝的技巧,它不会由一位热衷于商业的 60 岁的诗人草率地再度拾起。然而,易卜生再度开启了通向寓言与象征的大门,它尤其通向令人难以置信的、富于想象的景观之美。

《罗斯莫庄》中的景观具有一切——或者至少大多数——古老的魔力。水车沟的场景使我们再次联想到自《培尔·金特》以来我们一直没再看到过的树林与水的意象。但这些元素在出版于 1888 年的《海上夫人》中更明显。我们看到,易卜生在 1885 年夏季里有很长时间都待在莫尔德码头的尽头,向下凝视着那里的水,或观看那里的汽船来来往往,它们从峡湾之外广阔的大海驶来,或朝它驶去。与惯常一样,易卜生将这些印象储存起来,而不是立即运用它们。事实上,他以一种尽管非常不一样,但仍是海洋的环境来准备《海上夫人》。他去了日德兰半岛,并且在美丽、古老、非常温和的塞比(Sæby)小镇上度过了那个夏季,面朝沙滩,背对摇曳的树林。塞比距离腓特烈港(Frederikshavn)[①] 很近,"这是易卜生非常喜欢的——他可以整天在船舰之间转悠,与水手们交谈,等等。此外,他发现海的环境有益于沉思和建设性的思考"。所以,在塞比访问过他的阿契尔先生和一两年后在腓特烈港观摩过易卜生的一次传统演讲的我,都留下了这样的印象:易卜生双手背在背后,高视阔步,双排扣长礼服紧紧地扣着;他独自一人连续几个小时在腓特烈港的防波堤之间无休止地散步,没有人敢打破他那令人敬畏的沉思。

---

① 腓特烈港位于丹麦北部的日德兰半岛。——译者注

相较于《罗斯莫庄》,《海上夫人》在好几个方面显示出一种明显的进步,也许不仅仅是效果方面。它不像前面这部剧这么阴暗,侧重说教,而是在整体构造上散发出一种浪漫、神秘而美丽的光辉,这种光辉自从《培尔·金特》完成以后就没在易卜生的作品中出现过了。在这么多"艰难苦恨繁霜鬓"的悲剧之后,再次迎接一部纯喜剧令人感到愉悦。《海上夫人》① 与之前的戏剧是一脉相承的,它坚决为个性人格辩护,充分强调发展个性的必要性,但它的基调是阳光的,没有丝毫的悲观主义。在某些方面,《罗斯莫庄》恰恰相反。被压抑与被阻止的个性之苦、以死亡终结,与被解放和被满足、导向健康与和平的个性之美形成鲜明对照。一些批评家对《海上夫人》的评价很著名,特别是戈蒂耶(M. Jules de Gaultier)的评论。若我们从整体上回顾象征剧,则《海上夫人》是其中最早的一部。这足以说明,即使是那些没有深深陷入其神秘之处的人们,也发现此剧中有一种使人愉悦而值得观看的景观,并且它在斯堪的纳维亚与德国一直都是易卜生最受欢迎的作品之一。

1887年9月底,易卜生受邀前往斯德哥尔摩,他离开了塞比的小客栈。此时,在瑞典,他的欣赏者数量庞大,他们待他十分热情,他们的愉悦感也不再被剥夺。他出现在他们面前,外套上外国授予给他的星星奖章和十字架勋章闪闪发光,它们是整个欧洲认可的"乌陵与土明"②。他现在正值六旬之年,已经度过了年轻时所有名不见经传的晦暗时光。在斯堪的纳维亚三国中——甚至在顽固抵抗他的挪威——他都被普遍誉为这个年代最伟大的戏剧家。在德国,他的声誉比任何本土的同一阶层的作家都更为盛大。在意大利与俄国,他的事业声誉极高并且稳定。甚至在法国与英国,人们也满怀激情与兴趣地讨论着他的作品,这显示出其一度被误解甚至被厌恶的作品的生命力。斯德哥尔摩的欣赏者告诉他,他在重新创造他们对生活的感觉方面占据了最为重要的位置,他是新社会形式的时尚引领者和缔造者。的确,对于成千上万的人们而言,他是伟大的"建筑师"。他对他们热情的回答庄严而保守,但流露出一种极为高兴的感觉。斯古勒漫长的怀疑结束了,

---

① 在1906年12月的《新评论报》(Neue Rundschau)上载有《海上夫人》的初稿,日期上溯至1880年。

② 乌陵与土明(Urim and Thummim),古代犹太教大祭司装在胸牌内用作占卜的宗教物品。——译者注

第七章　在罗马的旅居岁月与在慕尼黑的流浪岁月（1883—1891）

他终于相信，在他自己的王国中，世界最终会变得更好——能显示出他的杰出灵魂在这世上留下的印记。

在无甚事件的1889年初，易卜生沉浸在无比幸福的梦想之中。但在接下来的一年中，这种幸福感逐渐变为阴郁的心情，他开始创作一部新戏，这部戏是关于悲伤的思想与悲剧性的情感的。他告诉斯诺伊尔斯基，出于几种原因，这部作品的进度非常缓慢，"它夺走了他夏季的假期"。1890年5月到11月，易卜生在慕尼黑不受打扰地写作我们现在所谙熟的《海达·高布乐》。完成这部剧的定稿时，他说："在这部剧中，我的目的不是处理人们称为难题的东西。我的主要任务是描绘人类，人的情感与人的命运，相对于现存的某些社会状况与法律的背景。"这部作品发表后，易卜生声誉剧增。1890年冬，《海达·高布乐》几乎同时在伦敦、纽约、圣彼得堡、莱比锡、柏林、莫斯科、哥本哈根、斯德哥尔摩与克里斯蒂安尼亚被要求上演。那时，世界上再没有其他在世的作者能激起知识分子阶层如此强烈的好奇心，其他人也没能像他一样对年轻一代的作者与思想家们产生如此大的影响。

在《海达·高布乐》中，易卜生最后一次回归到他中期的平淡理想，但精力更为集中了。他在戏剧中从未成功地做到比这部精彩的戏剧更为客观，也从未更细致地保持自然的真实事实，亦没有比这出令人惊叹的戏剧更强烈地拒斥浪漫与修辞的装饰。这里没有任何诗意的暗示，没有任何象征物，比如白马，或者咬啮的东西，或者来自大海的怪物。我完全同意阿契尔先生所说的，他发现我们不可能从《海达·高布乐》中提炼出任何大意主旨，也不能将它视作一部对社会状况进行讽刺的作品。海达是一个个体，而非一种类型，她是作为一个个体而使易卜生感兴趣的。在慕尼黑，一位德国女士因为厌倦生活而误入歧途，毒死了她自己。在诗人易卜生故去以后，我们被告知，他对这一案件感到极为震惊，于是创作出了《海达·高布乐》，将这一个体案例展现出来。乍一看，易卜生似乎受到了小仲马的影响，这也许是真的，尽管他们互相之间都对对方表达了明显的厌恶。[①] 然而，更细致的审视则显示出，《海达·高布乐》与这位巴黎的问题悲剧大师的小册子毫无关系。

试图展示《海达·高布乐》"证明"了什么，对于易卜生而言，是令他感到憎恶的。他比往常更坚定地说："在这部剧中，我的目的不是处理人们称为难题的东

[①] 据说小仲马临终时开始创作的《底比斯之路》（*La Route de Thebes*）是有意要攻讦易卜生的方法与影响的。就易卜生而言，他也极其憎恶小仲马。

西。我的主要任务是描绘人类，人的情感与人的命运，相对于现存的某些社会状况与法律的背景。"德国批评家们在为泰斯曼"雅致的"别墅定位时感到有点迷惑，他们申明，易卜生这次写作的是一部"国际性的"而非地方性的挪威剧本。相反，《海达·高布乐》也许是易卜生全部戏剧中地方性最浓、最具挪威气息的一部剧了，它显示出的当然不是当今高度文明的克里斯蒂安尼亚，而是几十年前半城郊、半农村的落后小镇。当我还是个小伙子的时候，我曾去过挪威。我在好几座雅致的别墅里受到了善意的但有时却相当刻板而原始的款待，这几座小别墅就像泰斯曼家那样。我猜不到易卜生为什么选择描绘 1860 年的"克里斯蒂安尼亚的西区"而不是 1890 年的克里斯蒂安尼亚，只能说，对于他如此长久的流放生涯而言，他对前者比对后者要熟悉得多。

一位极富天才的俄罗斯女演员艾拉·娜兹莫娃（Alla Nazimova）得到了专门的机会学习扮演海达·高布乐这个角色，最近（1907 年）她将海达描述为"嫁错人的贵族，志愿宏大，注定与一位在她地位之下的男人缔结丑恶的联盟，错误地寄希望于他会给予她地位与财富。否则，海达本应是一种美善的力量"。如果这一天才的理论是正确的，那么《海达·高布乐》一定被视为易卜生经常重复呈现的典型例证——罪恶是由环境而非人物性格产生的。海达的肖像刻画变得惊人地重要，我们应意识到，其瑕疵是偶然状况对其本性的影响，否则它将是十分美善并且毫无瑕疵的。对海达·高布乐的描绘正如萨金特先生（Mr. Sargent）[①] 可能对一位伦敦时尚界的女士的描绘一样。他的画笔如同易卜生的钢笔一样，会将其神化，他强调她神经紊乱，以及她的意志被一种无能的自我中心主义毁坏，但其公正的画笔仍描绘出她有教养的外在身体美的吸引力。他和易卜生一样，并不是故意心怀怨恨地展示各种各样隐藏在良好举止之下的令人憎恶的特征。两位艺术家都被称为讽刺漫画家，因为他们本能的洞察力将他们带入这样的领域：在那里，粉扑与胭脂盒失去了它们的力量。

[①] 萨金特（1856—1925），肖像画家。生于佛罗伦萨，生平多在意、德、英、法等国度过。曾钻研委拉斯开兹等人的技法。其作品多是为国际大资产阶级及其家属画的肖像画，技法纯熟。除油画肖像及水彩画外，也为美国波士顿图书馆做装饰画。作品有《列布尔斯台尔爵士像》《温汉姐妹图》等。——译者注

第八章 最后的时光：
回挪威后的晚年时光

随着《海达·高布乐》的出版，易卜生的人生进入我们姑且称为"最后的荣光"这一阶段。他在愤慨之中几乎不知不觉地成了斯堪的纳维亚三国最著名的极富创意的作家、未来文学的先驱以及文学应该何为的典型。1880年，挪威作为斯堪的纳维亚三国中文明最年轻并且长期以来最不开化的国家，一跃而起，成为对外活动方面位居榜首者，尽管比昂松和约纳斯·李的影响是重大的，但他们的影响在广度及复杂性上远不及易卜生。1880年到1890年，即从《群鬼》到《海达·高布乐》，这场值得纪念的主题革命，其本质的破坏性远远大于其建设性。北方三国的诗歌、小说和戏剧已经变成了一潭死水，充斥着司空见惯的东西，它们伴随其众所周知、不可避免且神圣不可侵犯的创作形式笨重地前行。在瑞典尤其如此，事实证明，易卜生在那里的影响比其他任何地方都更强烈、更具灾难性。易卜生削减了古老陈腐诗歌的吸引力，他的精神在诗歌之上的烈火中呼吸，那古老而陈腐的诗歌在其衰退的优雅之中逐渐枯萎消失了。

下一个事件是，北方三国的新一代被剥夺了传统权威的人们，正四处寻找他们的先驱者，他们发现，这位尤为桀骜不驯的、在罗马与慕尼黑的咖啡馆里保持沉默的老绅士就是他们想要找的人。年轻的人们对这位未曾谋面的冷漠者的热情非比寻常，并以惊人的夸张形式表现出来。易卜生的无动于衷恰恰增强了他的无数欣赏者们的热情，据说这些人几乎都出生于他离开挪威而流放的日子以后。他的作品提供了一种对人物性格与思想的挑战，它们对于那些不喜欢早期道德与美学体系的人而言具有吸引力，因为易卜生长期以来一直反抗这一体系，独自与之作斗争。

易卜生在北方作家中的地位就好比是维斯特勒（Whistler）在画家与蚀刻家中的地位，也就是说，那批数量越来越少的老一辈的循规蹈矩的批评家对他的作品的辱骂与讥讽，恰恰促使了更多的年轻欣赏者更狂热地褒扬它们。易卜生有一度几乎独自代表了文学的"严肃"目的，他的书和赫伯特·斯宾塞（Herbert Spencer）的作品一道，以稍逊于左拉（Zola）的方式，在稍迟于尼采（Nietzsche）的时候，成为一切充满活力或韧性的年轻人的精神食粮。

此时，在瑞典，对易卜生的强烈崇拜达到了近乎荒谬的程度。伟大的瑞典小说家古斯塔夫·盖杰斯塔姆（Gustaf af Geijerstam）对 1880 年前后出现的易卜生热给出了奇特而使人愉悦的说法。那时，学生们对自己的朋友或者每位情人对其情妇会提出相同的问题："您对易卜生有何看法？"如若有人不是这位挪威大师的信徒，就仿佛成为一块使这段友谊或爱情可能发生海难的暗礁。人们严肃地引用易卜生对婚姻问题的看法，它成为婚姻状态中一种无法忍受的矛盾。一种奇特而隐秘的象征主义贯穿了整个年轻的瑞典社会，年轻人狡黠地避开了那些老者，易卜生的卷章由此口耳相传，它出现在神圣庄严的时刻，成为吸引大量年轻人的话题之标志——在为自由与真理而战的道德斗争中，它旗帜高扬。北部三国在其漫长的停滞中已变得堵塞而僵死，精神的虚伪已封锁了情感的源泉。仿佛在 70 年代漫长的封冻期以后，春天到来了，文学终于萌发了新芽，而易卜生吹响了这阵西风的号角，他预示着解放的到来。

对这位挪威戏剧家的热情并不总是以学识为基础的，有时候它也以奇异荒诞的形式表现出来。那时，在英国和法国，人们对易卜生的辱骂如同倾盆雨下，而这竟然归因于他们对斯堪的纳维亚和德国的易卜生崇拜者们夸张的回应。一位瑞典讽刺家[①]说，如果易卜生预见到有多少"误解的"女性仿效娜拉而离家出走，多少害相思病的女管家因为吕贝克而服毒，他就会认真忏悔，退居荒野。小说家恩斯特·阿尔格伦（Ernst Ahlgren）的自杀是个悲剧性的事实，但它很大程度上是纯喜剧性的。然而，如果在对易卜生的偶像崇拜中有悲喜剧的元素，那么较此远远更为重要的元素则是充满活力而有益健康的思想之独立性。这段"易卜生热"

[①] 指"斯泰拉·可莱薇"（Stella Kleve）（玛蒂尔达·马林格，Mathilda Malling），载《前进》（*Framat*），1886。

为新小说与新戏剧在瑞典、丹麦和挪威的出现奠定了基础。整整一代人从易卜生的早期作品中汲取了力量与能量。据说，自 1880 年至 1890 年，易卜生的伟大声望并不怎么取决于他在那时创作的戏剧，而取决于他早些时候的诗体作品，人们以空前的热情重新掀起了阅读他年轻时的诗体剧之热潮。这和罗伯特·勃朗宁迟来的名望隐约有些类似，年轻一代人没有兴趣去阅读长诗《指环与书》(The Ring and the Book) 以后的卷章，他们转而返回阅读他们的父辈们鄙薄不已的《比巴行》(Pippa Passes) 与《男人和女人》(Men and Women)。对于 19 世纪 80 年代的这代人而言，与其说易卜生是现实主义社会剧的作者，不如说他是被人们重新发现的昔日诗性与思想智慧的奇迹之创造者，那些如今被重读的戏剧是《觊觎王位的人》《布朗德》和《培尔·金特》。

1889 年，易卜生非常愉悦地注意到青年男女们对他个人的强烈喜爱之情。他发现这种感情不仅限于斯堪的纳维亚。当他在德国周围旅行时，他看见到处都在上演他的戏剧。柏林城狂热地痴迷于他，在魏玛，他受到了与征服者一样的款待。直到 5 月，他才在慕尼黑安定下来，正如前面我们已经了解到的，他整个夏天都待在这里努力工作。《海达·高布乐》的成功压倒了所有的负面评论，此后，易卜生开始渴望重回挪威，这种渴望以奇特的方式进入他的生活中，凝成一股强有力的情感之绳。他过着一种退隐而平静的生活，如同宴席上的观众一样，他完全没有享用宴席桌上的菜肴，而只是看着旁人享用，如此，他就像荒地里的隐士一般，在梦中采摘葡萄簇。使易卜生高人一筹的并不是什么著名的冒险奇遇，但他在国内的事业是完美而正派的。如今，他已年逾六旬，当一抹名副其实的朱红色光束从天而降、为他的视界填上色彩时，那一如既往的灰暗色调更浓密地包围了他。

1889 年夏季，在格森萨斯的寄宿者中，有一位年轻的维也纳女士，18 岁的爱米丽·巴达奇 (Emilie Bardach)。她过去常常坐在菲尔奇萨 (Pferchthal) 的某张长椅上，远远地欣赏这位诗人，当他经过时，她鼓起勇气朝他微笑。奇怪的是，她的微笑得到了回应，很快，易卜生便坐在了她身旁的位子上。他乐于打探她住在哪里，也同样乐于获得关于她寄宿的家庭的信息。在餐厅里，深隐于带着花香的灌木丛中的靠窗座位上，他们进行了无休止的交谈。这段奇特的传奇与激情简直不可理喻、难以言状，但又极为自然、极为真实。也许，直到 9 月，当他们最终要分别时，这位老人与这个年轻女孩都没有意识到他们的关系对彼此而言意着什么。然而，年轻人当然会有所回应。巴达奇女士很快就从维也纳写信表示，她现在更安静，也更独立了，末了，她说她是幸福的。而易卜生则感到心碎，他因狂喜而颤抖，快乐与绝望淹没了他。

易卜生这位"公主"身上的谜（他称巴达奇女士为"公主"）对这位老诗人施予了魔法。她似乎从来没有卖弄风情，她将危险的幻想抛掷在他脚边，她扯断了联结她精神魅力的珠串并将串珠撒在他身上。而他尽管保持谨慎稳重、谦卑恭敬，心里却暗自乐开了花。易卜生对我的一位朋友（他是一位年轻的挪威作家）提起这些时，说："噢，你永远都有能力去爱，但我现在比最幸福的人还要更幸福，因为我是她的心上人。"很久以后，在他的 70 岁寿辰那天，当他自己的自然力量衰退时，他致信巴达奇说："在格森萨斯的那个夏季是我一生中最美好最和谐的时光。我极少冒险去回想它，但我却怎么也想不起其他事情来。啊！永远！"他不敢赠予她《建筑大师》的剧本，因为她的身影像香水一样渗透在这部剧的字里行间，而后我们得知，她在寄给他的照片的签名处写的是"橘子王国的公主"（Princess of Orangia）[1]，她妄自将自己与希尔达·汪格尔（Hilda Wangel）等同起来，这过于直接，伤害了易卜生，如果她可以用更机智的方式来表达，原本可以避免对他的伤害。毫无疑问，尽管她现在很大程度上只是被满足她虚荣心的赞美之词所吸引，但易卜生仍对她彻底地心醉神迷，仿佛着了魔，那些使她感到愉悦的有趣的话，对易卜生而言却是生死攸关的。

这段非常奇特的经历[2]在好些重要的方面改变了我们对这位戏剧家的性格的看法，这与勒南（Renan）[3] 性情的明显转变相似，他在写作《青春之水》（*L'Eau de Jouvence*，1881 年）与《茹阿尔[4]的修道院》（*L'abbesse de Jouarre*，1886 年）的年代突然震惊了那些没有思想准备的欣赏者。当然，这建立在一位天才长者危险

---

[1] 在剧本《建筑大师》中，希尔达对索尔尼斯说，他曾许诺给她一个王国，还告诉她那个王国的名字应该叫"橘子王国"。请参见王忠祥编选《易卜生精选集》（北京燕山出版社，2010 年），590 页。——译者注

[2] 这段经历鲜为人知，直到他们的通信——当时尚未被译为英文——由乔治·勃兰兑斯应爱米丽·巴达奇女士的心愿出版（1906 年 9 月）才为世人所晓。关于这封信的内容，请参见《易卜生书信演讲集》，348 页。——译者注

[3] 约瑟夫·欧内斯特·勒南（1823—1892），法国哲学家、语言学家、历史学家、作家。——译者注

[4] 茹阿尔，法国地名。——译者注

而脆弱的感情基础之上，他的生命一直用于劳动与思考，当他看到沙漏中的时间之沙迅速流逝并意识到他在分析解剖情感的过程中从未抽时间去享受情感的时候，他也许愿意听任自己的内心情感自然流淌。时间是如此短暂，神经是如此脆弱而有限，那可怕的玛雅女神的幻象是如此不可抗拒，以至于这位长者宁可一抓住幸福就立即死去。

评论者认为，易卜生习惯于建立一种印象，而不是立即将其用于创造性的工作。因此，毫不奇怪，尽管《海达·高布乐》的创作紧接在格森萨斯的"高雅而哀痛的幸福"之后，但其中没有任何关于巴达奇片段的踪迹。易卜生并不是一位哼唱着月光小夜曲的人，他的强烈感情完全符合人们在他去世时重复说到的某些谣传。据说，易卜生这样说这位维也纳女孩："她没有掌控我，是我掌控了她——为了我的戏剧。"这其实是相当复杂的，不宜草率地予以驳回，尤其是在简单粗浅的英语体系里。如易卜生本人所说，在他们这种复杂的情境中，当对象遥不可及之时，他们相互间会彼此让步。毫无疑问，对于希尔达使她昔日的情人遭受的阵阵疼痛感，易卜生都会运用些许经验使其想象力更为丰富。这么说绝不是悖论：这位诗人满怀激情，但他有意识地使这激情成为他的戏剧材料。自此，易卜生的每一部戏剧作品都打上了待在格森萨斯玫瑰丛中的时光烙印。

1891年春季，易卜生受邀访问维也纳，这段访问时光比较重要，邀请他的人是麦克斯·博克哈德博士（Dr. Max Burckhard）[①]，他是宫廷剧场（Burg Theatre）[②] 的导演，邀请易卜生来做《觊觎王位的人》演出的舞台监督。易卜生私下里已经极秘密地访问过维也纳，在那里，他的戏剧享有的成功和盛誉与日俱增，但这一次是他首次公开地进入这个他总体上较为欣赏的城市，相较于欧洲的其他城市，他还是很喜欢维也纳的。他过去常常以一种相当深挚的热忱喃喃自语："我美丽的维也纳！"1891年4月，随着他的悲剧在舞台上获得胜利，易卜生受邀参加维也纳的一次公共宴会，那时，人们对他的欢迎与喝彩极为热烈，势不可挡，一直持续到第二天凌晨4点。《野鸭》的演出引起了一场激烈的论战，这对于易卜生而言几乎与获得赞美之辞同样珍贵。他从一个充满激情的暴风雨世界里走出来，

[①] 麦克斯·博克哈德（1854—1912），1890年至1898年任维也纳宫廷剧场导演。——译者注
[②] 宫廷剧场，即奥地利国家剧场，位于维也纳，是最重要的德语剧场之一，建于1741年。——译者注

进入布达佩斯，在那里，他看到《玩偶之家》在匈牙利的演出收获了雷鸣般的掌声，在那里，他成为阿尔伯特·阿蓬尼伯爵（Count Albert Apponyi)[①] 的客人。这些年月是幸福的，也是硕果累累的，它们安慰了这位诗人内心苦楚的时光——当"憎恶的法令栖居在他无法忍受它的思想之中"时。

随后的这个夏季，1891年7月，易卜生依依不舍地离开了慕尼黑，他满脑子都想着尽快再度回到这里。然而，在挪威进行了一次漫长的夏季旅行之后，他感到《海达·高布乐》的凯旋十分快意，于是改变了计划。他再次"破茧而出"，穿过挪威腹地，到达其中部港市特隆赫姆——这个城市一直吸引着他，使他愉悦不已。他在这里很快登上了一艘夏季出航的滑行船，首次观看了诺德兰（Nordland）和芬马克（Finmark）的海滨，并且亲临北角（the North Cape）体验了一把。在这个夏季余下的日子里，易卜生并不希望留在那里，而是回到了克里斯蒂安尼亚。在那里，他受到人们的爱戴。人们恳求他恢复自己的挪威公民身份，并向他保证挪威的生活将使他感到非常愉悦。因此，在这年秋季，他突然入住维克多利亚·泰拉瑟（Viktoria Terrasse）的一间公寓，并派人前往慕尼黑搬运他的家具。他对一位对此感到惊讶的朋友说："我最好还是将克里斯蒂安尼亚设为我的总部，就像慕尼黑一样。无论我想去哪里，铁路都会很快送我到达目的地。当我厌倦了挪威，我便可以旅行到其他地方去。"然而，他从未感到他预想的这种厌倦感，除了简短地访问过哥本哈根或者斯德哥尔摩以外，他在1891年以后再也没有离开过他的祖国，虽然他迁移了克里斯蒂安尼亚的住所，但新居所仍在克里斯蒂安尼亚之内。

起初的12个月，易卜生享受着浪子回归的欢愉，并津津有味地品尝着肥牛。而后，3年的时光飞逝而去，他与灿烂的格森萨斯灵魂冒险之旅分隔开了，于是他开始着手将其写入一部戏剧。这部戏被证明是《建筑大师》，它完成于1892年临近12月的时候，剧本的标题页上写的日期是1893年。这部戏在斯堪的纳维亚上演之前，先在德国和英国公演了一段时间。1893年3月8日傍晚，它几乎在克里斯蒂安尼亚的国家剧场和哥本哈根的皇家剧场同时上演。这部作品使评论界深感困惑，它的内涵意蕴极少显露出来，直到人们在舞台上看到它的奇特编排完全符

[①] 阿尔伯特·阿蓬尼（1846—1933），匈牙利贵族、政治家。——译者注

合舞台表演，这种困惑才被解开。然而，人们几乎立刻就注意到《建筑大师》标志着易卜生作品的一个新起点。它终结了那些完完全全现实主义的、平淡无奇的社会剧，那些社会剧主导着自《青年同盟》至《海达·高布乐》的时期，《建筑大师》则回归到古老的、具有想象力的作品所具有的奇特的、萦绕在心头的美。当阿契尔先生说起这部作品"纯粹的旋律"以及它的最佳场景是英雄主义的、几乎不顾一切的诗性场景的时候，他兴高采烈，欢欣鼓舞。

易卜生像（挪威画家艾利夫·彼得森绘）

用一个更好的词语来说，这部著作充满了我们必须称之为"象征主义"的因素。在索尔尼斯与希尔达之间的对话中，引入了许多非常晦涩难懂的东西，我们只有将之视为自传性的，才能稍加理解。建筑师不是一个房屋的建造者，而是一个诗歌与戏剧的创作者。诗人自己在索尔尼斯可怜而古怪的忏悔中说出了他的怀疑、怯懦、自私的秘密，以及对他一直以来始终不变的"运气"的恐惧。要看清楚易卜生究竟要通过谜一般的人物希尔达向我们呈现什么并非易事，希尔达是如此迷人、亲切、振奋人心，然而，说到底，她又是如此残忍与肤浅。她也许被认为是青春的象征，在年龄迈入的圆圈中来得太迟，又太过匆匆地受到幸福幻景的诱惑，从而踏入超越其身体与道德能力的道路。阿契尔先生告诉我们："催眠是这部戏的戏剧行动的第一个词，也是最后一个词。"① 也许思想转移这个短语能更准确地表达他的意思，但笔者不完全赞同这种观点。于我而言，戏剧行动的根基似乎是报应的平衡，命中注定的必然性——那些生活中享有额外优待的人们将无一例外地为之付出代价，只不过也许表现得不那么明显。这部作品的主题句——至少前两幕的主题句——也许是这位法国悲剧家的对仗句②：

这是永不被打破的神谕
以高昂的价格向我们出售他们为我们制造的巨大财富。

在这个我们可以称之为这部剧的超验方面，我们发现这位自我建造者坚实而客观的研究，这位精神强大的爱好者从未屈服于专业训练的健全纪律，但他一直相信，在那些特罗利神人或者吉祥物的帮助之下，他拥有的与生俱来的才能和不败的"好运"能够得到彰显。希尔达这位打乱秩序者突袭了这样一个人，她通过直接诉诸他的激情而刺穿了他欺骗世人的盔胄。索尔尼斯是那个无法抗拒的魔法的施予者，通过他的好运可以看出这一点，然而，他在更年期/转变期没有受到保护，在感情上受到了未预料到的攻击。力士参孙戏弄德利拉，却发现他自己的力量是从德利拉身上剥夺而来的。毫无疑问，易卜生意图在《建筑大师》中搜寻建筑师的"运气"，审视建筑师的专断暴行对布罗维克家族与对人们不太记得的开雅们的可怕影响，他们的身体仍躺在其暴行车轮之下遭受碾压之苦。这里的戏剧情境极为有趣：索尔尼斯击垮了其他所有人，却被希尔达击垮。青春固有的坚硬，不折不扣地要求它的王国此时此地尽人皆知，绝不会有比这更有力量的描述了。索尔尼斯被他与希尔达的碰撞粉碎了，如同瓷器与石头相碰撞一样。在这一切中，如若认为有任何直接的自传性内容，则属误读，尽管索尔尼斯的性格与地位可能

---

① 阿契尔先生的意思是，催眠是贯穿这部剧的关键词。——译者注
② 这句话源自法国悲剧家皮埃尔·高乃依（Pierre Corneille）的宗教悲剧《西拿》（*Cinna*）第二幕第一场中西拿的台词："C'est un ordre des dieux qui jamais ne se rompt; De nous vendre bien cher les grands biens qu'ils nous font."——译者注

第八章　最后的时光：回挪威后的晚年时光

为我们联想起易卜生自己及其冒险经历提供了足够的合理性。

易卜生这些年的个人记录几乎是沉寂的。他正日渐衰老，并固定在自己的习惯之中。他也变得富有，定居的舒适感包围着他。也许有人会说，他的财富完全建立在他的作品的成功之上，但他的财富积累源于他作为一名商人的极端圆熟。如果那些喜欢说"任何有天赋的人可能都在某些能力上超越凡俗"的人愿意将易卜生视作一位典型的金融家，那么这完全是合理的。他当然拥有处理事务的非凡资质，并且我们立刻了解到，他的投机活动是大胆而狡猾的。厌倦了怜悯诗人之贫困的人们也许会乐于了解，当易卜生去世时，他是克里斯蒂安尼亚最富有的个体公民之一，而这完全归功于他一直以来对他的版权保护和对其收入的良好管理。如果下面这句忧郁的对仗是正确的，它告诉我们：

> 上帝赐予小鸟食物，
> 但它的健康却受制于文学。①

我们必须相信，易卜生还有敌对方，他的财富并不在天神的保护之下。

自从他首次与海格尔合作在哥本哈根出版（剧作）——这层联系他一直保留不提，他的每一部作品的实际印刷数量直到他去世后才公开。这有些意思。1876年以后，海格尔冒险投资出版他的每一部新戏的剧本，但起初，他们进展缓慢。最早出版的是《海上夫人》，它初版发行一万册，并且很快就售罄了。然而，公众对易卜生的兴趣变得如此浓烈，以至于在1894年，《小艾友夫》初版的一万册远远供不应求，它被增补为一万五千册，并在两周内全部售罄。这样的发行量在丹麦和挪威这些读者群不大的地方是空前的。还必须指出的是，与此同时，这些剧本被译为欧洲的大多数语言，这些译本的发行量还不算在内呢。

《小艾友夫》写于1894年春夏之交的克里斯蒂安尼亚，根据易卜生如彗星一样迅疾的工作习惯，它于当年12月的第2周前后就出版了。这部剧引起的反应如

---

① 葛斯巧妙地化用了法国戏剧家让·拉辛（Jean Racine, 1639—1699）的剧本《阿达莉》（Athalie, 1691）中的一句台词，主要将原文中的"自然"（la nature）改为"文学"（la littérature），而韵脚仍保持不变，与上句中末尾的"食物"（la pâture）合辙押韵，这个对仗句用在这里十分贴切。此处葛斯原文为："Aux petits des oiseaux Dieu donne la pâture, Mais sa bonté s'arrête à la littérature."——译者注

111

同暴风骤雨,甚至在斯堪的纳维亚,它也引起了热烈的争论。自从 14 年前《群鬼》的爆炸性评论以来,这位大师笔下的作品再没有比《小艾友夫》所引起的批评界的不同意见和看法更多的了。那些更喜欢将艺术作品创作的成功完全归功于艺术家自己的个人品位的人们,倾向于将《小艾友夫》置于易卜生作品中非常高的位置。他的其他作品的影响都不会比这部作品更独立,甚至可以有些令人痛苦地说,他的其他作品没有比这部作品感情更强烈的。从诸多视角来看,这部剧完全可以被视作一部充分显示易卜生杰出才能的扛鼎之作。人们会推想——易卜生正试图看看他可以迫使他的天才发挥到怎样的极致,以显示出他才思敏捷的独立性。"迫使"这个词从我嘴边溜走了,但它可能在再现那种困难的感觉之时保留在我的心里——那是《小艾友夫》产生的相当不容易或者完全不能克服的困难的感觉。这里只是提一下一个技术上的问题,准确地说,这部剧中有且只有四个人物——因为小艾友夫自己和鼠婆子仅属于幻象或者象征物——并且在这四个人当中,有一个人(博杰姆)完全处于附属地位。那么,也许有人说,易卜生通过创造一部只有三个人物的充满激情的戏剧来挑战对他人的模仿。借助一种排除法过程,这已经被埃斯库罗斯(在《阿伽门农》中)、拉辛(在《菲德拉》与《安德洛玛克》中)以及我们当代的梅特林克(在《佩利亚斯与梅丽桑德》中)尝试过了。然而,易卜生习惯于一个更宽广的领域,他的实验似乎不完全是成功的。全面地看,《小艾友夫》至少是一次在紧绷着的钢丝绳上的危险尝试。我们也许会冒险猜想,没有哪部戏剧使易卜生更满足地去写作了,但是对愉情悦性而言,观众也许更喜欢在高空秋千上少一点稀奇异样的灵活性。

如果从《小艾友夫》的精湛技艺方面转到道德方面,我们会发现,它是一部发生在黑暗之中的非常可怕的戏剧,除了艾斯达甜美的闪光以外,它没有任何光亮。神秘的象征人物鼠婆子闯入这对爱情正转化为憎恨的夫妇家中——这个男人逐渐变得冷漠,而妻子的情感却越来越炽热。上帝的使者在一位老乞者婆婆的伪装之下,降临他们的花园之中,她用一根看不见的链子拽走了"那个小小的咬啮人心的家伙"——可怜的跛足孩子。小艾友夫溺水身亡对这对夫妇的影响是后面几幕戏的主题。吕达是嫉妒的化身,她似乎是易卜生创造的女性形象中最强劲奔放的,必须补充说,她也是最可憎的。吕达的鲁莽大胆与暴力,的确由一位有能力胜任的女演员诠释出来——比如在伦敦,最受欣赏的是由阿乔奇女士(Miss

Achurch）扮演的吕达——这对于公众展演而言几乎太痛苦了，正如批评家的老话所说，"人们不应看到美狄亚杀死她的孩子们"[①]，如果一位学究坚持要这么做，他似乎不会得到任何回应。《小艾友夫》中的两性问题使我想起托尔斯泰的《克莱采奏鸣曲》（*The Kreutzer Sonata*，1889 年）。然而，当我冒险询问易卜生这部剧是否对之有所借鉴时，他十分不悦，断然否认。可是，作者不承认并不总能证明他的确没有参照借鉴。

没有什么比戏剧创作更能引起易卜生兴趣的了。1896 年，他开始创作下一部戏剧《约翰·加布里埃尔·博克曼》。这部剧是关于一个具有很丰富的商业想象力的人的精神冒险的研究，他被人为地同一切真实事务断绝联系，这些事务使这样的能量保持在正轨上，而他疯狂地梦想着获得无法估量的力量，这项研究事实上是关于金融妄想的。据说，易卜生原先创作此剧时做出的对人物的这种分析来源于克里斯蒂安尼亚报纸上的一则报道，它是关于一位臭名昭著的投机商人的失败与审判的，1895 年，他被判诈骗罪，被判处很长时间的刑事拘役。

无论这是否真实，我们在约翰·加布里埃尔·博克曼身上都可以看到一位 19 世纪的典型的犯罪投机商人的影子，在他身上呈现出宽广的视界与无限的胆量，它们表明，很难说这个罪人在多大程度上对他的罪行负有道德上的责任。他想象出并在某种程度上实行了一种巨大的矿脉"信任"，因为他缺乏的既不是勇气也不是学识，亦不是管理才能，而仅仅是资金充足情况的短暂维持。为了保持火焰燃烧直至他的巨大模型熔入铸模之中，他四处弄钱，几乎没有思考过他的责任，他确信，他最终一定会获得有益的胜利。他相信他会变得富有，超越所有那些不情愿支持他的人的贪婪梦想。不幸的是，就在他的方案一切就绪、正准备开采金矿之前，他受到了法律的愚蠢阻挠，锒铛入狱。

伴随这一商业狂热研究的是一丝新生的生死攸关的欢愉感，它弥足珍贵——自打易卜生待在格森萨斯的最后一个夏季起，这种感觉就一直占据着易卜生的内心。遏哈特·博克曼这个形象对于戏剧学的学生而言是非常有趣的。在他的家族毁灭的过程之中，所有的希望都集中在他身上。每个人都请求他，而在他的每一位快要崩溃的家长心中都诞生了一个秘密的希望：博克曼太太相信，通过商业上

[①] 这句话源自贺拉斯的《诗艺》。——译者注

诚实正直的辉煌事业，她的儿子将会清除对他父亲的罪愆的记忆；博克曼从未放弃回归商业事务的宏愿，他将他自己的希望寄托在与儿子的合作之上。

然而，遏哈特·博克曼使所有人都大失所望。他要成为他自己，他要享受他的生活，他要甩掉所有责任与赔偿的包袱。他没有远大的志向，也没有什么与生俱来的亲情。他只想过幸福的生活，于是他抛下了所有人在破产后的期望，突然与一位欢乐的威尔顿女士一道私奔了，而这位女士除了美貌以外一无所有。因此，在精神上遭到这位年轻人鬼火突闪（ignis fatuus）一般的抛弃后，三位长者彻底崩溃了。在这种极度震惊之中，博克曼的大脑失去了控制，他走进冬季的漫漫寒夜，满脑子都是模糊不清的梦想——他仍可以在这世上做出一番事业来，只要他能打破他的束缚，粉碎他的梦。他死在了这漫天大雪之中，跟随他的瑞替姆家的两姊妹焦急地赶来，她们心中的焦虑压倒了彼此间的憎恨，就在此时，她们恰好目睹了他的死亡。我们让他们留在树林里，"一个死者与两个影子"——因此，艾勒·瑞替姆如是说——"是冷酷使我们如此这般"。这部作品的核心道德观念是，人性中所有的谬误都源自人心的冷酷与对爱的天然温度的无视。博克曼挪用公款并使成百上千的无辜者们沦为乞丐，这也许是可以被宽恕的，但他残酷地利用艾勒·瑞替姆的灵魂与财富做交易，却是不可原谅的，因为这是亵渎圣灵的罪恶，不能赦免。《约翰·加布里埃尔·博克曼》有些晦涩，也有一两处积极的甚至令人惋惜的古怪之处，但它总体上是一部具有崇高的原创性并对悲悯人性感兴趣的作品。

这位年迈的老作家现在开始关注通向老年的路径，而其路径通过许多代表民族敬意的象征使他感到愉快而惬意。

1898年3月20日，在易卜生70岁寿辰那天，他收到了来自全世界的祝福。说到英国的这群欣赏者，他们令人感到愉悦，这些人包括阿斯奎斯先生（Mr. Asquith）、詹姆斯·马修·巴里先生（Mr. J. M. Barrie）、托马斯·哈代先生（Mr. Thomas Hardy）、亨利·阿瑟·琼斯先生（Mr. Henry Arthur Jones）、皮内罗先生（Mr. Pinero）以及萧伯纳先生（Mr. Bernard Shaw），他们都参加了易卜生的70寿宴，祝贺他，并赠予他一套漂亮的银餐具。人们发现，易卜生对他们这一行人的行为尤为欣赏。送礼物的人是这一行来访者中到得最早的，他在这位诗人生日的清晨看到易卜生在他的家人的陪伴下出现——他的妻子、儿子、儿媳（比昂松的女儿），还有他的小孙子唐克列（Tankred）。这位诗人的惊奇和愉悦是引人注意的。国王的代表团在议会领导者的率领下来了，代表各所大学、克里斯蒂安尼亚的各家剧场以及其他官方或学术机构的代表团也在这一天陆陆续续来了。整个下午易卜生都在忙于接待这数以百计的以团体为单位的访客，直到英国代表打开礼物并解释其缘由。毫无疑问，这礼物让接受者感受到真诚之心以及由此带来的愉悦感，这是公众第一次也是最后一次见证易卜生的天才得到英国人"找上门来"赞赏的场合。

在这次使易卜生疲惫不堪的生日庆典之后不久，他动身访问哥本哈根，在那里，他受到了年迈的丹麦国王的接待，而后他去了斯德哥尔摩。在那里，他受到了来自所有阶层的热烈欢迎。毫无疑问，尽管这一胜利的过程与这位年迈诗人的敏感密切相连，但它几乎耗尽了他的内在能量。当他返回到挪威时，他谨遵医嘱，避而不见所有来访者。人们将此理解为他得了某种癫痫性的疾病。坊间传言说易卜生将不再写作了，并且通常两年一部的戏剧本应于1898年12月出版，但并没有出现。然而，易卜生的健康不是这么轻易就枯竭的。他休息了几个月，然后再次出现在卡尔·约翰斯·盖德（Carl Johans Gade）大街上，像往常一样微笑着，完全康复了。有人说，那个冬季他在写他的回忆录，但我们后来没再听说过有这样的书。

易卜生对克里斯蒂安尼亚的挪威国家剧场的筹备工作非常感兴趣，这家剧场最终在1899年9月1日由瑞典与挪威的国王正式揭牌。一大清早，易卜生与比昂松的巨大铜像在剧场前被揭开，此时，两位诗人很不幸地再次处于不太友好的关系之中。他们为了满足人们的好奇心而费尽周折，然而不愿在金属铜像以及其他方面满足对方。为了阻碍上演彼此的戏剧，头一天晚上的时间被用于研究古董和上演丹麦戏剧家霍尔堡的戏剧片段。易卜生和比昂松占据了剧场特等包厢的中心，他们正襟危坐在两张镀金的扶手椅上，中间由一个巨大的红白玫瑰花环分隔开。他们是众人关注的对象，而国王似乎从未停止微笑和向这两位最著名的挪威作家点头示意。

第二天晚上是易卜生的宴会，他独占了剧场的主厅包厢。尼尔斯·科莱特·沃格特（Niels Collett Vogt）向易卜生表示敬意所写的一首诗，由领衔主演的演员背诵，他退场后冲下空旷的舞台，张开双臂，大喊"亨利克·易卜生万岁"。一眼望不到边的观众全体起立,并热情地以震耳欲聋的声音一遍又一遍地重复这句话。这位诗人看上去几乎要被这股热情与内心的愉悦淹没了,最后,伴随着一个相当可怜的手势,他的微笑透过他的泪水,似乎在请求他的朋友们饶过他,而后,掌声与喝彩声缓缓地停止了。那时演出的《人民公敌》令众人钦佩。每一幕结束时易卜生都被呼唤到他包厢的前面。当表演结束、演员谢幕以后,观众以一种极度喜爱的狂热之情再次转向他。在演出过程中,有人发现易卜生从他的包厢里溜走了,但他很快被拦住并强制性地带回包厢。当他再次出现时,整个剧场的人们全体起立热烈欢呼。对于这位上了年纪的诗人而言,他现在疲于像这样一整晚都持续兴奋。他感到十分痛苦,但很难说服公众允许他离开。最后易卜生离开了剧场,他缓缓地走着,鞠躬微笑,沿着一条为他清理出来的路一直走到街上,穿过由他的欣赏者组成的密集的人群。1899年9月2日这个令人惊奇的夜晚,是易卜生事业的顶峰。

在这段时间内,易卜生正在秘密地写作另一部戏剧,他想将其作为他之前戏剧作品的收场白,或者至少是自《社会支柱》以来的所有戏剧作品的收场白。这部戏剧是他的最后一部戏剧作品,它出现于1899年12月,题为《复活日》(但封面页上的日期是1900年)。此剧以欧洲的所有主要语言同时大量出版,也被多次表演,但不可否认的是,无论是在剧本方面还是在舞台上,它都是令人失望的。特别是最后几幕,它展示出许多老年人衰弱的明显标志。

当有人说《复活日》辜负了它之前的作品时,应该将此解释为,人们没有看到这部剧的机智对话在技术方面水平有所下降,亦没有发觉此剧在特定句子的遣词方面水平有所下降。在易卜生发表的作品中,没有比《复活日》的第一幕更自然或者更令人愉悦的了,也没有比这部剧对戏剧资源的掌控更好的了。但是,它当然有一种整体观念上的晦暗与无能为力,这完全不同于易卜生之前的任何一部作品。这部作品的寓意模糊,演进过程不连贯,并且在许多地方的确似乎是对他之前的方式的戏拟。安思蒂·古瑟里先生(Mr. Anstey Guthrie)在《潘趣先生的易卜生》(*Mr. Punch's Ibsen*)中无法仿效的场景并不比《复活日》第一幕以后爱吕尼的几乎每一次出现更荒诞可笑。

爱吕尼说她自己已经死了,但当伟大的雕塑家已经厌倦了的妻子——快乐而没有灵魂的小梅遏,与猎手乌尔费姆一起登山追求生活中的自由快乐之时,爱吕尼在鲁贝克的世界里醒来。在临近剧末时，两对重新组合的情人登上了一座极为险峻的高山之巅，并遭遇了一场暴风雪，末了，鲁贝克与爱吕尼"在大雪之中漫步并被淹没、埋葬"，而梅遏与她的猎手则逃离到安全的平地上了。这部剧对话冗长，通常非常明智与尖锐，但本质上总是相当狂热。这样的对话充塞了剧本的结构，这当然是易卜生的成熟作品中最不成功的。鲁贝克厌倦他的显赫与财富，他专注于纯粹的艺术却几乎荒废了他的肉体生命，这些激发了这部剧最令人信服的部分，也是最令读者满意的部分。显然，这样的想法，这样微弱与无用的悔恨，在易卜生年迈之时漫上心头。很久以前，他在格森萨斯时内心所受的创伤是如此之深，以至于直到他生命有意识的最后时刻仍未痊愈。一位杰出的法国批评家艾姆·贝·杰·拉·谢内（M. P. G. La Chesnais）独具创见，他认为这部剧的末尾是易卜生在他事业终点处所做的一次自白，他对他早年的严厉和残酷供认不讳，并停止了对他的使命的信仰，后悔将他的生命完全奉献给他的工作。然而，也许没有必要如此锱铢必较。事实上，《复活日》是一部关于一位非常疲惫的老者的作品，他身体上的力量正在衰退。

1900年，在我们的（指英国）南非战争期间，斯堪的纳维亚诸国的情绪主要集中在布尔人（Boers）[①]这边。然而，易卜生却公开表达他个人对英国的强烈支持。在一次产生了相当大轰动的访谈中（1900年11月24日），他说布尔人处于半文明状态，既没有意志也没有力量去推进文明的事业。他们唯一的目标就是嫉妒地排斥一切更高形式的文化。英国人只是拿回布尔人从更早的当地种族偷走的东西。布尔人曾无情地追捕他们的前辈，将他们从房子与家园里驱逐出去，而今，他们自己正在品尝同一苦果。这些是挪威的多数感伤主义者没有考虑到的，易卜生对英国的辩护后来进一步发展为在通信中以大胆反讽（布尔人）的方式支持英国，这引起了极大的轰动，给那些支持布尔人的感伤主义者浇了冷水。在荷兰，易卜生本来拥有广泛的公众，但这种对荷兰人怀有偏见的怜悯引起了他们极大的愤恨与不满。易卜生的陈述遭到了一位年轻记者柯奈里乌斯·卡罗尔·艾劳特（Cornelius Karel Elout）的怒斥，他甚至出版了一本关于这个话题的书。易卜生注意到艾劳特的攻击（1900年12月9日），他庄重地重复了他对英国政策的辩护，

[①] 布尔人，指居住在南非的荷兰、法国与德国白人移民后裔形成的混合民族，现称"阿非利卡人"。——译者注

这是他最后一次出现在公众面前。

然而，他十分关注他的作品全集的出版，这部 10 卷本的伟大作品集于 1901 年和 1902 年在哥本哈根面世。可是，就在这 10 卷文集的最后一卷出版之前，易卜生中风了，这一次，他再也没有完全康复。人们认为，此时，任何形式的精神疲劳对他而言都可能是致命的。他的生命于是由极好的医药护理予以延续。他在精神上感到满足，甚至高兴，但从此以后，他越来越彻底而持续地抑制了对外面世界发生的事情的兴趣。接下来，他连续出版了他少年时期的作品［《武士冢》（1850 年）与《奥拉夫·里列克兰斯》（1856 年），这两部作品都由哈夫丹·科特（Halvdan Koht）于 1902 年编纂］、他的通信集［由科特与朱利乌斯·埃利阿斯（Julius Elias）于 1904 年编纂］以及他的作品全集［由卡尔·纳普（Carl Närup）于 1902 年编纂］。在这以后，他变得冷漠，几乎没有什么意识。据说，聚集于此的黑暗被 1905 年的一线光明打破了。当有人向他说明挪威获得自由与哈康国王就职的时候，在乌云最终飘向他的才华上空之前，他表达了他对这一事件的快乐的赞同。

在易卜生漫长的疾病期间，他受到了失语症的困扰——他痛苦地表达自己，一会儿用支离破碎的挪威语，一会儿用更加支离破碎的德语。他的不幸英雄欧士华·阿尔文在《群鬼》中用他的哭喊声震动了世界："给我太阳，妈妈！"而现在，易卜生用呆滞的眼神凝视着昏暗的窗户，喃喃自语道："没有太阳，没有太阳，没有太阳！"这位老者坐在他写作所有成熟作品的书桌旁，不停地学习又不断地遗忘字母表。"看！"他指着他悲哀的潦草书法，对朱利乌斯·埃利阿斯说："看看我在做什么！我坐在这里学习我的字母——我的字母！而我曾经是一位作家！"易卜生太太照管着这位分裂的易卜生，这只垂死的病狮，在这悲摧的六年中，她既是妻子和母亲，也是医护人员。她在他幸福的时刻得到了回馈：她的病人表达了对她的挚爱与温柔的感激，他临终时最后的话是对她说的——"我甜美的、亲爱的好妻子"。她教新一代的三个孩子（易卜生的孙子和孙女）以崇敬之心对待他们的祖父，这些孙子辈的孩子是唐克列（Tankred）、爱吕尼（Irene）与艾丽奥娜拉（Eleonora）。

直到 1906 年 5 月初，易卜生一直保留着在他房间里踱步或者好几个小时站在房间里凝视窗外的习惯。后来，一次更彻底的衰退使他卧床不起。在失去意识好几天以后，他平静地安息于他在德拉门斯维伊（Drammensvej）的房子里，这套房子坐落于克里斯蒂安尼亚皇家花园的对面，他去世的时间是 1906 年 5 月 23 日下午 2 时 30 分，享年 79 岁。宫廷议会一致投票为他举行一场公共葬礼，挪威国王亲自参加，英国首相也代表爱德华七世国王出席。这个事件在整个挪威被视作一场最崇高、最重要的民族仪式，而这位年轻时饱受羞辱与无视之苦的诗人在神圣的光辉中进入了他的墓穴，这光辉与一个民族的挽歌声相应和。

第九章　易卜生的性格特征

易卜生作为一名富裕而幸福的克里斯蒂安尼亚公民度过了一生中的最后几年，他定格为在世作家中无一能与之匹敌的传奇形象，甚至连几乎无人超越的托尔斯泰也难以企及，在已故的作家中，能与他比肩的只有维克多·雨果。当我们想起他年轻时与中年时的默默无闻，以及他不断地拒绝以任何低俗的艺术形式展现自己的时候，这一极高的盛誉乍一看有些奇特，但是可以得到解释。挪威是一个小而新的国家，它也许极其公正优雅地以这些人而自豪——欧雷·布尔（Ole Bull）、福里斯约夫·南森（Frithjof Nansen）、爱德华·格里格（Edvard Grieg）——他们将挪威的精神生活状况传遍世界。然而，比挪威母亲的其他任何一个儿子都更具创造性、更强有力也更有趣的这位作家却一直远离挪威本土，他最后被重新俘获并被置入一个金色的笼子里，相较于任何其他被抓回的任性的金丝雀或逃逸的金刚鹦鹉，抓他需要花费更多精细的劳动。易卜生安全地入住了克里斯蒂安尼亚！——这是一项重要的国家财产的恢复，这一财产在多年的烦恼与遗失以后，最终回归了挪威的思想王权。

那么，重新被俘获的易卜生尽管仍然处于一种使捕捉者神经紧张的思想状态，但他自然而然地成为一个值得骄傲的对象。对于每年途经克里斯蒂安尼亚的成百上千名游客而言，极具吸引力、不可抵抗的是，在沿着卡尔·约翰·盖德大街走马观花时，到那家伟大的咖啡馆里，去观看一张永恒沉默的桌子，桌上写着"我们最伟大的公民"。易卜生无意识地通过他稳定的常规习惯以及他的庄严的沉默将他自己出借给了这种展示。他变得更像人群中的一个奇怪物种而非常人。人们常

第九章　易卜生的性格特征

常看到他十分安静，不怎么谈话，很少走动，相当孤僻与自持。他是个众所周知的奇观，仿佛手脚被束缚住一样，他放弃了成为照相师的机会，拒绝将粗俗照片作为自己的制作对象。从未有人看到易卜生做任何事或者听他说任何话表明，那些夸下海口吹嘘自己与他交往甚密的人们显然是在撒谎——这一切使他做好了牺牲的准备。克里斯蒂安尼亚是流言蜚语的温床，它的新闻界是世界上最"善于闲聊的"媒体之一。我们"在世的最伟大的作者"成为一种神圣的牺牲品，他每天在报纸的圣坛上抽着烟。

如果未来的传记作家们试图通过纸媒，比如，1891年到1901年之间克里斯蒂安尼亚的报刊来追踪易卜生每天的生活，那将是极为轻率的。在这10年间，他占据了大量的报道篇幅，他对那些发电报到哥本哈根、斯德哥尔摩、哥德堡①与柏林"闲聊"的活跃青年特别有用。易卜生的快照、这位剧作家危险的病情、这位挪威戏剧家的古怪离奇的习惯、这位诗人的双重生活、易卜生与某位太太的轶事、国王对易卜生的态度等等各种各样的谣言——这锅粥以各种各样的方式成为每个记者餐桌上的日常菜。如果需要填补一块空白，对某个愚昧问题的非常鲁莽的回答也许会被采用并被冠以"易卜生智慧的例子"之名。故事的收获巨大，而且似乎总是可以找到一群兴高采烈的受众。对于他们而言，只要是为了诠释"我们伟大的民族诗人"，那就没有什么是过于荒诞的。与此同时，易卜生压根什么也没做。他从不驳回一句诽谤中伤他的话，也从不纠正一个故事，但当他双手背在背后漫步在卡尔·约翰·盖德街道上的时候，他透过他的金边眼镜向他们投去了讥讽的目光。

必须承认，易卜生极富个性的外貌特征是吸引人的，在此基础之上，可以建造一个传奇。他的意志力逐渐美化了他的外表，直到他彻底看清了人们期待他去填补的角色。从他30岁时的早期照片来看，他一直是个不起眼的小男人，头发乌黑，髭须丰盈，这种头发蓬乱的形象在条顿民族里很常见，经调查，这也许证明他可能是位画家、音乐家，或者雕刻家，或者很可能是位工程师，但不太可能是位诗人。然后，他离开了挪威，开始了流放生涯，旅居罗马，那时，他的形象以一座小胸像为标志，它现在站立在我面前，胡须被剪开，分为两团连鬓胡子，以

---

① 哥德堡，瑞典西南部港市。——译者注

便减少下巴周围的紧凑感，嘴唇上方长长的部分也刮得很干净（如下页图片）。这时他变得更生动了，但仍然无甚特色。后来他又有了更进一步的变化——有张照片（我感到有些骄傲，因为它是为了让我高兴而拍摄给我看的），拍摄于德累斯顿（1873年10月15日），额头轮廓流畅而白皙，它被加宽了，两团连鬓的胡子也变得不那么团嘟嘟的了，而那双尽管小却明察秋毫的眼睛闪烁着狡黠的目光。此时，你完全可以说，这的确不是一位诗人，而是一位受到不凡教养的银行家或者机敏惊人的律师。这时的易卜生，头发从宽广的前额上方梳起，开始以一种与众不同的野性卷曲起来。他长长的嘴像脸上的一条缝隙，嘴角两边与连鬓胡子相接，象征着专注的意志力，它像某个五屉柜的抽屉一样，里边满是艺术珍品，被紧锁起来。

易卜生的半身雕塑像（约作于1865年）

而后，易卜生到了慕尼黑，在那里，他的性格经历了相当大的改变，确切地说，其性格的自然特征固定下来并得到了强化。此时，当他稍逾50岁之时，我们留下了关于他的手势与相貌的珍贵印象。有许多夸大其词的描写，或以记者的语调给出的错误侧重点，但这时关于易卜生的一则安静的肖像描写极具价值，它由一位非常明智地研究过易卜生的人描绘而成。它也许是所有语言中对易卜生描绘得最细致的素描描写了。

威廉·阿契尔先生为他与易卜生的初次会面给出了如下描述。那是在1881年年底，在罗马的斯堪的纳维亚俱乐部里：

> 我已经在这间房间里待了一刻钟了，我站在门的附近，当它被打开时，一位小个子的男士走进来，他双肩宽阔，脑袋很大，像一头狮子，身穿一件长长的黑色礼服大衣，胸前的翻领很宽，其中有一边上面系着红色丝带领结，十分显眼。我立即认出他来了，但由于他个头矮小，我有些迟疑。尽管有许多著名的反例，但我还是本能地将伟大与体格联系在一起。他的自然身高甚至由于一种腰部以上稍向前倾的习惯而减少了几分，这无疑是由于近视而引起的——他需要凑近物体才能看清。他行动非常迟缓，寂静无声，双手背在背后——这是一种不甚张扬的个性，如果他的头脑与他身体的其他部分极其相称，它将是无意义的。但以下这些是至关重要的：他有着高高的、宽广的前额，一头铁灰色的鬈发，在金边眼镜之后的眼睛小而黯然，但极具穿透力，薄薄的嘴唇，在茂密的两团与他头发一样的深灰色的连鬓胡子之间，嘴角沮丧地弯成一条曲线，这表明他有着铁的意志。即便最草率的观察者也不得不意识到这个脑袋里的力量与性格，但是人们极少能猜到这位诗人的力量和这位先驱者的性格。人们也许会被他扣眼处的领结和他保守的表现误导，他紧闭的嘴几乎将一切隐匿起来成为几条线，人们会猜想自己面对的是一位显赫的政治家或外交家，而不会想到他竟然是一位诗人与戏剧家。

随着年岁的推进，易卜生的外貌特征变得明显了。头发与髭须变得雪白，头发像高地一样耸起，髭须则保持着方正饱满，从下方穿过尖尖的下巴。当易卜生步行进入克里斯蒂安尼亚的一场宴会时，他在十字形、星形与条形勋章的光彩之下显得相当渺小，当他解开紧紧包裹着他的长长的黑色外套时，这些勋章显现出来。从来没有人看到他不把双手背在背后，诗人霍格尔·德拉奇曼（Holger Drachmann）提出了这样一种理论，即易卜生在这世上除了写作之外什么也不能做,当他不创作的时候,缪斯女神将他的手腕和背捆在一起。他所有的日常习惯和机械的动作方式都是令人感到愉悦的话题。他肯定一天又一天地坐在咖啡馆的同一个角落里的同一张桌旁的同一张椅子上,并对偶然比他先到这个座位的无辜闯入者发难。这位愤慨的诗人一言不发地站在一旁,怒视这位占了他的座位的陌生人,直到他被这种尴尬困窘的感觉刺痛而起身逃走。

接近易卜生是危险而困难的,易卜生以此而闻名。但非常了解他的人们证明,他并非脾气坏且孤僻,而是沉着冷静。他是"易怒的",很容易因为别人的行动而烦乱,但只要他没有受到刺激或惊吓,他也是十分礼貌的。他极其厌恶任何突然的行动,如果他受到了惊吓,他是会像野生动物那样出于本能去咬人的。对他而言,突然打断他的思想链是痛苦的,并且他不能忍受偶然在街上或咖啡馆里碰上熟人讲话。当他居住在慕尼黑与德累斯顿的时候,采访易卜生之难是众所周知的。他的妻子保护他,拦住陌生人,如果她的阻拦被攻破,而那个陌生人力争进入内部堡垒,易卜生会突然出现在门口,恼怒而悲痛地颤抖着,并以让人揪心的语调说:"请让我在安静中工作!"人们过去常常讲,在慕尼黑,一位富裕的工业大亨(他是当地的文学资助者)曾长篇累牍地向易卜生述说他的情事,这使易卜生厌烦,有一次,他在快要结束时以一种愚蠢而怪异的口吻说:"对于您,大师,我来找您是因为您对女性的内心无比了解。我将我的命运交到您手中。给我建议吧,我将照您的建议去做。"易卜生猛地咬住嘴唇并透过他的眼镜怒目而视;然后,他用一种压低的声音集中表达了他的狂怒:"回家去,去睡觉吧!"于是他这位高贵的来访者愤怒地穿上外套退出了。

他的声音始终轻柔而安静。他所说的难听话相较于他说话的温柔方式而言似乎更难以使人接受。他的体格变得结实,头发变得浓密,这些都更凸显了他极为矮小的个头。当他用他那双小脚行走时,他的双手总是合在一起。他动作迟缓,心不在焉,很少谈论当下的生活事件。1899 年,我亲自见识了他在痛苦之中是多么沉着冷静。其时,易卜生正从擦得发亮的大理石楼梯上走下来,他的脚底打滑,迅速而猛烈地摔下去。如果不是两位年轻的绅士冲向前去在下面用手臂抱住他,他肯定会伤得很严重,甚至可能会死。易卜生重新走下楼梯,用非常精简的一句话温和地感谢了他的救命恩人——"谢谢,绅士们!"——这温柔地触动了上流社会意志被消磨的表面,然后他泰然自若地迈步向家中走去。

他的沉默对那些在宴会上陪伴他左右的人产生了奇特的效果：这似乎把他们催眠了。伟大的丹麦女演员海贝格太太（Mrs. Heiberg）是一位极为机智的交谈者，她形容说，坐在易卜生旁边的感觉，就像窥探一个金矿但丝毫拿不到这隐秘矿脉中闪光的金子。然而，他的沉默并不像人们猜想的那样具有那么强的讽刺性。这很大程度上来源于一种非常陌生的被动性，这种被动性使明确的行动不受待见。他从不接受任何邀请，但他会劝他的妻子和儿子接受邀请，并且，当他们回来时，他会不停地让他们告诉他每个细节——有哪些人赴邀，他们说了什么，甚至每个人穿着什么衣服。他从不去剧场或者音乐厅，除非在极少的情况下，他会出席他自己的戏剧的演出。然而，他很喜欢听人们谈论舞台表演。他记得很小的事情，并善于观察非同寻常的细枝末节。他认为，令人惊讶的是，人们可以进入一个房间而不注意地毯的款式、窗帘的颜色和墙上的挂饰，这些都是他忍不住会观察与记下的细节。这些特征会出现在他著名而细致入微的舞台提示中。

易卜生是"大道至简"之人，没有人比他更本色淳朴了。但他的个性是封闭的，他永远都采取守势。他很少信任他人，并且从不"让步"。他的感情和挚爱是真诚的，但他的内心是一座围城。他毫无家庭慰藉感。他的房间没有家具，很整洁，除了那些属于他妻子的东西，没有他的个人物品。甚至在他很富裕的日子里，在德拉门斯维伊的豪宅里，也唯独缺乏他居住的房间之个性特征。这些房间就像是为某家旅馆的一位富有的美国旅客准备的。在德国的大部分时间，他住在配有家具的房间里，不是因为他没有他自己的家具——事实上，他不仅有家具，而且把它们贮存起来了——而是因为他对他自己的家神没有敬意。他有朋友，但他从不培养朋友，他宁肯让他们有时候去培养他。1870 年 3 月 6 日，他致信乔治·勃兰兑斯："朋友是一种昂贵的奢侈品，而当一个人将自己完全献身于一项职业与生命中的使命时，他将留不出位置给朋友了。"但一则深具魅力的故事写道，易卜生用他的双臂抱住年迈的汉斯·克里斯蒂安·安德森（Hans Christian Andersen）的脖子，迫使他不得不亲切友好[①]，这与易卜生惯常在友谊中保持的被动与羞赧是不一致的。

易卜生的阅读范围极窄。我记得，在他德拉门斯维伊的豪宅里，除了那本常年放在他旁边的大本《圣经》构成了他的日常习惯以外，根本看不到任何书，这

---

① 参见《与易卜生同在》（*Samliv med Ibsen*）。

使人感到震惊。他不喜欢人们评论他对《圣经》的偏爱,如果有宗教人士发现他在深入阅读这本神圣卷宗而表达出喜悦之情时,他会粗暴地回答道:"这只是为了语言的缘故。"他反对任何似乎言不由衷与做作的言辞,并且严密地隐藏起自己的看法,对之讳莫如深,正如他想要隐藏起对其他人看法的理解一样。

他对文学知识的了解非常少。他鄙薄并否定法国文学,尽管他肯定自己学习过伏尔泰并从中获益。关于意大利文学,他只知道但丁,而关于英国文学,他只知道莎士比亚,这两者,他都只学习过他们的译本。在丹麦语文学中,他反复阅读的是霍尔堡,毫无疑问,他一直是易卜生一生中最喜爱的作者。他对他青年时的丹麦经典作家们保留了一种景仰之情:海贝格、赫茨、沙克-斯泰菲尔特。在他阅读的德语作品中,奇怪的是,他忽视了席勒与海涅,并且很反感歌德,尽管《布朗德》与《培尔·金特》肯定在形式上学习了《浮士德》。他真正欣赏的德国诗人是两位先于他所在时代的戏剧家奥托·路德维希(Otto Ludwig,1813—1865)与弗里德里希·黑贝尔(Friedrich Hebbel,1813—1863)。这两位戏剧家都忙于在既存的舞台传统中做一些现实主义倾向的改革,他们在欧洲史无前例地处理了舞台上的"问题"。这两位德国诗人,尤其是黑贝尔,经历了从浪漫主义到现实主义再到神秘主义的方式的转变,易卜生对此十分痴迷,这很可能影响了易卜生。① 他后来一直坚持否认自己阅读过左拉,而关于托尔斯泰,他鄙夷地否定他,说他只读过他写的一些辩论性的小册子。1899 年,他向我提起这位伟大的俄国作家时说:"托尔斯泰?——他疯了!"这捣毁了托尔斯泰这位文学巨匠的个性特征,就好比一个孩子想起泻药时所产生的效果一样。

如果说易卜生阅读了什么书,那便是诗歌了。他对音乐完全没有感觉,事实上,他无论怎样都无法听辨出不同的曲调。他努力欣赏格里格为《培尔·金特》创作的音乐,但可悲的是,他听不懂它们。然而,他对诗歌的感觉却极为精微,诗歌的声音给予他强烈的愉悦感。当他的神经过度紧张的时候,他被韵律的混乱弄得十分疲惫——它们让他日思夜想,它们出现在他的梦里,而他的回忆却无法重新捕获它们。对于纯理论哲学与哲学思想体系,他极其不耐烦。这个讨厌的问题从未被解决——他是否应当感激他创作上所依赖的丹麦著名哲学家索伦·克尔

---

① 比较黑贝尔发表于 1862 年的三联剧《尼伯龙根》与易卜生的《皇帝与加利利人》是有意思的,前者分析了异教徒与基督教徒行为理想之间的斗争。

凯郭尔（Sören Kierkegaard）？勃兰兑斯一直坚持认为易卜生的《布朗德》和其他作品与克尔凯郭尔的著作《非此即彼》（*Either-Or*）有着密切联系，他说："实际上，易卜生似乎想要荣膺克尔凯郭尔的诗人这一称号。"然而，易卜生并不想要这样的荣誉，事实上，尽管他从未否认克尔凯郭尔对他的影响，但他与这位哲学家的关系似乎更多的是平行的而非仿效式的。易卜生是一流的诗人心理学家，但他无法让自己阅读这些专业思想家的文论。

尽管易卜生对待哲学和诗歌文学的态度与那些显然很遥远的人物如莫泊桑和雪莱是一致的，但他的现实主义与神秘主义并没有直接相关的前辈，他也不愿成为已故者的门徒。他对伦理问题的观察极感兴趣，这不同于任何哲学作家谈论类似话题时的好奇。奥托·魏宁格指出，易卜生的哲学从根本上讲是与康德哲学相通的，然而没有证据证明易卜生曾学习过甚或是翻开过《纯粹理性批判》（*Criticism of Pure Reason*）这本书。我们也没有必要去推想他曾这么做过。根据"将自我作为导向真理的主要的、最终也是唯一的特殊方面"被这位挪威诗人重新演绎出来，而说他参照了康德或费希特或克尔凯郭尔，似乎是不切实际的。《布朗德》的口号"全有或全无"完全拒绝妥协，它不是一个文学概念，而是在离开书本帮助的情况下，建立在对人性的深刻沉思的基础之上，毫无疑问，这种深沉思索主要是易卜生在自己身上找到的。可是，在这些文学暴政的日子里，遇到一位离开图书馆而工作的一流作家是奇绝独特的。

易卜生对女性的研究显然是细致的，他对她们的描写通常是如此透彻，以至于许多关于他切身体验的传奇自然而然地涌现出来。但这些大多数纯属虚构。事实上，易卜生面对女性时很害羞，除非她们采取主动，否则他自己会满足于从一定距离观察她们并默默注视着她们的方式。早期在卑尔根与瑞克·霍斯特女士的调情在易卜生的人生经历中之所以占据如此重要的位置，主要是因为这样的事情在易卜生的一生中极为罕见，因此，它成为一个典型的例子。如果这位16岁的年轻女孩没有跑到宾馆的楼上，用力将她的花束扔到这位年轻诗人脸上，这件事会以他看着她走在街道上，眼中燃烧着火焰而告终。直到她手中鲜艳的野花打在他的面颊上，他才壮起胆子跟着她，并赠予她诗意的玫瑰与报春花，让它们在他的诗歌中得到永生。如果我们愿意注意到性情的差异，只消稍稍将易卜生与瑞克·霍斯特的情事和歌德对待克里斯蒂安娜·乌皮乌斯（Christiana Vulpius）的态度比较一下，这样，我们就能看到被动的情人与主动的情人彼此面对面了。

易卜生本来会高兴地迎娶他的小野花——她光明而自由自在的青春形象一次又一次地反复出现在他的作品中，尤其轮廓清晰地出现在《建筑大师》中。然而，他在没能保证她成为他的妻子的过程中避免了一场极大的危险，因为当瑞克·霍斯特失去了她作为女孩的新鲜感时，她很可能会丧失个性，找不到可以依托的文化。因此，他幸运地等待着他的幸福，直到他向苏珊娜·托雷森保证，要让她成为他的妻子。易卜生太太是他长达50年的忠诚的指导者、保卫者与陪伴者，她是这位困境中的天才极为成功的妻子。在克里斯蒂安尼亚刻毒而恶意的流言蜚语中，她不得不冲破重围，穿越她的受难之途，因为记者们认为，表现这对夫妇白头偕老、永结同心是件趣事。要说易卜生是个容易相处的人，这是不大可能的，但他的妻子不仅做到了与他和睦相处，而且以她的谨慎机敏以及必要时的决断力，为她欣赏的这位伟大诗人扫清了道路。他对她而言是个任性的大孩子，需要"哄骗"，需要"绕道而行"。他完全依赖她，尽管他喜欢令人愉悦的独立氛围。如果她不在场，房子里很快会出现易卜生的叫喊声："我的猫咪，我的猫咪！"——那时易卜生称呼他妻子的宠名是"猫咪"。关于他们日常生活的居家方式尚没有什么详细的资料，但一切皆可想象。

关于易卜生的性格之谜，人们认为，他的私人通信也许是一把解谜的钥匙。他的书信在他在世之时就被整理并结集起来了，但那时他的精神状况不再允许他为他的编辑们提供任何帮助与评论。他的儿子西古尔德·易卜生先生负责这项工作，两位认真的传记作家哈夫丹·科特先生与朱利乌斯·埃利阿斯先生实施这两卷本书信集的编纂工作[①]，他们执行时要求不允许出现任何误漏之处。然而，易卜生的性格之谜仍未解开，就像斯芬克斯说了很多话，但没能回答我们一直在探寻的问题一样。这些书信首先遭受了这样的灾难：易卜生这位残酷无情的文件毁灭者只保留了他写给别人的书信，而关于可以回答这些谜的通信（指对方的回信），他一封也没有保存。其次，易卜生的书信在看不见的心情的流露这方面，是特别不能令人满意的。他通常将它们紧紧扣在他长长的、传奇的礼服大衣里。他的信中没有欢笑也没有泪水；他有时极其愤怒，信中渗出几滴毒液，就像他在意大利

[①] 《亨利克·易卜生书信集》（*Breve fra Henrik Ibsen*），金谷出版社（Gyldendalske Boghadel），1904年出版。以下有时简称《易卜生书信集》。

捕捉的蝎子一样，他喜欢观察并嘲弄它。然而，书信并没有自我放弃，并且几乎没有什么情感，它们主要是历史性的、批判性的"评论者们的指南"。它们为这位天才的作品给出了有价值的信息，但相较于他的极富想象力与创造性的写作，它们几乎没怎么表现他的内在道德本性。

在易卜生年轻时，他心里的蝎子似乎时不时地蜇他一下，使他后来感到尴尬。我们听说，在易卜生待在卑尔根的日子里，他向他剧场的同事兼老师罗丁（Läding）先生发起了一场挑战，当这阵情绪过后，他深感羞愧。据说，还有一次，在厌烦情绪的影响之下，易卜生因惧怕与失眠而发疯，他穿着衬衣跳下床，并试图从港口的一个码头跳进海里。这样的行为是白费劲的，也是荒诞的，它们只属于他的年轻时代。似乎可以肯定的是，他在压抑这种愤怒情绪的过程中锻炼自己，并且，他很大程度上是通过熄灭胸中燃起的全部火焰来做到这一点的。《通信集》尽管是一盏昏暗的灯，但似乎照亮了这种情况。我们看到，在我们面前，易卜生双手紧握，双唇紧闭，坚决不"放过他自己"，他的双眼在那发光的眼镜后面闪烁着光芒。

举一个他压抑个人情感的例子。易卜生出版的所有书信中最长的一封信（1866年4月25日）向勃兰兑斯描述了一位年轻的丹麦律师路德维希·大卫（Ludvig David）在罗马自杀的事件。易卜生是这位律师的好友，他们经常见面。这个小伙子在一次生病发热的危急关头，头朝外跳出了窗户。易卜生带着情感写下了所有最细微的细节，笔风文雅，但毫无同情怜悯，仿佛他在为警察局起草一篇报告。这一特征也许可以与他对公共审判的细节极感兴趣相比对。他喜爱一字不漏地阅读囚犯所说的话，以及见证者的全部证据。易卜生的这一点类似于罗伯特·勃朗宁，他对围绕一个大事件的小事件的好奇心是无穷无尽的。当易卜生在这样一次调查的过程中发现某种古怪行为的真实目的时，他表现出了一种几近孩童的愉悦感，而当他知道他的诠释是常规法律机构中没有出现过的时候，这种愉悦感加倍了。

凡是与他自己作品的完成有关的事情，他都愿意无休止地努力去做。他的书写总是很整洁，但这种情况在他早些年更为常见。后来，他一直使用一种精致的书法字体，这种字体以笔画纤长与开阔为美。1862年，当他在罗马的时候，他有意识地采用了这种书写方式。直到他生命的尽头，他仍坚持使用这种字体书写他最简短的笔记，尽管在最后几年里，他颤抖的手写字母失去了它们接近汉字书法的完美。作为一个艺术家，他对精致美的热情引导他收集了大量关于他的剧中人物的连续而富有想象力的信息，他们对他而言完全是真实的。曾有人偶然说道，《玩偶之家》里的娜拉这个人物的名字很奇怪，易卜生立即回答道："哦，她的全名是丽奥娜拉（Leonora），但当她还是个很小的小姑娘的时候，她的名字简化为娜拉了。当然，你知道，她被父母宠坏了。"这部剧本身并没有展现这些内容，但易卜生非常熟悉他创造的所有人物的过往历史。通观他的整个事业，他脑子里似乎长期都有他的作品的核心概念，有时候他将之置于一旁很多年，直到一组事件自然而然地围绕着这个核心概念而产生结晶。当他要着手的工作的表达方式确定下来，他会让自己长时间地学习适合于这个话题的技术用语。为了最终完成任务，没有什么是他做不到的，他为之付出了极大的心力。

当阿契尔先生于1887年在塞比的哈莫尼恩宾馆里访问易卜生时，他从他那里提取了一些关于创作方法的有价值的依据：

  似乎一部作品的理念一般将自己呈现在人物与事件面前，但是，当我坦率地向他提到这个时，他否定了这一点。然而，似乎从他说的来看，在一部剧的酝酿之中，有某个确定的阶段——也许将它转变为一篇散文与将它转变为一部戏剧难度相当。他不得不在创作的实际工作真正开始之前化身为那些理念，可以说，化身为人物与事件。他承认，不同的方案与理念经常汇合在一起，而他最后创作出来的戏剧有时迥异于他的初衷。他写了改，改了又写，潦草地涂写，然后又毁掉，在他完成精致的定稿以前，他做了数量巨大的工作，然后将定稿寄往哥本哈根。

如我们前文所说，易卜生改写他早些时候的作品打印本，以便使之与他定稿的风格和谐一致，但据我所记得的，他在《布朗德》出版以后就不再这么做了。他成熟期的所有戏剧作品一旦面世，他便没有再改订增删一字。

第十章　易卜生的思维特征

我们已习惯于将易卜生视为一种困扰人心的革命性力量，一开始，他遇到极大的抵抗，而后，在他事业结束之前，这一点逐渐被接受了。我们可以试图定义他的反叛性，以及他究竟具体在攻击什么。粗略地说，特别引起易卜生的憎恨的是已成定势的人物，他们遵循某些理念，尽管人物性格自身很不错，但已经逐渐被用滥了，并不能代表新的理念。易卜生省思了旧体制的蒙昧，直到他创造出像罗斯莫这样的人物，他集中体现了这种流派的特征。以同情的视点进入易卜生的灵魂并从他的视角观照世界，他的戏剧在纯理论的方式上没有比《罗斯莫庄》更有价值的了。这部剧仔细分析了陈腐规定的衰朽，审视了古老信仰的毁灭。遗传的诅咒降临到罗斯莫身上，他在某种程度上而言，超乎寻常地聪明，但他不能更进一步迈向智慧。即使有人劝他说，一项新行动的事业将会是有益的，他还是不能移动分毫——他被隐形的锁链束缚住了。与罗斯莫争辩是无用的，他的理性接受逻辑语言，但他就是无法付诸行动，无法走过碧爱特跳入急流的那座桥。

然而，易卜生没有斗争中的乐观主义者的热情。他是个"怀疑乌云会散去"的人，他怀抱梦想，因为"正确的会变成最恶劣的，而错误的会胜利"。这是他同罗伯特·勃朗宁唯一的共同之处，他们俩都是斗士，都"认为我们摔倒是为了爬得更高，我们受到迷惑是因为要更好地战斗"，但这位挪威诗人的黑暗宿命论在其他方面完全与这位英国诗人洒满阳光的希望不同。勃朗宁与易卜生都认为，他们的种族必须阶段性地改革，否则将会灭亡。勃朗宁认为，改革是一件令人高兴的事情，就像播种者期待丰收一样。易卜生则没有这么积极乐观的态度。他确信，有必要打破旧的幻想，呼吁反叛精神，但他对新运动走向成功的信念动摇了。旧秩序在抵抗一切改变这一方面非常强大。它也许会动摇，但要让它分崩离析、瓦解消亡仍非易事。在《罗斯莫庄》中，所有的现代思想，所有的生命力，所有属于吕贝克的洞察力，而不是衰朽的陈规陋习，被充分而牢固地树立起来了；但最后，并不是新理念、新思想获胜，而是古时的房子伴随其传统以及复仇的白马幻象，伤害了有着过人洞察力的吕贝克。

这种对智慧思想最终成功的怀疑，这个顽固的问题——毕竟，正如我们如此能说会道地暗示的，旧秩序是否完全改变了，还是相反，没能成为一辆碾压一切创造性与行动独立性的主宰世界之车——在易卜生不断改进的作品中体现得越来越明显。海达·高布乐谴责旧秩序，谴责黯淡的日常生活，谴责令人窒息的平庸，但她没能让她的能量去适应任何有益身心的新理念的体系，反而让自身陷入更深的道德解体之中。她憎恶一切木已成舟之事，但她自己却无能为力，她象征性地代表这样一种可恶的精神状况——它不能创造，尽管它看到了创造的需要，却只能通过毁灭唤起的自身的不育来表现其愤慨。实际上，海达用以证实她的能量所做的一切就是烧毁乐务博格的手稿，并用高布乐将军的手枪自杀。这个种族必须改革，否则便死亡。海达·高布乐的家族装饰了临终的最后时光，尽其所能光荣赴死。

我们已经看到，易卜生的理论是，以"爱自己"为一切活动的根本原则。自我保护与自我改善的本能导致了反叛种种陈旧行为与陋规的表现。在吕贝克的过高理想与海达·高布乐的腐朽不育之间出现了另一种类型，也许比两者都更令人难过，这便是建筑师索尔尼斯。他同样也步入了谴责旧秩序的道路，但是在改善旧秩序的行动中，他被他自己的顶峰压倒，并昏厥而死，"眩晕、迷失，然而毫无谴责之意"。易卜生在这些象征剧细节中的确切含义将被人们长久地讨论，但作为回报，它们值得我们进行最细致的反复研习。也许最奇特的是《海上夫人》，一位学识渊博的法国哲学家戈蒂耶从心理学视角对此剧进行了技术层面的审视。在戈蒂耶看来，易卜生关于人类生命观念和与其对立的本能与责任的兴趣，在《海上夫人》中比在他的其他任何作品中都更充分、也更完整地作为核心而存在。

这位法国哲学家的理论是，易卜生的恒定目标是协调与整合19世纪引起争议的两种生物学说，它们分别以库维埃（Cuvier）与拉马克（Lamarck）为代表，也就是说，一者持物种恒定论，另一者持有机体形式易变论。在这些假说的协调中，易卜生找到了唯一真正对生命有激励作用的过程。根据这一理论，所有的麻烦，所有的疲倦与厌烦，所有围绕着我们的道德存在的浪费，都来自对这些原则或多或少的忽视，而真正的健康，无论是社会健康还是个体健康，离开了两者的和谐运转都是不可能实现的。基于这一观点，易卜生天才的顶峰，或者至少是对他理想的戏剧方案最成功的阐明，在《海上夫人》的这一场景中实现了：汪格尔成功地从陌生人的幻象中赢回了艾梨达的心。可以肯定的是，在这部神秘而具有奇特吸引力的戏剧中，易卜生比在其他任何作品中都更坚持在道德问题的讨论中考虑生理因素的必要性。他像一位动物学家一样指出，规定物种形成与演进的法则和艾梨达很大程度上依赖于此法则的决定，是遗传变异力量的限制性的惊人的一例。戈蒂耶对这部剧的分析才智非凡，值得注意，但它是否能被广为接受，是否符合易卜生的意图，也许是值得怀疑的。与此同时，让我们回忆一下，不论我们的加工润色多么微妙，易卜生的本能很可能还是更微妙。

1850年，当易卜生艰难地迈出第一步时，他的《凯蒂琳》仿佛发出微光的细长蜡烛，这世上唯有一人幻想这烛火会手手相传并在50年内成为照亮欧洲知识分子阶层的重要部分。作此幻想的这个人当然就是易卜生自己。这个药铺助手，这个没受过什么教育的年轻人，刚刚鼓起勇气参加了他的预备考试，并且很可能通过不了第一场测试，也无法成为一名大学生，但他不顾一切可能性与常识，他的内在灵魂仍坚持相信，他生而为"思想之王"。这种印象也许在没有受过什么教育的小伙子当中并不罕见，但独特的是，这个例子击溃了我们的教育规则，它恰恰成为了事实。然而，易卜生对他所在时代的社会秩序的影响是不幸的，我们从一开始就可以看出这一点——也许比任何一位我们熟悉其生平的同一阶层的伟大人物造成的影响都更不幸。他与当时一切成功的、受人尊敬的和"可爱"的事物都剑拔弩张、势不两立，这种状态从他事业的开始一直持续到他事业的最后。

因此，我们无须惊讶于他对世界的语调有些尖刻辛辣，他的话品尝起来就像嘴里含着带刺的芦荟一样。他为一个病态的世界准备了一剂药，并尽其所能地使之苦涩得令人作呕，因为他不想成为一个在药草里掺果酱的医生。19世纪再没有哪位天才作家像易卜生这样如此苦涩地对待人性的脆弱了。与他残酷的清醒并驾齐驱的是卡莱尔（Carlyle）[①]咆哮般的讽刺与莱奥帕迪（Leopardi）[②]尖锐刻薄的长篇讽刺。其他的所有改革者似乎都是时而愤怒，时而仁慈，只有易卜生一如既往并一视同仁地严厉。人们公认，他比其他任何一位现代戏剧家都更深入地探究了生命的问题，但是使他能够做到这一点的正是他如同外科医生一般的冷静。小仲马的问题剧伴有情感、偏见与原谅，他的戏剧受到种种情绪的激荡。但易卜生不乏耐心，他在他的显微镜下仔细审视了所有社会生命有机体千变万化的形式，并冷静地起草了他的报告式的诊断书。因此，我们不得不将他视为一名马不停蹄的工作者。我们已经看到，在一句话被写出来很久以前，他已经创造并研习了将要进入他的戏剧的人物的最遥远的生活史。他对他们经历的一切无所不知，在将近两年的时间里，他像一只珊瑚虫一样，默默地构筑出人物生命的框架结构。奇特的小神像站立在他的写字台上，它们对他而言代表着剧中的人们。他从不去触碰它们，直到他仿佛通过某种黑魔法将它们变成活生生的、典型而具有个性的人。

如前所述，当酝酿起草完成时，实际对话的写作通常迅速而简单。易卜生的每部剧都在它背后假定了一段很长的历史，每段历史的开始在通向灾难的完整过程中都像一部古老的希腊悲剧。这种创作方法是非凡而独特的，也许在近现代是无与伦比的。这不仅说明了所有细节方式的连贯性与不可避免，也说明了我们在诠释人物中遇到的困难。易卜生需要一位解释者，这将无疑给无穷无尽的注释者们留下位置。他们不会轻易地让他们的主题枯竭，直到最后，有些东西将否定他们最认真的审视而逃离。这么说并非不尊重易卜生的回忆：易卜生有时候将他的东西包得太紧。当批评界对他天才的奇迹惊叹不已时，评论者们总是拘囿于相信，他有时候将他的灵魂过多地投入创作之中，以致他自己没有与创作保持足够的距离，从而不能总是控制好作品的整体效果。特别是他后期的象征剧，其结果过于震撼，使观众过于兴奋。

关于易卜生的细致入微，一个非常独特的例子见于他大量的舞台提示。后来的剧作家在这方面纷纷效仿，以至于我们已经对之习以为常了，但在30年前，这种细致入微似乎是夸张而不必要的。事实上，这对于易卜生想要创造的完整意象而言是绝对必要的。他的剧本的舞台提示不能被任何想紧跟戏剧家思想而不失去

[①] 卡莱尔（1795—1881），苏格兰作家。——译者注
[②] 莱奥帕迪（1798—1837），意大利诗人、哲学家、语言学家。——译者注

丝毫联系的读者"跳过"。这些关于他的意图的笔记的价值将会日益增长，因为关于他的个人愿望的回忆遗失了。1899 年，易卜生对我说，当今的演员试图表演霍尔堡的喜剧，这几乎是无用的，因为他的剧本没有舞台提示，并且丧失了传统。而关于他自己的作品，幸运的是，从未有人说过这样的话。维洛尔博士 (Dr. Verrall) 在才华出众且极具洞见的希腊悲剧研究中不止一次地指出，"在研究古代戏剧时，我们必须经常考虑没有计划也没有预见到的问题"，也就是说，行动与相应的舞台提示的缺失。很容易想象"如果把莎翁的剧本印得像'希腊戏剧'一样，会出现什么问题"，也不难意识到，如果我们只拥有光秃秃的文本而没有舞台提示，《群鬼》与《野鸭》中会有多少使我们困惑的地方。

作品的主题构思如此认真，保持如此长的时间，其完成如此富有激情，这过于困扰了它的人物性格，使之不能一开始就受到欢迎。在 80 年代早期，易卜生的名字在挪威是令人生厌的，对他的攻击填满了新闻界，它们经常夸大其词。而现在，任何与挪威社会对话的人如果询问一位牧师、校长、官员或者医生"易卜生有何影响"，他将会讶异于人们回答的一致性。关于这位诗人的艺术或技巧的吸引力，也许人们会持不同的观点，但几乎普遍认可的是，易卜生的作品具有积极的价值。极少会有声音对此提出异议：易卜生让新鲜的空气与光进入国家生活，他粗暴但彻底地唤醒了国人的良知，甚至像《群鬼》这样具有震撼力的作品和像《罗斯莫庄》这样冲破国人偏见的作品，其结果（指产生的影响）也是极好的。这位戏剧家对挪威的征服是令人惊叹的，他斥责、攻击并抛弃了他的祖国，他责骂了种种民族习惯，并揭露了民族传统根部的各种蠕虫。这位强悍的老者活了足够长的时间，让"一个民族的哀悼声"陪伴他进入他的墓穴，这个在流放中几乎沦为饿殍的诗人却由议会与国王送入最后的安息之所。

人们必须永远牢记，尽管易卜生的出现是面向整个世界的——他决定使用散文体帮助他广泛地传播其作品——但他仍然是属于挪威的，在家乡，他获得了最好的理解。不论他的语调是多么尖酸刻薄，也不论他预言的声音是多么无情粗野，他的祖国与他自己之间的这根弦在这位先驱者去世以前是拉得相当紧的。当这位古怪的、漫画般的小老头走在克里斯蒂安尼亚的街道上时，他的同胞们有点畏惧地凝视着他，他们无法掩饰他们心中的喜爱之情与对他的无限敬仰。他们最终理解了他所表达的意思，他们自己与他所表达的意思是多么接近，而他们的公民气氛因此变得更浓厚并且健康了。他们会说，正如但丁在诗集《新生》里所说：

灵魂对心说：
"这是谁，
他前来安慰我们的心灵，
并以如此强大的美德力量，
驱走了我们周围的种种其他思想"？①

当然，没有比这更好的言辞可以表达他的道德品质与他的美德对挪威良知的强烈影响。他没有停止他的追求，直到他捕获了它，并将所有其他的行为理想放逐出去。谁知道呢，没有人会怀疑近来挪威以骑士精神对待的、同时在世界看来如此成功而高尚的事件，几乎完全归功于培养它们的一代人的精神气质，而这种"爱的新精神"（spiritel nuovo d'amore）正是易卜生用他毕生心血完成的全部作品中反复培育的精神。

---

① 此段按葛斯书中引文"è costui, Che viene a consolar la nostra mente, Ed è la sua virtù tanto possente, Ch'altro pensier non lascia star con nui."翻译。——译者注

附　录

作为诗人的易卜生[①]

埃德蒙·葛斯

其名字赫然立于本文题名中的挪威作家在戏剧文学领域摘得他的桂冠，并且几乎独占鳌头。他创作的戏剧在他的国族同胞中享有盛誉，备受尊崇。这些剧作为他在世人的评价中赢得了同时代剧作家里举世无双的地位——在诸位同时代文学巨擘之中，如果说易卜生位居第二，便无人能称得上第一。后来，他把他自己创作的诗歌汇编成一本小集子（此文正拟评论之）。我们发现，这些稍晚时候创作的诗歌具有他早期作品令人期许的一切优雅与活力。罕见的是，这位杰出的戏剧家并没有歌唱的天赋，却仍具有创作抒情诗的才能。一个马辛杰[②]的背后有十个像琼生和德克这样的人，并且，这位丹麦语的天才如此自然地趋向于民谣与民歌，以至于倘使如此显赫的一位诗人用丹麦语书写文字而没有展现出这种倾向，那么这

[①] 本文原载于 Spectator, 16 March, 1872, xlv, 344 - 345。著名批评家、散文家、翻译家、诗人埃德蒙·葛斯（1849—1928）在出访挪威之后开始对易卜生产生兴趣。本文是他发表的第一篇关于易卜生的文章，文中首次提到了易卜生在英国的情况。1872年4月2日，易卜生致信葛斯："您为了把我的作品介绍给英国人民所做的精彩评述，是我见到的最好的极尽赞美之辞的文字，我想不出有更好的了。能在您的国家为广大读者所熟识，我感到莫大的荣幸。这份荣耀是别的国家无法给予的。如果这个愿望能在您友好和得力的帮助之下得以实现，我将永远对您感激不尽。"（这封书信的详细全文请参见《易卜生书信演讲集》，118～119页。——译者注）

[②] 菲利普·马辛杰（Philip Massinger, 1583—1640），英国戏剧家，其剧作以对政治和社会进行辛辣讽刺以及现实主义著称，代表作品为《罗马演员》（The Roman Actor, 1629年）、《偿还旧债的新方法》（A New Way to Pay Old Debts, 1633年）与《城市太太》（The City Madam, 1658年）等。他曾在牛津大学求学，后来在伦敦谋生，结识了本·琼生、托马斯·德克、西里尔·特纳、约翰·弗莱彻等剧作家，并和他们合作编剧。马辛杰是17世纪早期英国剧作家中编剧技巧最佳者之一。——译者注

将会成为一件令人惊奇的事情。不仅如此，这本诗集中还有迹象表明，易卜生感到他自己掌握了另一种文体（指诗歌），而非仅限于熟悉这种文体。

这些诗作包含模仿当时时兴的海涅的抒情民谣所作的不规则短歌、政治与节庆诗歌、社会诗篇，以及写给朋友们的简短书信。它们是易卜生这位读书不多的学者闲暇之时创作的作品。与其说其思想深邃，不如说它奇异新颖。许多诗歌只对过往的当地生活感兴趣，但它们的结构与技巧相当出众；并且，最重要的是，其中充斥着一种梦幻般悲悯与忧沉哀思的迷雾，这非常迷人，代表着这个国族的典型特点。挪威人是一个温文尔雅、威严端庄，还稍微有些忧郁的民族，他们的欢笑与幽默艰涩而痛苦，但他们最吸引人之处在于他们安静的沉思——当他们似乎退居到思想的境界之中，并在一种有些伤感的涅槃状态中失去对世俗事物的所有感觉之时。这种沉思完美地反映在易卜生的这些诗歌之中，譬如《一只鸟的歌》（*En fuglevise*）和精致细腻的《与一朵睡莲同在》（*Med en vandlilje*）。当他将他所栖居的风景如画的土地上的某种场景或习俗作为他冥想的对象的时候，他感到尤为高兴，至少在一个英国人看来是这样；然而，他并不总是被劝服以善意的眼光看待他祖国的现实状况。他拥有真正的挪威人本能，渴求地凝望着南方，欣然写作诸如棕榈树林与荒漠喷泉等事物。挪威的荒原景象时不时地引起他奇怪的愤慨：

我们挪威已有足够的石头，
我们也有成群结队的野兽。

他以富于讽刺而幽默的力量在这部诗集里这首无礼的小诗中呐喊。

也许我们可以稍微看看对这位诗人的生活产生文学影响的因素。诗人并非孤立的思想者，他常常是由他所处年代的时势铸就而成的。要充分读懂一位诗人的性格，我们必须了解他的老师和朋友是谁。亨利克·易卜生于1828年生于希恩，这座古老的城镇靠近通往哈当厄峡湾的大湖群最低洼的地方。在这里，在这充满荣光的松林与大片阴暗的水域中，这个男孩开始了他人生中最初的经历。

这是挪威历史上一段激动人心的时间。时值挪威脱离丹麦管制14年有余，这个长时间瘫痪的国家很快变得充满活力，生机勃发。一个文学流派正在创生。20

年前，在两个伟大的西部港口诞生了两个孩子，他们写作的东西将挪威提升到欧洲学界的一定地位。其中，威尔格兰德是一位内心充满热情与火焰的诗人，他新奇古怪，愤慨无礼，拥护共和政体，是现状的改革者，而他祖国的气氛明澈如洗，凛冽如刺骨寒风；两者中的另一位，魏尔哈文，则品位优雅精练，行文准确细致，既是一位讽刺家，也是一位批评家，融蒲柏与华兹华斯于一体。威尔格兰德是这个新时期里最令人惊奇的先驱。1830 年，他发表了巨型戏剧《创世》（*Skabelsen*），相比之下，我们这个时代贝利（Bailey）的作品《费斯特斯》（*Festus*）只是一部儿童剧。这首预兆性的诗歌是这位火山喷发式的作者诸多作品中的第一部，他的天才也许在他的《燕子》（*Svalen*）中达到顶峰，这部发生在夏季清晨的作品讲述了失去孩子的母亲们的故事，是一首充满才气与胆识的诗歌，它与天籁般的旋律共鸣，能与在尤根尼恩群山上唱响的作品①相提并论，是一部值得称颂的作品。《燕子》发表于 1841 年，我们的易卜生当时还是一个读书郎。与此同时，魏尔哈文的大脑也一直没闲着。威尔格兰德的花天酒地是他早期作品的主要题材，他以细腻、敏锐与睿智暴露出这位兄弟诗人的谬误。天哪！他的谬误仅在于他不太热衷于欣赏他的美。很快，他自己也以诗人而闻名。1834 年，《挪威的暮光》（*Nerges Dämring*）面世了，这是一首才华横溢的商籁体讽刺诗，字里行间闪着机敏睿智与论争热情的光芒。这首令人愉悦的诗歌抨击了这些年轻人浅薄的爱国心、这些诗人的活力以及这些大城市的虚荣心。不过这首诗使他惹上了麻烦。尽管讨论很热烈，所引起的愤慨也很疯狂，然而，（这首诗的）讽刺切中了这个国家的核心要害，一个新时期由此开始了。这场伟大的斗争占据了亨利克·易卜生的少年时代。当他成年时，威尔格兰德已经驾鹤西去，而魏尔哈文则已经开始依赖他的船桨。此时，诗歌的王冠环绕在安德烈阿思·孟克（Andreas Munch）的头上，这位淑女情人散发出温文尔雅的玫瑰色思想。不过，有两个年轻人正在茁壮成长，他们脑海里种下的新的、先进思想的种子正破土而出、发芽开花——他们便是挪威现代戏剧的创始人亨利克·易卜生与挪威第一位现代小说家比昂斯腾·比昂松。

原本做药剂师②的易卜生发现自己对文学怀有满腔热情，于是匆匆扔掉他的职业束缚，辗转至卑尔根，决定在这里开始创作生涯。起初，戏剧舞台的惨淡状况

---

① 指雪莱的著名诗作《尤根尼恩群山杂咏》。——译者注
② 指易卜生少年时在药铺做学徒。——译者注

引起了他的兴趣，早在 1851 年，他就成了卑尔根剧场的导演。1856 年，他发表了他的第一部重要戏剧《苏尔豪格的宴会》，很快，他获得了自己的观众群。不过，他后来选择将自己的地位让予比昂松，自己孤身来到克里斯蒂安尼亚。从那时起，他的成功便得到了保障。1863 年，当他创作出他的中世纪戏剧《觊觎王位的人》的时候，他一跃成为在世作家中位居公众评价最高者了。自打 1864 年起，易卜生一直在南欧和埃及旅行访问，对此，这些诗歌中的一些已有所表露。最终，挪威国会奖励金的获得者比昂斯腾·比昂松以某种方式回应了我们这位桂冠诗人。

这位诗人超越前人的非凡之处在于他想以一种艺术形式保存和保留挪威的语言或方言。他不满足于以哥本哈根的丹麦语进行写作，而是谨慎细心地有意引入人们日常使用的语辞和本土挪威语中早先留传下来的成语与习语。在他笔下，挪威语和丹麦语的区别十分显著。观察这一创举是否会如同昙花一现一样仅成为一时风尚，还是会完全形成两种文学之间大裂谷般的分野，将会是很有意思的事情。我们相信，易卜生和他的诗人朋友们的辛苦劳动不是徒劳；我们注意到，哥本哈根作为一个青年人想要名噪一时的成名地，每年都吸引越来越多的挪威诗人们前往；我们担心，这一运动会遭受与人们之前将苏格兰文学同我们自己的文学（指英格兰文学）分离开来而导致的相同命运。

作为挪威讽刺家的易卜生[1]

埃德蒙·葛斯

现如今有一位中年的挪威绅士居住在德累斯顿,他在这座车水马龙的欢快城市的居民中往来穿行,洞察一切,被评为为数不多的沉思冥想者与温和派退隐者。他间或寄送一卷手稿到哥本哈根,而后丹麦的报纸便宣告易卜生将要发表新诗。这一消息很可能比其他任何消息在斯堪的纳维亚文学界引起的轰动都大,品位高雅的瑞典记者指出,这位著名诗人从自愿流放途中归来,回到令人窒息的鲜花与辞藻华丽的演讲之中,将是一次多么优雅得体的机会。挪威的朋友们更简洁地表达了他们希望这位伟大的挪威作家回到祖国生活的想法。然而,他仍然留在德国,在他最不欣赏的民族的包围之中,每天感受到令他不悦的难以言传的感伤情绪,观察、记录,越来越深地挖掘现代生活的阴暗面,其天才得以越来越巨大而凶险地发挥。

小社群中的作家们最常见的错误就是倾向于模仿当时某种占据主导地位的邻国的伟大权威——而没能建立本国本土的流派。在现代时期的所有小民族中,我认为丹麦是唯一一个能够建立起一种完全原创与经典的文学而无须外国援助的民族。在现今的这个世纪中,当德国影响威胁着将要击溃国内的创作冲动之时,这三个斯堪的纳维亚民族之间的幸福联合挽救了他们的独立性。特格内尔

---

[1] 本文原载于 Fortnightly Review of 1 January, 1873 (Vol. xiii. New Series, pp. 74-88)。这篇长文讨论了《爱的喜剧》《布朗德》和《培尔·金特》,但对后两部剧的讨论主要包含对情节的描述,而没有对第一部剧的讨论那么详细。此文中引用的《爱的喜剧》中的原文,是易卜生戏剧在英国发表的最早英译文片段。

(Tegnér)① 通过向奥伦施莱厄（Öhlenschläger）靠拢而能抵制歌德的影响，而奥伦施莱厄的作品则将每个读者送回到埃达与萨迦之中。上世纪末的瑞典诗人们才华横溢，而在本世纪之初，丹麦被一个更为著名的流派照亮。如今瑞典在沉睡之中，而丹麦变得"安逸恬适"。现在火炬传到了挪威手中。我们将在何处寻找欧陆民族中年轻的伟大诗人？法国给予我们勒孔特·德·李勒（Leconte de Lisle）②，德国给予我们罗伯特·哈默灵（Robert Hamerling），意大利给予我们阿蕾尔迪（Aleardi），丹麦给予我们克里斯蒂安·理查德（Christian Richardt）。他们代表着各种优雅的与充满诗意热情的人们，他们是杰出的少数吟游诗人，但如今他们风光不再了。在欧陆艺术的前驱之中，这四个国家没有一个能从年轻人当中产生出一个公认的世界诗人。我坚信，在挪威人中，我们找到了这样一位诗人——亨利克·易卜生，他代表着欧洲文学编年史中名不见经传的一片土地。至少，在斯堪的纳维亚人与在德国人中是被这样认为的。我自信时间会向我们证明这一点，而现在，我必须尽我所能让我所说的话看起来真实、有理、可信。

这片土地拥有暗无天日的森林、阴郁冰冷的水域、贫瘠荒芜的山峰，被淹没在来自北极冰山的锋如刀割的寒风中。在这片土地上，人们必须用暴力征服大自然，而不是用充满梦想冲动的诱人恳求去恳请大自然。挪威是健壮有力、容光焕发的小伙子们和谦卑贤淑的少女们的家园。挪威人是一个健康的民族，不知疲惫，无拘无束。在这里，人们可以敞开心扉，坚定向前，大步流星，坦诚说出他心中所想，泰然自若；在这里，人性也许有希望得到合理的发展，倘使真有这样的地方的话。从这样一个年轻而坚定的民族中，出现了两位头戴桂冠的作家，阿波罗朝着他们微笑。至此，比昂松已经被许多英国人所熟知，他代表其祖国生活中幸福愉快的一面，他满足人们对挪威作者自然而然的期待——粗糙、草率、有男子气概，俨然一位年轻的、欣喜地沉浸在其动物性精神之中的提坦巨人。而易卜生则是这片高山土地上的一个相当出乎意料的产物，他是一个典型的现代欧洲人，

---

① 特格内尔（1782—1846），瑞典作家。19世纪被公认为瑞典的现代诗歌之父与瑞典的现代第一人。其代表作为民族浪漫史诗《弗瑞思伊欧夫的萨迦》（*Frithjof's Saga*）。——译者注

② 勒孔特·德·李勒（1818—1894），法国诗人和帕尔纳斯派的主要领导人物。他的作品包括《古代诗篇》（1852年）和《蛮族诗集》（1862年）。——译者注

他的灵魂充满疑虑、悲伤与未得到满足的欲念，深深地刺入黑暗之中，他见解深刻，勇于创造，富有反抗精神，是一位戏剧讽刺家。

现代生活对于这样针对旧世界的激烈讽刺而言过于复杂也过于微妙。在《旧约·以西结①书》中，我们看到上帝的雷电猛烈地轰击阿荷拉（Aholah）美丽而邪恶的身体；在尤维纳（Juvenal）②的作品中，戎马的铁蹄叮当声在大理石道上响起，直到碾轧某个可怜的浪荡子，他的鲜血同溢出的酒水与藤蔓做的花圈混合在一起。然而，这两种或神或人的猛烈抨击现在都不可能奏效了，它们不能治愈人们，反倒会杀死人们。现代讽刺在抨击的同时放声大笑，它注重将矛头隐藏在玫瑰丛中。不论是乌尔里希·冯·胡腾（Ulrich von Hutten）③还是蒲柏（Pope）④，抑或是伏尔泰（Voltaire）⑤，都运用了相同的技巧。而假使一位马斯顿（Marston）⑥式的剧作家想要成为一名尤维纳式的讽刺作家，那么世界仅仅会对其耸耸肩，然后将他遗忘。新的时代带来了文明与修养的进步，粗糙草率的旧式讽刺变得越来越不可能了，直到伤感的一代一齐威胁说憎恶它——"对它毫无同情"。易卜生的作品形成了这一缓慢进程的最后润色阶段，用其含着微笑的讽刺与从容的剖析展示了如此完美的生活图景，人们立刻接受其作为一个年代的先锋精神的清晰肖像画。易卜生的箭筒中有许多支金箭，他镇定而安静地站在黎明与黑暗之间，将这些箭一支支地射入下面的山谷里，每一支箭都真正瞄准我们日常生活中的某些愚蠢荒唐之事和矫揉造作之态。

亨利克·易卜生生于1828年3月20日，挪威东南部的海滨小镇希恩。他作为

---

① 以西结（Ezekiel），古代以色列先知和祭司，是《旧约·以西结书》中的主要人物，也是该书一部分的作者。公元前592年左右，他开始对巴勒斯坦的犹太人预言，宣布上帝必将审判罪恶之民。他亲眼见到耶路撒冷为巴比伦所征服，以色列人被劫掠。在他著名的幻想中，山谷里的干骨复原成人形，预见到以色列必将复兴。在他的想象中，信神的人又围绕在耶路撒冷重建的圣殿四周。——译者注

② 尤维纳，古罗马讽刺作家，全名为尤维纳利斯，又译作朱文纳尔，其作品谴责了古罗马特权阶级的腐化和奢侈。——译者注

③ 乌尔里希·冯·胡腾（1488—1523），罗马天主教批评家，马丁·路德改革的拥护者。——译者注

④ 指亚历山大·蒲柏（1688—1744），英国诗人和讽刺家。——译者注

⑤ 伏尔泰（1694—1778），弗朗索瓦·玛丽·阿鲁埃特的笔名，法国哲学家和作家，其作品是启蒙时代的代表，常常攻击不公正和不宽容。他著有《老实人》（1759年）和《哲学辞典》（1764年）。——译者注

⑥ 约翰·马斯顿（1576—1634），英国剧作家，作品包括《愤世者》和《荷兰妓女》（均作于1604年）。——译者注

一名药剂师开始积极的生活，快乐并且思想激动，知识储备不多，而积蓄更少。诗歌与奖学金对他而言比其他一切都更珍贵，因此，很容易想到，希恩这个小世界对他而言变得无法忍受。他写了一部悲剧，遇到了愿意出版它的迈赛那斯（Mäcenas）。过不多时，《凯蒂琳》这部三幕剧便出现在1850年的克里斯蒂安尼亚，作者是布里恩约尔夫·布雅勒姆[①]。这位新诗人用这个笨拙的笔名隐藏了他自己（的真实身份），可是，公众却一点儿也不比他聪明，这部剧本仅售出了30册。《凯蒂琳》是一个男孩的作品；其标志是常见于20岁青年努力表现的所有情欲与革命的奢侈描写。其抑扬格诗作非常差劲。显然，写作者阅读量非常小，根本没有仔细斟酌，但有某种活力贯穿其中，这种活力诱使人将自己置之度外而阅读它。带着这部弥足珍贵的作品，易卜生于1851年回到了首都，并开始在大学里学习。在那里，他从未获得一项非常了不起的进展，他起步太晚了，但他精通拉丁语，学业完成得相当不错。《凯蒂琳》表明，易卜生昔日在希恩时熟读萨卢斯特（Sallust）[②]的历史著作。在大学里，易卜生认识了一些热忱聪颖的小伙子，他们当中有些人在文学史中垂名。比昂松就在其中，还有被称为乡巴佬的文叶（Vinje）、目录学家博腾-汉森（Botten-Hansen）、小说家弗瑞思伊欧夫·佛思（Frithjof Foss）。这些与易卜生同时代的年轻学者简直谋划了文学史上的一整场革命。起初，他们创办了一家报纸，我也不知为何，这家报纸的名字叫做《安德希姆纳》（Andhrimner），它公开宣称与我们著名的刊物《萌芽》（Germ）具有一样的评论独立性，并且同《萌芽》有着相同的早期命运。《安德希姆纳》由博腾-汉森、易卜生与文叶三人出版，其内容都是原创的诗歌、评论与美学理论。在疲软无力地存在了九个月以后，这家报纸停刊了。在易卜生为这家报纸贡献的诸多稿件中，有一部长剧，《诺尔玛，或政治家的爱情》（Norma, or a Politician's Love），这是一部非常莽撞的关于挪威国会声誉卓著的成员的讽刺剧，该剧的第一幕被誉为以极为机智诙谐与精致优雅的诗体写作而成。然而，《安德希姆纳》已成为极其罕见之物，它成为一个与书目相关的极有价值之物，而我未曾见过它。当可悲的1851

[①] 布里恩约尔夫·布雅勒姆，易卜生写《凯蒂琳》时使用的笔名。参见本书第二章关于《凯蒂琳》的相关内容。——译者注

[②] 萨卢斯特（前86—前35），罗马历史学家和政治家，拉丁名为Gaius Sallustius Crispus。作为历史学家，他关注公元前146年迦太基灭亡后罗马在政治上和道德上的衰落，其尚存的主要作品记述了卡提利纳阴谋和朱古达战争。参见本书第一章关于易卜生学习萨卢斯特文献的部分。——译者注

年到来之时，易卜生是如此幸运，他遇到了一个很快便赏识他的天才的有天赋的人，这个人便是伟大的小提琴家欧雷·布尔（Ole Bull）。在欧雷·布尔的请求下，易卜生成为卑尔根剧场的导演，他在这个职位上一直工作至1857年。1852年，易卜生旅行至丹麦与德国，他在哥本哈根遇到了伟大的诗人评论家海贝格（Heiberg），回国后，他对挪威和他自己极为不满。剧场成为时常令易卜生烦恼的来源，在他待在卑尔根的六年间，他的天才似乎已经在某种程度上被压抑在乌云和阴霾之下。当他在那里的时候，他写作了许多东西，然而，大多数都被毁掉了，所剩的部分对他而言也毫无价值。他在他自己的舞台上创造了两三部剧，但没有将它们印刷或保存下来。1854年，他打印了一篇短文作为投稿给卑尔根报纸的一篇小品文，这篇短文在结构上相当缺乏合理性。1857年，较为年轻的比昂松接管了卑尔根剧场的导演工作，易卜生来到了克里斯蒂安尼亚，在那里的国家剧场担任导演。他如今几近30岁了，但尚未写成一部伟大的作品。时常是这样，最高超的思想成熟得最慢。蜉蝣一日之内到达完满，第二天便衰亡绝迹，而伟大的灵魂在漫长的青春期中让自我逐渐变得强大起来。可是，我们的诗人终于结束了他的生命准备期。在接下来的七年中，他创作了好些伟大的越来越好的历史剧，尽管分析这些剧作十分有趣，但我现在不打算谈这些，也不打算分析他的政治性的或其他各种各样的诗歌，而仅仅谈论他的三部伟大的讽刺剧。现在让我们马上来讨论它们吧。

  直到1863年，易卜生才发现他的天才的自然倾向。直到那年也没人能看得出他是个天生的讽刺家。如今，在阅读了他后来写的伟大诗作之后，人们能察觉到其高超谩骂的痕迹，那是他的顶点，即便它们出现在其早期戏剧与纯历史剧作中。然而，当描绘我们这个年代的讽刺剧《爱的喜剧》① 首次出现在挪威时，这位诗人的欣赏者当中极少有人不讶异于他对这一全新体裁所掌握的熟稔程度。早先的作品来源于古代的有趣故事，适合用简练的散文体书写，而这部关于现如今零散琐碎之事的戏剧需要用精致的讽刺短诗来完成。原文是用韵体诗写作而成的，但我已将它译为无韵诗了，对于英语读者们而言，一部押韵的戏剧是一件可怕的事情，而在斯堪的纳维亚的古典文学作品中，这却是一种众所周知的现象。《爱的喜剧》

---

 ① *Kjärlighedens Komedie*. Komedie af Henrik Ibsen. Christiania，1863.

的场景设置在克里斯蒂安尼亚郊外的一座花园里，时间是夏季。寡妇哈尔姆太太拥有一套大房子，她将它租住给房客们，这些房客中有男主角法尔克和神学学生林德。法尔克是一位满脑子充斥着革命理论的年轻诗人，他用他的整个灵魂反抗当时关于爱情与美学的习俗，他决心将生命奉献给销毁现代社会中虚假与荒瘠的事物的事业。随着事态的发展，此时到了开始攻击的适宜时机。在哈尔姆太太家聚集了各种各样的俗人，而所谓的爱便是当时的秩序。这些各种各样的"伪爱者们"不怀疑他的意图，他们的活动在他周围激起了对他而言似乎是一种狂欢仪式的东西，这种狂欢充满了丑恶可憎的沉闷与虚弱无力的习俗。起初，他的嘲讽是轻微而巧妙的，好似一团嘲笑的火焰，但这逐渐升温，变成一顿痛骂，如同毁灭性的烈火，将所有礼貌合宜的纽带全部炸裂了。这一场景开场时是傍晚，而聚会地点在草坪上。法尔克受邀演唱他最近的新歌，他宣告及时行乐是他的理想：

>   这绿荫覆盖下的艳阳美景，
>   都是为了获得你的欢心。
>   五月的风姿将被秋光抹去，
>   这又有什么要紧？
>   苹果花儿开得洁白美好，
>   用鲜亮的帐幕把你打扮。
>   ——等到它尽情开放后，
>   再乘风撒下花瓣，把花间小路装点一新。

>   鲜花尚在树梢，为什么
>   急于寻求收获季节的酬劳？
>   灾祸还未临头，为什么
>   就像在重负下踯躅哀号？
>   为什么让乌鸦在枝头日夜啼叫？
>   兄弟们，连麻雀悦耳的啁啾
>   也比这更动听三分。

我们坐在鲜花丛中的凉亭，

为什么对这快乐歌手威吓发狠？

看在音乐的分上，

我替他向各位求个情。

将来我们的前途繁花似锦。

我的话请你们相信，

快用未来的果实来买眼下的歌声，

价廉物美使你高兴。

谚语说："时光飞逝。"不久，

这花园里的音乐就会消失殆尽。

我要让生活充满欢乐和歌声，

往后所有的花朵都会凋零，

把它们扫拢成堆，用不着太悲伤多情，

花儿失去神采，全都死净。

那么就彻底打开花园的大门！

敲打，捣烂；撕裂，践踏；脚踢，嘴咬。

我把花株连根拔尽，才不管

谁对着干瘪枯萎的花壳，独自触目伤心！①

这首歌激起了相当热烈的讨论。女士们由于经济原因反对它，而先生们认为这个想法理论上非常好。第一个反对法尔克感情的是无趣的办事员斯迪佛，他和在场的杰伊小姐订了婚。这位斯迪佛坦白说，他曾经写过诗。

斯迪佛　不是现在，你知道，那还是在很久以前——当我还在恋爱的时候。

---

① 此处关于法尔克所歌唱的诗歌译文，引自林骧华先生的译本，参见《易卜生文集》第二卷（人民文学出版社，1995年），278~280页。特此致谢！本文中所引《爱的喜剧》中的内容，均参照过林骧华先生的译文，下引不再加注。——译者注

易卜生传

　　法尔克　那么，恋爱的日子已经结束了？甜蜜的陶醉心情都被你睡忘了吗？

　　斯迪佛　噢！现在我已经正式订婚了，我想，这比仅仅恋爱要重要得多！

有人说起了"下一年"春天，法尔克表达了他对"这个令人苦恼的词"的厌恶：

　　法尔克　它使快乐的百万富翁们沉沦为一群乞丐！假如我能做语言的独裁者，哪怕只有一个小时，我都要把这个可恨的词抹掉。我要在尘世生活的范围内，把它捆绑起来送走！

　　斯迪佛　这个带有希望含义的词，为什么竟使你一怒如此？

　　法尔克　因为它把上帝为我们造的这片光明土地，变成了一片黑漆。"下一年""下一次爱""下一世"——看到这个世界处在"下一次"的束缚之中，真能使我的灵魂冒出火来。就是这种预先的想法，把未来的收获都弄没了，把富翁弄成了穷鬼。在极目所到之处，它把时代弄得污损不堪。它把现时的全部欢欣都毁于一旦。除非换一个舞台去奋斗，否则，面对生命中最简单的欢乐之禁脔，谁也不敢尝一尝新鲜——到了另一处，他能稍事松懈吗？不成——为了新的"下一个"，他又得拍翅飞翔。飞呀，飞呀，从不停止，一直飞向他要去的坟墓。而到那时候，天知道是否会有休息。

　　杰伊小姐　法尔克先生，这种感想真是令人吃惊。我的斯迪佛不能听任他这样嘲弄，他到现在还是那样一个怪人。（朝斯迪佛）我亲爱的，你到我这儿来。

　　斯迪佛　（忙于掏烟斗里的烟灰）亲爱的，我马上就来。

我们从用散文体表达认为订婚夺走了爱情魅力的斯迪佛转到回归狂喜却毫不声张的林德。对于林德的诗意感受的暂时魅力，法尔克适时地评论说：你总是能填满一个说散文的傻瓜的脑袋——

　　但是古往今来的小市民们，却像斯特拉斯堡①的鹅一样冷酷无情，吃起来

---

① 斯特拉斯堡，法国东北部一座历史悠久的文化城，以音乐、戏剧著称。——译者注

狼吞虎咽，肥胖得不成人样，说说带节奏的妄语梦话，唠叨着有韵律的胡说八道。只有把这类垃圾打扫干净，他们才会注意抒情诗的加工润色，孜孜不倦地思考修辞，使自己的灵魂变得丰满起来。（对林德）不管怎么说，我永远不会忘记你对我的称赞。从今往后，我们将共弹七弦竖琴二重奏。

陪同的人们被激怒了，他们突然攻击他，指控他忽视了诗歌的存在。他们提出，他应该把自己关在种满玫瑰的凉亭里，那样他便可以受到启发了。他回答说，不受束缚的自然享受阻碍了诗歌的创造，充满想象力的美在受缚的灵魂中最为繁盛。

就算让黑纱把我眼前的阳光都遮住，我还是要歌唱晴空艳阳的灿烂辉煌！让我求得或借来一种难以忍受的巨大悲哀，只要么短短一段时间，不用多久，你就会听我唱起欢乐的赞歌！然而，杰伊小姐，为我找一位新娘吧！

他们都大声斥责他为爱的亵渎者，因为他解释说他想要一个新娘，他可能会失去她。

因为在幸运的酒神巴克斯的盛宴之中，她也许会进入永恒。我需要一点儿精神锻炼，谁知道这样的失去会使我如何强大起来！

此时此刻，这部剧中两位明智的人插话了，他们是这部作品中唯一拥有灵魂的女性形象斯凡希尔德和稳重的商人古尔德思塔德。斯凡希尔德为法尔克提出了很高的精神目标，古尔德思塔德则提出要用一点手工劳动来驱走他的"病态幻想"。法尔克回答道：

我像一头被束缚在两个围栏中间的驴子一样左右为难，左手边给予我肉身，右手边给予我精神。我想知道，先选择到哪边，才显得更聪明？

而后引入了第三对"伪爱者"——斯屈劳曼牧师夫妇。斯屈劳曼先生是一位疼爱妻子的牧师,他的家庭成员众多,是对爱的戏仿最糟糕的类型的例证。对他的早期生活、浪漫爱情和令人失望的目标的描述,以轻松机警、令人非常愉悦的对话呈现出来。随着描述的进行,法尔克的嘲讽越来越苦涩。斯屈劳曼先生的求爱非常感伤:

> 他用他的吉他的声调向她示爱,而她在大键琴上回应他,然后他们开始互相信任地生活在一起。

在这群聚集在他周围的老老少少当中,只有林德的恋情令法尔克感到愉悦。林德与安娜互相爱慕,除了他们自己和法尔克以外,没人想到这一点。突然,法尔克惊惧地怀疑林德爱的是斯凡希尔德。他恼怒地转过身去,感到心碎。沉默无言、温柔真诚的真爱未被找到,整个世界陈旧而贫瘠,一切良好的内驱力与希望都死亡了。当他俩独自待在一起的时候,他对斯凡希尔德说了这番话,她用空幻的伪善谴责他。

  斯凡希尔德　上次在叙利亚发生基督信仰受到侵袭的事,你去参加十字军团了吗?没有。你只在纸上显出热情和愿望——只向《圣报》捐献了一个先令!(法尔克来来回回地走来走去。)法尔克,你生气了?
  法尔克　没有,我只是在沉思。看,这就是一切!
  斯凡希尔德　我们俩的性格完全不同,我们不像——
  法尔克　噢,是的!我很清楚!
  斯凡希尔德　那是为什么呢?
  法尔克　为什么?因为我憎恨把灵魂大胆地暴露在人们粗俗的目光之下,就像村夫俗妇把感情挂在外面一样。我不愿把闪光的心灵钉在袖口上,像女人穿着袒胸露背的服装。你,只有你,斯凡希尔德,只有你一人——我相信你——可是啊!那梦也已成为过去,它永远飞走了。——(她转身凝视。)你在听什么——?
  斯凡希尔德　听另一个在歌唱的声音。你听!每天傍晚太阳去休息了,就有一只小鸟拍着翅膀,悠悠然地飞来这里,——在那边——它在浓密的树叶上盘旋——你知道吗，它就是我的信念，——每当上帝创造出一个没有欢歌的灵魂，他就遣送一只小鸟来，做她最贴心的朋友，永远在她的花园里歌唱。

法尔克 （捡起一块石头）那么小鸟应该在它主人身边放开嗓子，不然这歌声就浪费在一个陌生人的耳旁。

斯凡希尔德 那倒是真的。但我已经有了我自己的歌。我没有口才，也没有歌喉，但当它在亭亭如盖的树荫里轻舒歌喉时，我脑子里的诗行，就像酒泉一样喷涌而出——啊，对了，——它们飘呀飘的——谁也抓不住——（法尔克扔出石块，斯凡希尔德尖叫起来）上帝哟，你打中它了！呀，瞧你干了些什么！噢，这太邪恶了，简直是耻辱！

法尔克 以眼还眼，以牙还牙，这才是合理合法的公正，斯凡希尔德。现在，你再也得不到花园里朋友的问候祝贺了，再也得不到来自音乐之乡的甜蜜酬报。这就是我对你的恶行的报复！

斯凡希尔德 我的恶行？

法尔克 是的，你的恶行！直到这一刻，唱歌的鸟儿仍在我胸中啭鸣，啊！现在钟声也许在他俩头上鸣响，因为你已经杀死了它！

斯凡希尔德 我已经杀死了它？

法尔克 是的，当你订婚的时候，你杀死了我年轻的、异常兴奋的、欢快狂喜的信念！

然后，她解释道，安娜才是林德真爱之人。此时，法尔克再次对此事产生了兴趣，直到林德宣布，他将把他们正式订婚的消息公开发表在报纸上。法尔克表示，这一步是自杀性的，但林德坚持这么做。这对新人得到了来自这些"伪爱者们"的欢呼喝彩，这令法尔克感到无尽的恶心。他对他们喊道：

好啊！杰伊小姐，宛如一支喇叭，告诉你，本着爱神的名义，你要有一个兄弟了！

结果是，这对新人被各种祝贺弄得快要窒息了，他们感到厌恶。以下是对斯屈劳曼与他的妻子的描述：

  他曾经多么辉煌，多么强壮。他同世俗搏斗，赢得了他的情人，这是他的骄傲。曾经刚强勇猛地向旧习俗挑战的人，如今到哪儿去了？现在他只把欢乐的阿波罗①讴歌，拼凑到爱情里去东唱西唱！——瞧他现在！穿着庄严的长袍，系着神圣的衣带，唱一出独角戏，表演他自己的末日！还有她，穿着柔软裙衩的懒女人，鞋后跟都踩塌了，走起路来咯吱咯吱响。这就是那位长着天使翅膀的姑娘，昔日陪伴他飞向美的王国的缪斯！这一阵烟是那一阵火的终结！爱情的光芒就这样消失了，斯凡希尔德！

在彻底的绝望之中，法尔克提出将一切都抛向风中，让现代社会自己腐烂，自掘坟墓。他能找到的唯一纯洁的精神便是斯凡希尔德，而他试图劝服她和他一起反抗。

  我们将不再理睬腐朽的习惯势力，不要在市侩的集会上占据座位。你可知道，独立、自由、真实，这是个性的目标。②

然而，他表达得太过分了。斯凡希尔德认为，他追求她仅仅是因为她可以作为实现他的理想的一种手段。

  你把我看成脸无血色的孩子，随意对付，帮你临时吹吹伴奏的笛子。③

他们不欢而散，大幕在法尔克无尽的沮丧与失落中缓缓落下。
第二幕发生在一天里的晚些时候。星期天下午，一大群朋友，都是十分俗气的人，来到哈尔姆太太家，举行了法尔克所谓的"一场关于茶与散文的酒神节盛

---

① 太阳神阿波罗，又称福玻斯·阿波罗，宙斯之子，主管光明、青春、医药、畜牧、音乐和诗歌等。——译者注
② 此处译文参照林骧华先生的译本，略有改动。——译者注
③ 此处译文参照林骧华先生的译本，略有改动。——译者注

宴"。林德和安娜开始厌倦他们的爱情了。全世界都期待他们激情燃烧，而那神秘激情的魅力却消失了。这三对情侣，胖胖的牧师和他的夫人、办事员和杰伊小姐，以及最近刚刚订婚的这对情侣，变得越来越滑稽无趣，而法尔克则越来越恼怒，他喃喃自语：

瞧瞧他们是如何扼杀爱情之诗的！

然而，我们必须赶紧收尾了，这里只能给出一个最精致最闪光的场景。法尔克让人们聚集在他周围，每个人提出一种宛如爱情的花草，最后，轮到法尔克自己说了：

法尔克　这么多想法，这么多幻想！非常好！但你们都在瞎摸索，弄糟了许多诗一般的语言。每一种比喻都错了，我把我的告诉你们。——你们可以随意地、自由地把它改换。有那么一种树，生长在最遥远的东方，太阳的表弟的花园，它常来又常往——

众女士　啊呀，这是茶树！

法尔克　不错。

女士们　想到茶树了！

法尔克　它的家在传说中宁静的国土里，与此处相隔几千里的荒凉大地！替我斟满茶杯！谢谢您！让我们围着茶桌好好讲讲茶与爱情之间的关系。（客人们群集在他四周）它的家园在那浪漫之乡，天呀！爱情的寓所也就是浪漫。懂得这种植物的耕作栽培的，只有太阳神的子孙。对于爱情，也只有这样照管，没有其他方法。血管里必须流着太阳神的血。如果爱情的确在那里扎下了根，它就能发芽，开花，结果。

…………

杰伊小姐　爱情差不多总是一个模样。就像我们见到的茶叶，不管是好茶还是坏茶，或者不好不坏！

斯屈劳曼太太　是呀，店铺里出卖的茶叶是有好有坏不一样的。

安　娜　我最初期待的嫩绿春芽——

斯凡希尔德　那些嫩芽是用来解除天国女儿们的饥渴的。

年轻女士甲　人们都说，它像天空中的香气一样迷人——

年轻女士乙　芬芳得犹如莲花，甜美得好似杏桃——

古尔德思塔德　我们现在要讨论的不是这个题目。

法尔克　每一个平凡人在自己的内心都有一个小小的秘密天国。在那里生长出成千上万棵被羞涩遮起来的新芽，中国的万里长城再坚固，也会被它们很快地摧垮。但在她那朦胧中奇异的圣堂闺房里，小小的中国木偶正坐着叹气。他们眼中显现出对远方奇迹的梦幻，腰部围着锦缎，他们手里拿的却是一朵金色的郁金香。那柔软的初生叶蔓，为了她才生长。你得到的是什么，是丰收还是歉荒？他们获得爱情的第一批收成，而我们却只得到屑末和茎秆。

　　…………

法尔克　还有最后一点，也是至关紧要的——记住，文明的手沉重有力地打击天国的界域，粉碎了它的力量，倾颓了它的城墙，绞死了它最后一个真正的官吏。一双双渎神的手，早就伸向前去，加入了捣毁天国的行列。用不了多久，太阳神的王国也会成为虚妄的传说，成为人们凭借常识就不会相信的无聊故事。世界变得越来越成熟老练——我们埋葬了仙女，又在坟上添了土——把仙女变成了山丘。但是，我们倘若这样做了，那么到哪里去寻找爱神？天哪，这么一来，爱神也去世了。那么，就让他走吧，既然时代做出了如此判决。——祝爱情之神健康，再祝大地之神健康——干一杯茶！

那些"伪爱者"对法尔克产生了强烈的愤怒。法尔克被驱逐出他们的社会，没能逃脱俄耳甫斯①的命运。斯凡希尔德朝他走去，在短暂的一段时间内，他们享受着真正的、坦诚的爱的极大乐趣。然而，这短暂的欢愉很快就过去，法尔克发现，婚姻会毁掉这甜美激情的新鲜与美好。他担心斯凡希尔德会有一天不再给他

---

①　俄耳甫斯，古希腊传说中的英雄。他的歌声和琴韵十分优美动听，各种鸟兽木石都围绕着他翩翩起舞。他的妻子欧律狄刻被蛇咬死后，他前去阴间寻找她。他的音乐和悲伤之情感动了冥王哈得斯，冥王允许他把妻子带回光明的人世。但哈得斯提出一个条件，即离开阴间时不得回顾。俄耳甫斯在重新见到太阳时，转身想与妻子分享这种快乐，结果欧律狄刻已经不见了。俄耳甫斯后来被迈那得斯撕成碎片，仍在歌唱的头向莱斯沃斯岛飘去，那里有为俄耳甫斯建立的神所。到公元前5世纪，希腊一种秘传宗教（俄耳甫斯教）即是基于俄耳甫斯的歌曲和箴言兴起的。俄耳甫斯的故事成为一些早期歌剧的题材。——译者注

灵感与荣光，这部诗剧也以最具悲剧性的方式结束——两颗坚强到足以摆脱世俗束缚的心永远分离。时间令他们不堪重负，他们宁肯让自己将来生活在悲痛之中，也要在他们的关系尚且新鲜温柔之时忍痛分离。

这整首诗——包括其题名《爱的喜剧》——都是一部精心的讽刺之作。我们也许会相信，斯凡希尔德比奢侈浪费的法尔克更能真正为诗人代言，说出诗人的心声。要用简单的引用来表达这部令人惊异的戏剧中使之成为一场抒情性狂欢的完美无瑕的诗作、讽刺诗的机智锋芒、无尽欢笑的爆发是不可能的。一部完整的译本只能提供原作力量的影子。

1864年，易卜生离开了挪威，而且，据我所知，他再也没有回国。他很长时间内居住在罗马，在那里，他写了让他驰名千古的书。似乎易卜生身上的诗性天才在罗马的智慧气氛中得到了扩展。《布朗德》[1] 并非比早先的作品在概念上更和谐——因为，清楚地说，易卜生从未实现或修改和谐——但视野更为宽广，目标更为巨大，道德与精神的眼界更宽阔。这本书中的主人公布朗德是挪威教堂中的一名牧师，他的心性热衷于宗教狂热，超越了温柔人性的界限。他主张要么全有，要么全无，没有撒非喇[2]的区分或亚拿尼亚[3]模棱两可的话——必须献出整颗心，否则一切都是虚无。他被派遣去照顾一个濒死之人，然而，要到达他那里，他必须乘小舟穿越环境恶劣狂暴的峡湾。风暴是如此猛烈，以至于没有人敢和他一道走，但正当他打算独自出发的时候，一位年轻的具有英雄情怀的女孩阿格奈斯被他的坚韧所征服，和他一起跳入小舟，他们安全地划船穿越了峡湾。布朗德成为这个教区的牧师，而阿格奈斯成为他的妻子，他在她的灵魂中发现了他自己需要的一切。随着时间的推移，阿格奈斯为他生了一个儿子。医生建议他们搬到温暖舒适的地方去居住——这个教区位于有碍健康的峡谷之中，全年有一半的时间见不到太阳——否则他们的孩子一定会死的。布朗德坚持忠于职守，不愿离开这里。他的孩子死了，而后孩子的母亲也死了，布朗德孤苦伶仃。最后，他的母亲来和他生活在一起，她是一个世故的女人，心浮气躁，她不愿屈从于布朗德的宗教至上论，在绝望与不幸中死去。至此，她的财产落入布朗德的手中，而他将之全部

---

[1] *Brand. Et dramatisk Digt. Af Henrik Ibsen. Kjöbenhavn*, 1866.
[2] 撒非喇：亚拿尼亚的妻子。——译者注
[3] 亚拿尼亚：《圣经》里一个说谎的人，当彼得揭穿他后他就倒地而死了。——译者注

捐献于重建教堂。现在，讽刺开始发生在乡村的生活中了，官员、校长、执行官等各色人等的肖像由此被锐利的画笔描绘出来了。整个社会都受到痛斥：由于其普遍的圆滑世故、懒惰与世态炎凉。终于，教堂建成了。布朗德手中拿着钥匙，站在门阶上，向人们滔滔不绝地演讲。他的布道是那种最为痛苦的猛烈抨击，所有对美好事物失望的苦恼，所有对无用牺牲的强烈感觉，对不知感恩的一代人的徒然奉献，这一切都在一种了不起的恶言谩骂中得到总结。最后，他将钥匙远远地掷入河里，愤怒地离开山边，遁入荒芜与孤独之中。作为一部艺术作品，《布朗德》极为出色。一部将近 300 页的戏剧，以短诗的形式写成，有时候四五次押同一个韵，并且力量或兴趣从未衰退，这本身就是一个奇迹。这本书有六大主要版本已被售出——比这位诗人的任何其他作品都更成功。丹麦大量购入了《布朗德》的剧本，在那里，此时，宗教书写正值时兴，而毫无疑问，《布朗德》的主题在丹麦这个国家特别受欢迎，因为它在某些方面很有价值。这部以诗体写作的作品完成得很不错，是一部遵循诗歌秩序的可爱之作。

在伊斯基亚[①]的柠檬树丛中，在意大利夏季刺眼强光的灼热注视之下，易卜生开始了他的下一部作品，我认为，这是他最伟大的作品。关于《培尔·金特》[②] 中奢侈闷热的南方，没有大海与天空的大片碧蓝色的痕迹。这部作品在风景与感情方面，属于他的诗歌中最具挪威特点的。奇怪的是，在"浮石岛"中，与他周围的地中海透明波浪为伴，远离故土的人们与影响，他能够形成如此完美的由冰蚀高原与峡湾构成的挪威生活图景。《培尔·金特》得名于这样一个传说中的主人公，他是个懒惰闲散的家伙，其目标是过他自己的生活，他的主要特点是巧舌如簧，擅长讲故事，尤其热衷于说谎。这与《布朗德》截然相反，《布朗德》那部戏剧通过标榜一个具有无瑕美德的理想形象，致力于唤起整个民族的诚挚认真精神，而《培尔·金特》则将其主人公的自私性格与最差劲的野心勃勃者的卑鄙狡猾理想化。这首诗在形式上与前者一样，是以各种抒情诗的方法和简短的韵体诗写成的，可是《培尔·金特》中有一种才华横溢的无所畏惧，它散发着强烈的旋律的光辉，这是《布朗德》未能企及的。

[①] 伊斯基亚：意大利南部位于第勒尼安海的一个岛屿，在那不勒斯湾的入口。它被称为"绿宝石岛"，是一个旅游中心和疗养胜地，以其含矿质的温泉而闻名。——译者注
[②] *Peer Gynt*. Et dramatisk Digt. Af Henrik Ibsen. Kjöbenhavn，1867.

易卜生从未写过像在《培尔·金特》的某些段落中那样铿锵有力的东西。我在为1872年7月20日的《观众》撰写的稿件中，对此剧进行了详细的分析，因此，我不需要再次详细地描述它，而将只对其情节给出粗略的勾勒。起初，培尔·金特在对他母亲的一次粗浅的玩笑中出现在我们面前。他是一个粗鲁莽撞的小伙子，天性粗暴，桀骜不驯，无法无天。我们发现他参加了一场婚礼，在与新娘跳舞之后，他拐走了她，并和她一起奔向山边。然后，他离开了她，并让她从此背负可耻的名誉。由于这件不名誉的事情，他被排斥在法律之外，居住在多佛高原的洞穴里，被诡异的灵魂萦绕着，受到稀奇古怪的感官刺激和强烈幻觉的困扰。此剧的这一部分的气氛可怕而野蛮。这个大小伙子的可怕梦想以具体而阴暗的实体展示出来。他在山间成长成人，被介绍给山妖特罗力大王，他强迫他娶他的女儿并成为他们当中的一员，安顿下来。在特罗力的形象塑造中，要求商业独立与垄断国内产品的挪威政党受到了极为尖锐的讽刺。最后，培尔·金特滑向海边，上船往美洲驶去。如此种种的这些事件占据了前三幕，它们本身几乎形成了一首完整的诗。这几幕几乎没有包含什么讽刺，而仅仅呈现了一幅幽默生动的有关挪威风俗与性格的图景。对于一位不太了解挪威并乐意了解挪威的外国人而言，关于培尔·金特的这几幕是一场可口美味的饕餮盛宴。通过这几幕，作者将培尔·金特与诚实快乐的农民们面对面地放在一起，而这一切的背景是由高山、森林与瀑布共同构成的宏阔风景。

在第四幕中，整个剧的动机、时间、地点与风格完全发生了转变。我们被带到二十年后的摩洛哥海岸，在那里，培尔·金特这位非常优雅的中年绅士在海边与一些朋友们共度欢愉的时光。他已经在美洲积累了许多财富。他做过"长袜子和《圣经》，朗姆酒和大米"的生意，还把黑奴从非洲运到卡罗来纳，然后再把偶像运到中国。简言之，他是个成功的骗子，毫无道德，并且极端自私自利。在他睡着的时候，他的朋友们驾着他的游艇跑了，他们一溜烟就消失了。他被独自留在非洲海滨，身无分文。他穿越大沙漠，遭遇无尽的冒险，每次冒险都是讽刺链条中一颗闪光的珠宝。这里有一篇措辞微妙的文章，讽刺愚蠢的人们将每一个自夸者尊为未来的人，他们崇拜他们自己建造的偶像。骗子培尔这个擅长幻想的人出现在阿拉伯的营地里，他被尊为神圣的穆罕默德的真身现身。女孩子们组成的歌队尊崇他，她们由安妮特拉这位典型的追随英雄的女性率领着：

易卜生传

  众女 先知来到了。先知,世界各地的主宰,骑马跨过沙漠,来到我们这里。先知,无所不知的主宰,骑马越过沙漠,来到我们这里。把笛子吹起来,把鼓打起来吧。先知,先知已经来到了。

  安妮特拉 他骑的马,白得像天堂里流着的牛奶河。屈下膝盖,低下头,深深地鞠躬!他那可爱的眼睛像垂辉的星斗。世上没人敢正视那双眼睛射出的灿烂光芒。他从沙漠上来,胸前净是金饰和珠宝。他骑马到哪里,哪里就有光。在他身后是黑夜,是干旱,是热风。他的大驾光临了,穿着凡人的衣裳,从沙漠上走了过来。礼拜寺空空荡荡了。无所不知的他,启齿了。

  众女 把笛子吹起来,把鼓打起来吧。先知,先知已经来到了。[①]

  另一片段介绍了那些不明智的人中的一个,他尽力阻挠在挪威使用古典丹麦语,代之以一种从民间口语采集而来的野蛮语言——一种粗糙刺耳、不成形、不自然的行话。这些作家中的一人在埃及遇到了培尔,他正在往西行,追寻其理论的庇护所。因此,他试图赢得培尔的同情心:

  那么,请听着。在东方,就像花环上的花冠,是马拉巴的海岸。葡萄牙人和荷兰人在那里撒下文明的种子。土著的马拉巴各部落就挨着他们住,他们的语言搞得十分混乱,可是这些人是当地的主宰。古时候,猩猩曾统治过森林,它是绝对的主子。它按照大自然的原意,随意吵架,说着不清不楚的话,任意咧嘴笑或连连打哈欠,有完全的自由去咆哮。它在自己家中是国王。但是——外国人来侵略了。森林里的语言失去了它原始的纯洁性。四百年的漫漫长夜黑压压地笼罩着猿人这个种族。像那样的夜晚必然要毁灭一切进步。来自古老的原始森林的噪音再也听不见了。没有人咆哮,如果我们要表达自己的思想就得借助于语言。何等的拘束!葡萄牙人和荷兰人,马拉巴人和欧亚混血儿都必须这样。我曾为了我们自己真正的森林语言而试图斗争过,想叫它借尸还魂,让人民保持说话不清楚的权利。我自己就这么说,并且证明在民歌中有必要这么做。然而我的斗争是徒劳的。现在你明白我为什么这么

[①] 此处译文引自萧乾先生 1975 年的译本《培尔·金特》第四幕第六场,135~161 行。特此致谢!——译者注

痛心了吧。谢谢你倾听我的诉说。倘若你有什么建议，我很愿意领教。①

据说，这些台词在制止这场运动方面远远超过学识渊博的教授们的谴责和语言学家们的愤慨，它具有更大的影响力。

在第四幕与第五幕之间，又过去了二十年。培尔在加利福尼亚又发了大财，最后回到挪威享受这笔财富。第五幕一开场就将我们带到挪威海岸的一片危险的水路中，一场风暴最终毁坏了船只。除了培尔以外其他的水手全都失踪了，培尔发现自己重新回归到他自己的祖国，尽管身无分文，也没有朋友做伴。深爱培尔并忠贞不渝的女性形象索尔薇格在她的茅屋旁等候并迎接他，他在她梦一样的歌声与温柔的臂弯中死去。

《爱的喜剧》《布朗德》与《培尔·金特》尽管情节各有不同，但它们共同组成伟大的讽刺三联剧——也许是由于在表达上历久弥新的活力，也许是因为在剧作完成方面的富足，也许是由于书写对话的出色才华，它们是现代时期最为伟大的作品。如今，它们形成了易卜生最主要也最重要的不朽之作，它们对北欧思想的影响是无穷无尽的，这些作品迟早会为它们的作者赢得欧洲的尊崇。我初次拿到《布朗德》的时候，正值一个白色情人节，那是在特隆赫姆的一个沉闷的夏日。我相信，会有一天，某个能干的翻译家会将这些剧本以英文形式呈现在我的同胞面前。

---

① 此处译文引自萧乾先生 1975 年的译本《培尔·金特》第四幕第十三场，291～300 行。特此致谢！——译者注

挪威诗剧《培尔·金特》[1]

埃德蒙·葛斯

这么说丝毫不为过：在这部剧本的绿色封套里，挪威语获得了前所未有的完整与精彩的表达。它出自亨利克·易卜生之手，这位诗人正迅速地享誉欧洲，不过，其母语（因斯堪的纳维亚语言在全球的使用范围较小）拘囿了他作品的传播。他发表于1866年的《布朗德》在斯堪的纳维亚产生了极大的轰动，为这部后来创作的戏剧[2]扫清了道路，《培尔·金特》后来居上。如果说它不及《布朗德》在精神上那么恬静的话，那么至少其激情似火，在活力方面超越了《布朗德》。

《培尔·金特》的剧名取自其主人公的名字，它来源于一个古老的传说，这个传说留存于阿思比昂森收集与编纂的集子里。培尔·金特是一个懒惰闲散的家伙，他的目标就是按照自己的意志过活，而他的主要特点则是能说会道，能熟练地掌握讲故事的诀窍，并且总有着一股子说谎话的热情。易卜生在这个传说中的流浪者身上发展出了一种微妙而充满活力的神奇性格，并以寓言性的讽刺作为帷幔挂在他周围。《培尔·金特》是一首关于当今挪威的讽刺诗，它如同在坚果壳中一样集中而概括地讽刺这个国家中一切乏味、感伤或躁动不安的事物。在闪闪发光的诗句中，它鞭挞了世俗社会中各党派的奢侈铺张行为。《培尔·金特》是它之前一

---

[1] 本文原载于 *Spectator*，20 July，1872，xlv, pp. 922 – 923。葛斯在一篇长文《1814年以来的挪威诗歌》（载 *Fraser's Magazine*，October，1872，n. s. vi，xxxiv, pp. 435 – 450）中用两页半的篇幅探讨了易卜生，他写道："（易卜生）的名字高耸于新兴诗人们的名字之上，他是一颗尚处于上升期的璀璨明星。"——译者注

[2] 指《培尔·金特》。——译者注

部戏剧《布朗德》的反面，因为诗剧《布朗德》通过高举白璧无瑕的高尚理想旗帜而尽力争取唤醒这个国族的诚挚之心，而《培尔·金特》则将野心勃勃的主人公自私、吝啬与狡猾的性格理想化。从形式上而言，这首诗（指《培尔·金特》）受惠于《浮士德》，但其风格是完全原创的，并且诗艺熟练精湛：它以多种抒情诗的方式、以简短韵文写作而成。以上作为一个开场的序言，让我们继续一幕幕审视之。

第一幕开场轻松愉快，堪与《炼金术士》的著名开场场景相媲美。培尔·金特，一个强壮而懒惰的青年农民，正与他的母亲吵得不可开交，他的母亲奥丝，是一位易受骗、急躁不安、温柔亲切、身材矮小的女性，她的性格在整部作品中勾画得很清晰。培尔·金特的天性，必须受到宏大的野心或者违背习俗的快乐刺激，才能从怠惰中激发出来。在第一个场景中，直到他的母亲以愤怒的语辞告诉他，他的一位昔日情人英格丽德打算结婚了，他才消除了自己的怠惰情绪。不管怎样，他决心制止这场婚礼，于是他带着这个目标向新娘家冲去。他将愤怒的母亲以逗趣的恶作剧方式，举到磨坊的屋顶上。作为一名不速之客，他闯了进去，穿梭在正在进行的宴会与舞蹈之中，并设法最终抓走了英格丽德，带着她飞跑到山脚下。索尔薇格这个吉卡赛女孩看到了培尔并与他坠入爱河。① 至此，第一幕结束了。如果说易卜生在剧中描绘风景，那么这是对他的判断与品位的一大误解。然而，这的确是他最大的权力之一，也是其天才的显著标志，通过极细微的、难以察觉的笔触，他使读者看到了他的对话环境，并聚集了一种独特而可爱的印象。在这一幕中，这一点体现得十分显著。狭窄的碧绿山谷、云雾缭绕的山脉，从未被清楚地提到过，然而，人们完全能充分感知它们的存在。同样，在这一幕，对话内蕴的单纯质朴的幽默感没有得到诠释或以寓言性写作展开。

第二幕则不是这样。培尔因其对待英格丽德的始乱终弃而遭到世人驱逐，因此，他居住在山间洞穴里，又由于他失足误入超自然之境，又同特罗力山妖和幻影女们交往，灾祸便诡异地伴随着他。这一幕最精彩的场景是一次尖刻的讽刺。他闯入山妖大王的洞穴，山妖大王是一个反对任何外来或现代事物的老者。他受到了盛情款待，不过，他得答应山妖开出的条件，完全遵从山妖的法则。在挪威，

---

① 葛斯文中所引剧情与《培尔·金特》的最终定稿稍有出入。——译者注

有一个黑暗的党派一党专政——孤立是他们的信条，一篇家中炮制的文章可称之为好文。① 他们是特罗利山妖！这些人带给培尔一些蜜酒。啊！它其实酸臭扑鼻。可没关系，它是在山妖的大山里酿制而成的！一切必定是过时的、自制的、国家的。起先，培尔·金特被他们的口若悬河与巧舌如簧吸引住了，但很快，他精明地发现了这一切是多么不自然和勉强，在纯粹的利己主义之中，他做了其他人出于爱国主义做的事——他离开了特罗力山妖，走向更宽广、自由的世界。然而，在摆脱他们之前，他在黑暗中与声音忧沉的灵魂博格决一死战，我们可以将博格（Böjgen）的名字追溯到我们古老童话中的敌人（Bogey）。

在下一幕（第三幕），培尔孤身一人独自居住在森林里，饱受精神与身体苦痛的折磨。在这种日日夜夜极度沮丧的情况下，我们几乎会在同情之时忘记他的自私狡猾，甚至如同卡利班（Caliban）② 的悲痛一样，他会使我们的内心变得柔软。在如此情境之下，索尔薇格这位勇敢的吉卜赛女孩同他私奔到森林里，为了他抛下了一切。然而，她的爱并没有为他带来幸福，他倍受精神折磨，并逃离了她。可怜年迈的奥丝妈妈已然成为一位贫困潦倒者，和多数挪威贫民一样，她依靠农民的收入过活。培尔在夜深人静、万籁俱寂之时来看她，这次相聚组成了这部奇异剧本中最有力量的段落之一。年迈的奥丝妈妈独自躺在床上。在她的脚边，她那只老黑猫蜷伏着、躺着，未燃尽的火在炉床低处燃烧。当她呼喊她儿子的时候，大门打开了，他来到她身边，痛苦万分，惊恐而压抑。他们在一起再次玩起了儿时的游戏，那是奥丝妈妈多年以前教给培尔的游戏，然而，奇怪的声音在她耳畔响起，诡异的光芒在她眼中闪烁。炉火熄灭，老猫也偷偷溜走。在寂静之中，唯余培尔一人与他母亲的遗体待在一起。在依依不舍地吻别了敬爱母亲的遗体之后，培尔远航去了大洋彼岸。所有这一切仅以短短几行台词发展出来，隔行押韵，韵律野性而可怕。这个死亡场景充满感伤情调，闪烁着培尔身上人性之中的善良之光。从此，他只在乎以他自己的方式过他自己的生活。

第四幕带领我们进入二十年以后，展现了拥有财富的中年绅士培尔——他已经放弃了在美洲运送人偶到中国和贩卖黑奴到古巴的生意，正在同几个朋友共同享受摩洛哥海岸的时光。然而，这些朋友乘坐他的游艇驶离了这里，卷走了他的

---

① 此处为葛斯插入的评论性文字，解释了山妖与黑暗党派之间的隐喻性关系。——译者注
② 莎士比亚名剧《暴风雨》中的人物，指受了酷刑的卡利班。——译者注

所有财产。他再次陷入了孤立无援和身无分文的状态。他从东部出发，自称为撒哈拉沙漠绿洲的先知，被一群疯狂的女孩簇拥着，她们用华丽的抒情诗赞颂他。然后，他经历了各种奇异的冒险，其对话对政治与社会事件进行了最具才华的讽刺。最后，我们发现培尔在埃及同门农巨像的雕塑对话，并遇到了最非凡的显要人士。每件事的发生都以一篇单独的讽刺文讲述出来。我们将描述其中一篇，以此给出诗人诗学方式的基本想法。在开罗，他被介绍给一个来自马拉巴的忧郁影子。在马拉巴，诸事不顺。在远古的四百年前，只有猩猩居住在树林里，它们的全部语言便是尖叫与哀鸣。然而，荷兰人来了，他们定居下来。如今，马拉巴堕落的人们，使用人类的语言，而遗忘了猿猴。可是，这个马拉巴的影子和他的朋友们为了恢复尖叫与哀鸣而组成了一个联盟。他们证明了人们拥有尖叫的权利，他们高声尖叫，以指出尖叫在民歌创造中的使用。可是天哪！人们不会接受他们的。这一切毫无意义。对于有口才的这派人而言，这是一种严厉但肯定有些好处的攻击，他们力争通过以沃森所著的挪威语《方言语法》（*Peasant Grammar*）为基础建立一种新-旧讲话方式而将挪威语从丹麦语当中划分出来。这些人——克里斯托弗·詹森先生（Mr. Kristoffer Janson）是他们当中最有才华者——以粗俗丑陋的方言写作诗歌与编辑报刊文章，足够受到易卜生对猩猩的残酷奚落。培尔·金特提出，这些影子应该到西方去，这对于民间诗人们而言，也许暗示着在明尼苏达的牧场里尝试一个新的领域。

在第五幕，两个尤为精彩的场景十分突出。在第一个场景里，培尔在加州艰苦工作了二十多年以后，带着一大笔财富回到挪威。山峰被它们上面可怕的暴风雨云层包围着，随着一场暴风雨席卷而来，船只向岩石撞去，除了培尔以外，无人生还。对风暴的感觉得到极度渲染。在另一个场景中，一位乡村牧师在为一位老者的葬礼布道，这位老者生前一直反对培尔，他老老实实地生活在狭小的空间里，并没有怀抱什么宏愿。这一幕的后面部分寓言性太强，为了纯粹美而过于抽象。此剧落幕之时，培尔通过索尔薇格的爱与信念得到了最后的救赎，在第四幕中索尔薇格短暂地出现向我们交代出她已耐心地等待培尔多年。在她看来，他不过是受到了嘲弄他良善想法与渴盼的魔鬼的驱使。

培尔·金特是怯懦的自我中心主义的化身，他只为自己而活，并且嘲笑一切高贵的情感——这种恶行也许被认为是我们这个时代的特殊产物。对于这种自私而言，这部诗剧是一次有力的反抗，尽管作者显然过于悲观，但毫无疑问的是，它将对他的祖国过于敏感的青年产生一种净化性的影响。挪威是否比英格兰更应遭到谴责是存在疑问的。我们会抗议一件事，那便是，一些斯堪的纳维亚批评家轻率地将易卜生仅仅评判为一个"消极的"讽刺家。一个像《培尔·金特》与《布朗德》的作者这样蔑视恶行并推崇美善德行的人，无论怎样也不可能消极。

我们已经说了足够多的话以表明这是一部伟大而有力的作品。说《培尔·金特》第三幕的作者令人无法忍受是草率的，但他的力量与雄辩才华似乎对他而言很危险。这部剧本实为仓促之作，并且总体感觉不太协调，也不太连贯。描写非洲的一幕是这种混合出色才华与不成熟元素的例证，人们阅读时的感受在高兴与震惊之间交替。人们希望易卜生将来不再被吕埃安神（the Lyaean god）那危险的可爱甜美引向歧途，以至于忽视了对他的作品加以适当的阐释与润色，因为显然，一个有争议的作家自己越少面对批评，他的非难与苛评对他的读者们而言就越有分量。

易卜生如何成为现代戏剧之父[①]

琼·泰姆普丽敦

如诸位所知,亨利克·易卜生的馈赠,简言之,就是戏剧。现代戏剧之父易卜生的戏剧,所写既非莎士比亚与席勒笔下的王公贵族,亦非莫里哀笔下的市民阶层,而主要是中产阶级,即是关于"我们"的。易卜生戏剧的伟大创新在于它们是关乎广大观众的。他笔下的人物说着同样的语言,住在同样的房间里,面对同样的问题,或者说,这些问题经常是易卜生想让他们面对的。

尽管我们认为具有吸引力的戏剧理所当然应该反映时代潮流,但这一观念的勃兴几乎是由易卜生独自一人完成的。在此,我想追溯的是,究竟是什么促使易卜生着手从事西方文化流传至今最古老的文学形式戏剧,并将其转变为一个论坛,而易卜生在从事这项戏剧的精神事业之时,又是如何成为易卜生的。

易卜生的激进个性源于他的早期生活,我们从他出生于特权家庭却迅速陷于贫困的早年经历可略见一斑。他的母亲玛希契肯·阿尔腾堡是希恩当地的一名乡绅,她为她的商人丈夫克努德·易卜生带来了财富。当亨利克·易卜生七岁时,他父亲的投机买卖损失惨重,这个家庭的财产,包括他们的房子阿尔腾堡庄园都被拍卖了。易卜生一家人搬进了一间窄小而简陋的农舍,在那里亨利克同他的(三个)弟弟妹妹们过着类似狄更斯笔下描述的贫民生活。他们下雪天要步行好几里路去上学,还要眼睁睁地看着自己的母亲忍受父亲的虐待,他们的父亲为了逃避他的耻辱而酗酒,易卜生对女性的同情显然始于其家境。

[①] 本文原载于 *Scandinavian Review*,Autumn,2006,94.2. pp. 30-41。译文获原作者授权。

亨利克敏学好思，聪颖志远，梦想到首都克里斯蒂安尼亚的皇家弗雷德里克大学读书。无奈家境困窘，他们往往没有食物，只能靠土豆来填肚子。在亨利克十四岁的时候，克努德·易卜生决定让他自谋生路。他把他的儿子送到距离海岸一百多里的格里姆斯塔镇的一家药铺当学徒。亨利克带着整整一大箱子书到了那里，却连一件冬季的外套都没有。他每天工作十五个小时，依然点着蜡烛读书写作直到深夜。他阅读伏尔泰的书，很可能也读了克尔凯郭尔与莎士比亚的作品。他的首部戏剧《凯蒂琳》同情地描绘了一位著名的罗马反叛者，而这部剧开头的两个词"我必须"现在看来似乎预言了这位创造者的整个事业。

当易卜生的六年学徒期结束时，他径直去了首都，试图升入大学。他尽力想让《凯蒂琳》上演，但没有成功。而后他写了第二部剧，这次他向当时的审美趣味妥协了。挪威当时正在重新挖掘其经由丹麦统治四百年而被掩埋的本土的古代历史，"民族浪漫主义"成为当时盛行的艺术思潮。易卜生的维京剧《武士冢》尽管并不深奥，但出于对"民族性"的渴求而演出了。这引起了欧雷·布尔的注意。

作为挪威文化生活中的一位重要人物，布尔正在挪威的第二大城市卑尔根筹建一家民族剧场。他为易卜生提供了一份剧场的"戏剧作者"与舞台经理的工作。易卜生那时没能通过大学入学考试——他试图用填鸭式的方法学习拉丁语和希腊语——于是他急切地接受了这个摆在面前的机会。

写作剧本是易卜生新工作的部分内容，他尽心尽力地努力完成以挪威民间故事为基础的作品。他在卑尔根写作的一部不错的剧本——历史悲剧《厄斯特罗特的英格夫人》因过于严肃而不大成功。而大多数时候，易卜生让剧场上演别人的剧本，这意味着给公众他们想要的：翻译受欢迎的法国笑剧与乏味的丹麦"轻歌舞剧"。作为一名不成功的作家与陷于困境的剧场经理，易卜生日益低落。

不过，在卑尔根发生了一件幸事，易卜生遇见了苏珊娜·托雷森，她是一位勇敢而极富才华的女人，在她身上，易卜生找到了精神支柱，她成为他的灵魂伴侣。在他们婚后的艰难岁月里，当易卜生苦恼于责骂与拒斥之时，苏珊娜让他回到他的书桌那儿去，她常常反问他："你在乎什么呢？那些心胸狭窄的记者吗？"易卜生后来回忆说，没有他的妻子，他永远也不会成功，他们的儿子西古尔德也这么认为。我们无从知晓这一论断是否属实，但毫无疑问，苏珊娜·托雷森·易卜生是文学史中最重要的"沉静的女性伙伴"之一。而这很大程度上是因为她在任何事情上都拒绝沉默。

当易卜生接到克里斯蒂安尼亚的新挪威剧场的导演工作时,破晓似乎将要来临。他欣然前往,回到首都,他认为在那里他更能得到公众的理解。然而事与愿违,他再次被迫上演糟糕的剧本。至于他自己的事业,他尝试了好几种办法。他写了第二部维京剧《觊觎王位的人》,这部关于挪威统一的历史悲剧杰作小有所成,它如今已成为这个国家的非官方国剧。他还写了他的第一部揭发名人丑闻的剧作,《爱的喜剧》这部剧引起了他事业中的第一次公愤。这部剧攻击了日常生活中安排的婚姻并尖锐地提出"婚姻毁灭爱情"这个引起争议的观点。评论家们抨击它,指责该剧离经叛道,对上帝不敬,并且当这家挪威剧场破产时,易卜生也因此而受到责难,他被开除了。此时,他也不知如何是好,陷于精神沮丧的状态之中。

随后,易卜生时来运转了。此前易卜生多次申请挪威的民族艺术家与作家资助金,但一直没能成功。如今,转运的他获得了到意大利的旅游奖金。这笔数额不高的津贴使他短期内免于经济拮据,并且,更重要的是,它使他走出挪威,获得自由。

易卜生在离乡旅途中的经历释放了他自己,这使他成为一名流放者,使他身处边缘地带而思索,使他放弃所有功成名就的想法。简言之,使他在这世上成为他自己。一年半以后,易卜生在罗马的一封信中总结了旅居国外对他而言意味着什么:"至关重要的是,我离乡的距离之远,足以让我看清我们所谓的公共生活的刻薄与深刻的虚伪……每个人都严守规定,步调一致。而在这里①我向你保证,这是不一样的。"最终,易卜生离开挪威二十七年,在此期间相继写出了一批杰出的剧作:《布朗德》《培尔·金特》《青年同盟》《皇帝与加利利人》《社会支柱》《玩偶之家》《群鬼》《人民公敌》《野鸭》《罗斯莫庄》《海上夫人》以及《海达·高布乐》。

《布朗德》是易卜生流放时期的第一个成果,这部剧的灵感来源是,易卜生认为,挪威和瑞典因为过于懦弱而在丹麦受到扩张者普鲁士的攻击时拒绝保护和防御丹麦。易卜生在南行的路途中看到了普鲁士占领区的丹麦民众向丹麦的大炮吐

---

① 指国外。——译者注

唾沫，这使他很难受。然而，《布朗德》远远不止掴了挪威一耳光，这部剧鞭挞了妥协退让的大多数。易卜生写作《布朗德》时的精神之最佳解释是他提到的予他灵感的"宠物"——一只他捕捉到并置入啤酒瓶的蝎子。他在一封信中写道："这小家伙不时会生病。那时我会给它一片柔软的水果。它会恼怒地攻击这片水果，然后将它的毒液全部注入进去，而后它的病就好了。我们诗人身上不也会发生同类的事情吗？"

易卜生在一封给比昂松的信中写到他正在经历的痛苦与感受。他坦言，他旅居国外的主要结果"就是我已经从脑子里清除了以前对我有很大影响的唯美主义艺术观——它要求艺术从生活中隔离出来，独立地存在。……会写作难道不是一种难以言表的伟大天赋吗？但这天赋也带有很大的责任"。

在《布朗德》之后，易卜生写作了《培尔·金特》。这部不知应划分到哪一类的"混血剧"——喜剧的、悲剧的、历史剧的、讽刺剧的（甚至田园式的——所有波洛涅斯①说过的种类）——使大多数挪威评论家感到迷惑。斯堪的纳维亚文学批评界地位最高的人克莱门·彼得森宣称："这②并不是一首真正意义上的诗。"这伤害了易卜生，他感到愤怒，但并未灰心丧气。他致信比昂松说："我的这部戏是诗。如果它现在不是，那么它将来一定是。"

不论《布朗德》与《培尔·金特》对妥协退让与虚伪的抨击多么激进，它们都是精巧讲究的长诗。它们也是19世纪"书斋剧"的典范，这意味着它们只能在"书斋"（卧室）中阅读，而不会在舞台上演出。于是，继《培尔·金特》之后，易卜生开始构思写作一部全然不同的戏，这部喜剧名为《青年同盟》。

易卜生用散文体写作这部新戏，更重要的是，这种散文体努力模仿对话。这部剧发生在"现在"，在挪威的乡镇上，它的人物是中产阶级的公民，他们中的一些是以易卜生认识的人为原型的。这部剧对小镇政治的尖锐讽刺引发了挪威的公愤，它首演时爆发了群殴事件。易卜生写信给一个朋友说，他写了"一出现实主义的戏剧，一个独白都没有"，并且他请求他"务必在有空的时候帮我读读这个作品，让我听听你的裁决"。

---

① 《哈姆雷特》中波洛涅斯说过一段关于艺术的各种复杂形式的话，这段话如今已成为用来形容或描述文艺作品混杂种类的典故。——译者注

② 指《培尔·金特》。——译者注

这位朋友便是乔治·勃兰兑斯。易卜生所说的"一出现实主义的戏剧，一个独白都没有"指的是勃兰兑斯在他的《美学研究》一书中所呼吁的写法。勃兰兑斯受到了德法现实主义小说的影响，他提出，一切文学都应该反映当代社会，包括其语言。作为一位即将发出那个世纪伟大的文化之声的文学评论家，勃兰兑斯尚显"童言无忌"，但他作为叔本华、达尔文和约翰·斯图尔特·密尔的门徒，具有胆量与魄力，敢于挑战整个丹麦的文化设施。哲学家、教士和院士对于实证主义与进化论带来的挑战之反应是进行申辩，他们说《创世记》是一种真理，而《物种起源》是另一种真理。

勃兰兑斯无法忍受这些在他看来是无稽之谈的东西，他在论文与报纸上抨击这些说法，这使他遭到诽谤。更糟糕的是，勃兰兑斯是犹太人。他否认丹麦古代的基督教-欧洲文化本身就是一个骇人听闻的事件。他总是说："这些基督教徒是多么憎恶我啊！"

易卜生立即站到勃兰兑斯的阵营这边，他写信给他说："尽管我本人对你不甚了解，但你却跟推动我灵魂的东西、我的灵魂赖以生存的东西以及构成诗歌的东西紧密相连。"当易卜生1871年在德累斯顿初次见到勃兰兑斯时，他用力地紧紧拥抱勃兰兑斯，以至于让他几乎无法呼吸了。当他们分别时，易卜生说："您唤起了丹麦人，我将唤起挪威人。"易卜生受到勃兰兑斯在哥本哈根大学的系列讲座的极大影响，这些讲座的内容后来编入那部伟大的著作《19世纪文学主流》。在这部著作中，勃兰兑斯倡导进行一场由论争文学引领的文化革命。易卜生写信给他说，他的革命带来一场"世纪之交的道德斗争"，并补充说："任何改变都比现状要好。"

勃兰兑斯坚持认为文学应该参与时代的战斗，这坚定了易卜生自己一直在仔细考虑的立场。在勃兰兑斯的运动初始，易卜生就写信告诉他自己与日俱增的信念："拉斐尔的艺术从未真正地感动过我。他笔下的人物属于人类堕落以前的时期。而且，古罗马的美学原则也与我们的大相径庭：古人想要的是绝对的形式之美，可对我们而言，丑陋可能由于其内在之真而成为美好的。"在这一极具争议性的悖论中，真不仅战胜了美，而且最终可以定义美。易卜生敢于将美学价值与真等同起来。

对真理、真相的探寻成为易卜生的所谓"十二部主要散文剧"的内核。它们当中的第一部剧《社会支柱》揭露了巨商富贾与政府的勾结，他们统治着一个体面而厌恶女性的宗教社会，而这个社会在一群心胸狭窄、腐败无能的政客的领导之下。这部剧精巧机智，也颇具煽动性。易卜生的代言人是以一位臭名昭著的挪威女性主义者奥丝达·汉斯廷为原型的女性。剧末，她对那些所谓的"社会支柱们"说了落幕前的最后一行台词："真理的精神和自由的精神才是社会支柱。"

尽管《社会支柱》与当代社会的关联性是巨大的，但它对于今天的审美品位而言还是太长了，因此也很少被重演。相比之下，易卜生主要的散文剧中的第二部剧《玩偶之家》虽然比易卜生此前所写的任何一部剧都要单薄，但它一直是易卜生所有剧作中最为著名、上演次数也最多的一部剧。《玩偶之家》的著名真理由其主人公娜拉·海尔茂在剧中揭示出来，即她作为一位女性，与她的丈夫一样是一个人，这使这部剧成为空前的争论焦点，它在伊朗与孟加拉这样的地方仍然继续震惊着观众，极具争议性。

然而，《玩偶之家》之所以伟大，并不在于它揭示了女性的独立人格这一真理，毕竟，我们在更早的文献中可以找到这一真理，比如，玛丽·沃斯通克拉夫特[①]的论文《女权辩护》，而且，这一真理在现今的西方世界也得到了普遍承认。《玩偶之家》的伟大之处在于主人公在揭示真理过程中的心理与情感历程，以及我们观众对这一历程的相应体验。这种观演关系有时被称为"移情"，或者稍逊一筹，称之为"认同"。在此我认为没有比麦克尔·高德曼在他所著的《论戏剧》一书中所说的话更为贴切的了："演员扮演一种身份，将其呈现在我们眼前，让它持续下去，迫使我们将注意力转向它，保持其连贯性……因此，在剧场中，我们总是热切地关注一种身份的形成与投射的实践。我们参与到这种实践中并为之心醉神迷，我们感受到它的创造力、吸引力，并为之振奋。"当我们参与到娜拉由一个玩偶到一个人的转变之历程时，发生了两件事：易卜生作为高明的心理学家创造了一个感人肺腑的女性——我们对她的困境感同身受，其"创造力、吸引力"使我们"为之振奋"——易卜生作为高明的德育家，让娜拉为使她成为她自己的东西负责。易卜生没有区分娜拉必须做的（"我要离开你……我必须完全独立"）与娜拉应该做的（"我有其他同样神圣的职责……对我自己的责任"），因为这两者是

---

① 英国作家，玛丽·雪莱的母亲，早期女性主义者，倡导女性与男性拥有平等的受教育的权利。——译者注

相同的。娜拉的出走既是情感上与心理上必须发生的，也是道德上应该发生的。

娜拉了解到的正是易卜生感兴趣的真理，用他在《培尔·金特》中的话来讲，就是"成为自己"。正如易卜生在给一位朋友的信中所写，这不是"一个关于做这种行动或那种行动的问题，而是决定一个人必须做的事情，因为他（或她）是他（或她）自己。其他的一切只会导致谎言"。易卜生剧中代表这种道德诉求的人得到了易卜生的强烈拥护，他们也赢得了我们的拥护。娜拉是易卜生最喜欢的人物，他爱她，因为她所做的事情是如此艰难。她将去向何方？她将何以生存？当《玩偶之家》使易卜生成为罗马的斯堪的纳维亚俱乐部的一位名人时，其中一位为了另一个男人而离开她的丈夫和孩子的成员对易卜生说："我做了与娜拉一样的事情。"易卜生安静地回答道："我的娜拉是独自出走的。"

对《玩偶之家》的批评如潮，这使易卜生对娜拉离开其丈夫和孩子出走感到愧悔交加。为了回应这些批评，易卜生写了《群鬼》。他写信给一位支持者说："在娜拉走后，阿尔文太太必须到来。"易卜生不可避免地将阿尔文太太塑造成一个反娜拉式的人物，一个尽职尽责的女儿与妻子，为了她的家庭而将自己"卖"给了一个她并不爱的男人。然而，易卜生给了她第二次机会。她鼓起勇气想离开她那非常可敬而堕落的丈夫，但她所爱也爱她的软弱的男人却指责她行为放肆并以"妻子的职责"教训她，命令她回家。易卜生使她的选择与娜拉一样"不可能"。她可以去向何方？她将何以生存？但这仅仅只是一个选择，而她没能完成它。海伦听从了曼德牧师的教导，履行了她作为妻子的职责，并怀上了身染梅毒的儿子。曼德牧师就是该剧题目与阿尔文太太演说中"群鬼"的化身，这段阿尔文太太的著名演说也许是易卜生放弃了诗体却未放弃诗的最佳证明：

> 不但我们从父母身上继承的东西在我们身上再出现，并且各种各样陈腐的思想与信仰也在我们心中作怪。它们似乎来自死者，然而不知怎么我们无法摆脱它们。只要我一拿起报纸，就仿佛看到群鬼在字里行间爬行。整个国家一定处处都是鬼，如同水中沙粒那么多。而我们所有人都害怕光明。

《群鬼》作为19世纪最具争议的文学作品之一，比之前的任何一部戏剧所引起的恶毒攻击都更多。那不宜提及的梅毒话题与仁慈的杀戮、对作为家中道德权威的父亲的攻击（阿尔文先生经常光顾青楼，并在那里染上了梅毒）以及阿尔文太太那令人同情的形象，她严厉指责自己遵循愚昧的教会要求——这一切使易卜生更加恼怒。他在流言蜚语中健壮成长，他写信给他的出版商说："我的作品属于未来。在将来的文学史上，所有那些攻击此剧的老顽固们将得到令其身败名裂的审判。"确实，如今《群鬼》被视为一部"经典之作"，第一部现代着装的伟大悲剧。

由于对《群鬼》的恶毒批评刺激了易卜生，他只花了短短九个月就完成了反驳之作《人民公敌》。主人公斯多克芒医生是革命者的化身。他也极为幼稚。这位医生的妻子卡特琳娜·斯多克芒试图让她这位轻信他人的伴侣明白，"坚实的大多数"是一种荒唐的不利因素，而非有利因素，他必须艰难地理解她是多么正确。然而，她的努力是徒劳的，当他揭穿浴场真相——浴场的主要水源被污染了的时候，整座小镇的人都否认他，尽管事实确是如此。他被开除并被公开谴责为人民公敌，他们家的房子也被一群暴民扔石头。斯多克芒医生由此明白了我称为易卜生主义的"铁律"：反对平等与民主的"真理永远掌握在少数人手中"。1883年①，在《人民公敌》发表一年以后，易卜生致信勃兰兑斯：

> 十年后多数派也许会站在斯多克芒医生目前所坚持的立场上，但在那十年里他不会原地不动，而是会比多数派又至少领先十年，就我自己而言，在我每写一本书所站过的地方，现已聚集了大批的人群，但我自己早已不在那儿了。我在别的地方，遥遥领先，至少我希望如此。

接下来的这年，易卜生十一年以来首次旅行回到挪威。时值自由派与保守派之间的文化之争的高峰期，也是克里斯蒂安尼亚博叶姆艺术团体②时兴的时候。挪威历史上的第一个自由党政府在约翰·斯维德茹普的领导下掌权了。易卜生拜访了议会，他听说有一场关于是否授予自由思想者亚历山大·谢兰奖金的争论，这

---

① 这里的年份原文为1884年，经查阅《易卜生书信演讲集》原文可知，这封信写于1883年6月12日，当易卜生在罗马的时候，并且《人民公敌》于1882年发表，故此处有误，应更正为1883年。——译者注

② 博叶姆艺术团体，主张自由解放的艺术创作与思想。——译者注

次争论后来转变为一场关于自由思想本身是否应该得到宽容的论战。政府屈服于来自保守派的压力，因而拒绝给谢兰颁发奖金。易卜生感到愤怒。他动身到了特隆赫姆，在火车站发表了演讲，并宣誓要与挪威的青年、妇女与工人一道为未来而斗争。他在莫尔德待了两个月，在那里，他回避了一些故交，但被卷入了一场广为人知的斗争。在易卜生回到德国的路途中，他在哥本哈根逗留了一段时间，在那里，他火上浇油地与勃兰兑斯一起出席了一场由激进派学生联盟以他的名义举办的晚宴，他在致谢词中强调："如果我的存在像大家所说的那样具有一定的意义，那么这是因为在我和时代之间存在着一定的亲缘关系。"

而后的这一年，易卜生发表了《罗斯莫庄》，这部剧与他旅行至挪威的经历与见闻相关。他致信勃兰兑斯说："我绝不相信目前操控挪威的力量能够完成任何比现存秩序更激进的改革。甚至连最基本的改革都谈不上。约翰·斯维德茹普的上台就很妨碍挪威的进步——他钳制舆论，剥夺人们的自由。"《罗斯莫庄》描述了一场几近病态的斗争，这场斗争发生在被易卜生称为"在神职者支配下的人们"与他们的敌对者即想要改革却因弱小而无力为之的自由派人士之间。斗志昂扬的克罗尔是易卜生笔下狂热的保守派分子的杰出代表："凡是与我们意见不同的人都是我们的反对者，我们对他们绝不留情。"

易卜生的旅途经历使他下定决心不回国。但苏珊娜想让他们在自己的国家度过余生，直到六年多以后，她才劝服他迈出这一步。1891年，他们的船在码头靠岸了，社会支柱们在此迎接他们，这些人包括克里斯蒂安尼亚的戏剧批评领导者，他曾经系统地批判过易卜生戏剧。在他回国以后所写的四部剧《建筑大师》《小艾友夫》《约翰·加布里埃尔·博克曼》与《复活日》中，他继续震惊着这位年迈的绅士和许多其他人。

易卜生说《复活日》（1899年）是此前所有戏剧的收场白，并评论说，如果他继续写作，"我将带上新的武器、穿上新的甲胄出现"。然而，在新世纪的第一年里，他遭受了几次越来越严重的中风，这使他无力制作新的战斧了。他坚持与病魔搏斗了六年，尝试着重新自学书写字母表中的字母，但是以失败告终。

1906年5月22日，当他躺在病床上濒死之际，护士对聚集在床边的家人说，他似乎好一点了。易卜生睁开他的眼睛，说了他的最后一句话："恰恰相反！"然后，他在第二天下午的安睡中静静地离开了人世。享年78岁。讣告已经在几年前就准备好了。挪威为这位伟大的作家举办了隆重庄严的国葬，国王、议会、军队与牧师都表示了对他的敬意。易卜生如此成功地反对社会的支柱，以至于他的葬礼同他们一样。

我们在继易卜生之后的戏剧中一直可以找到易卜生的影子：在他的英国门徒萧伯纳的慷慨激昂的戏剧中，在德国的贝尔托德·布莱希特的"教育剧"与寓言剧中，在意大利大师路伊吉·皮兰德娄的理念剧中，在法国的存在主义戏剧之中，在美国剧作家尤金·奥尼尔、阿瑟·米勒与田纳西·威廉斯的家庭剧中。我们发现，易卜生的探索精神与托尼·库什纳的戏剧《天使在美国》和奥古斯特·威尔逊的描写非裔美籍人生活的戏剧一样与众不同、独具一格。易卜生的馈赠无处不在，戏剧在何处产生影响，他就在何处。

作者简介：琼·泰姆普丽敦，美国国家人文学者，美国斯堪的纳维亚基金会（两届）会员，富布莱特学者，美国易卜生协会主席。著有《易卜生的女性》（剑桥大学出版社，1997 年）与《蒙克笔下的易卜生：一位画家对一位剧作家的灵视》（华盛顿大学出版社，2008 年）。本文由美国斯堪的纳维亚基金会易卜生百年纪念会上的主题发言整理而成。文中易剧由作者自己译为英文。关于文中所引的易卜生的书信与演讲部分，参见艾维尔特·斯普林肖恩的英译本，中文译文由译者参照汪余礼等译《易卜生书信演讲集》（人民文学出版社，2012 年）译出。本文译文获原作者琼·泰姆普丽敦本人授权。

书信中的易卜生[①]

约翰·尼尔森·劳维克

1880年5月31日,亨利克·易卜生写信给他的出版商弗雷德里克·海格尔,说他计划写一本自传性的小书,里面将简要说明他创作每个剧本的内在和外在条件。[②] 易卜生打算将这本小书的标题拟为《从希恩到罗马》,在其中描述他在希恩、格里姆斯塔、卑尔根、克里斯蒂安尼亚、德累斯顿、慕尼黑与罗马的生活。

由于海格尔多次反对易卜生的这项计划,易卜生最终表示,他自己非常愿意暂时将其搁浅。然而,他并没有完全放弃写作自传这个想法。根据易卜生的朋友迪特里奇森教授在他的回忆录中所记载的信息(参见《往昔》,第一卷,363与364页),1881年春,易卜生在罗马对他的朋友迪特里奇森教授说:"人们认为,随着时光流逝,我已经改变了自己的观点。这是一场极大的误会。事实上,我的思想在发展过程中一直是前后完全一致的。我可以随之清晰地指出整个发展过程的线索——我的观点逐渐发展的脉络,它前后一致。此外,我正在写些回忆录,它会向世界证明,现在的我和最初的我是多么一致。"

在这一年年末,易卜生致信给另一位挪威朋友奥拉夫·斯卡弗兰教授说,他在过去一段时间内忙于在休息时间里写作一本记录他的经历的小册子,这本小册子以《凯蒂琳》序言那样半开玩笑半严肃的形式写成。他提议将这些段落发表在斯

[①] 本文为《易卜生书信集》挪威文译者约翰·尼尔森·劳维克为英文版《易卜生书信集》所写的导言。——译者注

[②] 参见英文版《易卜生书信集》第147封信,下引该书不再加注。

卡弗兰的期刊上。然而，迄今为止，我们找不到任何像这样公开发表的回忆录，仅能在亨利克·杰格尔所著的关于易卜生的书中找到一些关于童年回忆的内容（6~16页）。

易卜生在1898年3月发表的《易卜生文集》第一卷的序言中，对他的读者们再三强调这一理念：要将他所有的作品作为一个持续发展、前后连贯的整体来领会和理解，注重作品之间活生生的内在联系。就在同一个月，在克里斯蒂安尼亚的易卜生七十大寿庆典上，易卜生发表了演说，再次宣布他打算写作这么一本书："一本把我的生活与创作联成一体的通俗易懂的书。"可是这一次，这项工作又被推迟了。他亲自指导的"戏剧性的轻歌舞剧"过于频繁地催促他完成所提出的各项要求，使他无暇顾及其他。而1899年，当这位作者完成他的最后一部作品"戏剧收场白"的时候，一场大病①阻止了这位如今上了年纪的人继续写作。很不幸，那些令人信服地阐明他的外部生活与内部生活、所有他亲笔书写的文件都只是片段——比如《凯蒂琳》的序言、《苏尔豪格的宴会》的序言、《爱的喜剧》的序言、他的演说辞，以及一些发表在报纸上的文章。也许这里还能补充的是易卜生旅行时坚持写作的日记，他频繁地在他的书信中提及，尤其是在1869年12月14日写给海格尔的一封信中，他专门提到他的旅行日记。

现在公开发表的《书信集》将在许多方面代替那本沉思冥想的自传。易卜生的书信在时间跨度上持续了50多年，为我们直接呈现了这位大师在生活条件和友谊状况不断发生改变的情况下的心理状态，并包含了许多从未公开的关于个人生平与私密文献方面的信息，不论从传记的角度来说，还是从文学艺术方面来看，都极具吸引力。书信在写作时并未想过会出版，因此，不存在杜撰的文学人物——它们是冗长而粗陋的正式通信，其中有时会出现不由自主的甚或是激烈的情感表达。然而，正是这种文学性的缺乏赋予了它们真实生活的魅力，使之作为了解易卜生的来源而具有了一点米粒之珠的价值。我们在这些书信中可以看到他毫无保留地表达自己的个人情感，这些情感在很大程度上是公众至今还看不到的。我们看到他身上人性的弱点，也看到他作为人的伟大之处。我们了解到，尽管他以沉默寡言而闻名，但沉默寡言实际上并非他性格中的核心元素。这些书信极妙地阐明了他

---

① 指中风。——译者注

的生活与艺术理论的发展进程，以及其作品的萌生、发展与意图。鉴于这些书信涉及他的某些最私密的情感，并关涉到那些与他有着密切关系的人，出于对这位作者的一般考虑——他决不能忍受在公众面前毫无保留地暴露自己——我们禁止公众从中窥探任何其他东西。至少，我们的了解暂时不得不保持不完整的状态。

此外，这本书信集还有一个无法避免的缺点。它无法收入一封写给易卜生的书信——因为一封也找不到。同样的情况发生在朱利乌斯·兰格的书信集出版之时，易卜生对此亲自写道："仅听到对谈者中的一方说话而不得不猜测另一方所说的内容，无益于我们理解整场对话。"易卜生必须以独白者的形象出现，这一事实使我们对他的思想结构的理解不那么完整。书信集的导言与注释意在尽可能地补救这一不足之处。我没有试图指出书信集提供的全部新资料并从中得出结论，这一工作必须在一些更详尽的传记性或评论性作品中完成。我们的一切目标在于通过提供这些书信出现的背景来帮助我们的读者更好地理解书信集。这每一封书信都是单独的一段话，这表明，有必要让读者们在它们之间找到总体联系。我们所提供的并不是完整的传记，而只是一份对易卜生在他的生命过程中缔结的一些关系的说明——大体而言，是他与社会的关系，包括与大小社交文化圈子的关系、与个人的关系以及与一些想法的关系。然而，即便是这样一份说明，也会部分地阐明他作为一个人与一位艺术家的发展进程。

亨利克·易卜生早年就背井离乡，离开了希恩和他父亲的家。在他完成坚信礼以后，他不得不养活自己，因为他一度富裕的家庭彻底破产了。他受聘于格里姆斯塔的一家药铺，在那里，他待了 6 年（从 1844 年到 1850 年），起初当学徒，而后成为助手。他只在短期度假的时候才回到希恩，并且他同他家庭的联系也随着岁月的流逝而越来越少。作为一名成年人，他从不写信给他的父母。关于此，我们听说过两个原因。第一，在他有能力帮助他的家庭之前，许多年已经过去了，而当他能够这么做的时候，他对于他们而言已经是"半个陌生人"了。第二——这无疑是主要原因——他感到，在他的成长过程中，他已经为他的精神生活获得了一个全新的根基，这完全不同于他家人的观念层次。对他而言，伴随着他对"完满"的迫切渴望，一种不完全的理解是不可忍受的。在他父亲家里，对《圣经》的严格恪守与虔诚占统治地位，而他自己早已抛开了种种外部权威的束缚，转而珍视高于一切的思想自由。易卜生没有将才华视为一种财产，而是将其视为一种责任。当他将自己从与他的父母和其他关系中分离开来的时候，他只是为了专注于他毕生的工作。这是他曾致信乔治·勃兰兑斯时所写到的"彻底的"自我主义的结果："这种自我主义会迫使他在一段时间内把他自己以及他的工作当成世界上唯一重要的事情，其他所有事情都不复存在。"由此我们看到，在易卜生自己身上，有相当程度的"布朗德"性格。

从另一方面来说，这位年轻作者的作品中出现的越来越清晰的毫不妥协的激进原则会将他从他的家庭中分离出来，这也是非常自然的事情。但在现实中，他们之间的关系从来没有发生任何破裂。在他的家庭成员中，有一位与易卜生保持着一些联系，她就是易卜生的妹妹海特维格——她嫁给了希恩的一位商务用船的船长斯图斯兰德。易卜生在《野鸭》中塑造的美好的孩子形象海特维格正是以这位妹妹为原型的，比昂斯腾·比昂松在提起她时说，在认识她以后，他理解了易卜生的神秘主义倾向在多大程度上是遗传的。她是一位感情细腻、温柔敦厚、性格坚强的女性，她逐渐采取了一种温柔体贴的宽容立场，因而她能够理解她哥哥不同于她自己的精神发展历程，并且，她一直是一位忠诚的妹妹。易卜生在早年时便向她倾吐心声，告诉他将来的计划。易卜生20岁那年，他最后几次到访希恩，其中有一次，他告诉海特维格，他的理想是到达"最高、最完美的伟大境界，获得至高至善的理解"，然后死去。看到他朝着更高、更清晰的生活前景努力，他童年的良善心愿在这位成年人同胞的看法中得到越来越多的肯定与确证，他的这位妹妹在内心感到高兴与欣慰。

通过与苏珊娜·托雷森成婚，易卜生进入了新的家庭关系。现在出版的书信集只字未提他的婚姻生活。只有一封用诗体写给他妻子的情书，我们能找到的唯一提及他妻子的重要书信是第74封书信，这篇文稿中巧妙地提到了她的性格，在寥寥数语之中阐明了她对他的生活与工作的重大意义。在书信集中，我们更多地了解到这位作者做父亲的能力，我们看到他为他的儿子西古尔德的教育做了认真的准备，为他的阅读与研究做计划，积极地为他开拓政治事业。为了他的儿子，他经常牺牲掉他自己的心愿，他多次选择对西古尔德的教育有利的居住地。

至于托雷森家庭中的其他成员，我们发现易卜生与他的内兄 J. H. 托雷森有商务联系，并与他的岳母玛格德琳·托雷森保持通信。但他们当中唯一与他亲近、对他和他的作品产生个人影响的是他的小姨子玛丽，她在较为年轻的时候便香消玉殒了。她曾经在易卜生德累斯顿的家中居住过好几年。

亨利克·易卜生青年时代最重要的几年是在格里姆斯塔度过的，这是一座人口约有800人的小镇——从外观来看，与其说它是一座城镇，不如说它是一座村庄。其风景名胜与传统习俗主要与大海相联系。它的上流社会是由一些古老的家族组成的，他们当中的首领是船主、商人或商船船长。这些家族有意疏远"普通人"，他们对所有刚来到这个城镇的人抱着一种冷淡的怀疑态度。年轻的易卜生身无分文，沉默寡言，他在头几年没能进入这个上层的圈子，过着一种离群索居的生活。此外，正如他自己在《凯蒂琳》序言中所说，他很快就同这个小镇上的头等公民处于对战状态。这位药铺的小"学徒"开了个危险的玩笑，他写了关于他们的喜剧讽刺诗，并且，他的讽刺漫画也遭到了许多杰出人物的憎恶。在一两年之后，当他将近19岁的时候，他开始与他年龄相仿的年轻人结交朋友。然而，尽管他的一些密友是镇上上流社会家族中的成员，但易卜生从未进入这个上层的圈子——他太贫困，也太不受待见，声名狼藉。他尖锐的口诛笔伐总是令他陷入困境，并且他和他的朋友们上演了太多"疯狂而不受约束的恶作剧"，远远达不到这座城镇中对有教养的年轻人规定的行为标准。格里姆斯塔生活的传统习俗被发表于1900年克里斯蒂安尼亚的刊物《艾德斯沃德》（*Eidsvold*，233，235，238页）上。

在易卜生的格里姆斯塔朋友中，必须特别提到两位——他们俩都不是镇上的本地人——当他首次尝试写作的时候，他们忠实地站在他这边。一位是克里斯多夫·洛伦茨·杜遏，他是邻镇里列桑德的主要海关官员的儿子，在很小的时候就受聘于格里姆斯塔海关。另一位是法学学生奥利·舒勒路德，1846年，他的父亲被任命为格里姆斯塔的主要海关官员，他本人于1847年在通过了他的第二次考试之后来到这个城镇。亨利克·易卜生向这两位朋友倾吐了他的诗人梦想。杜遏喜爱音乐。1848年，他开始着手为易卜生所写的诗歌谱曲（《春之忆》，这首诗仅以德文发表，收录于德文版《易卜生全集》第一卷，195～196页），他还誊清了《凯蒂琳》的校正本。1849年秋季，舒勒路德带着这本誊正本前往克里斯蒂安尼亚，将此剧的剧本交给剧场演出并试图出版它。众所周知，这部剧在剧场和出版两方面都没能成功，但舒勒路德借给了易卜生当时急需的经费①，缓解了他的燃眉之

---

① 这里指帮他垫付了出版所必要的款项。——译者注

急，使这部剧的剧本于 1850 年 4 月在书店面世。易卜生在上文提到的《凯蒂琳》的第二版序言（1875 年）中讲述了这一切，他在其中多处引用了舒勒路德关于此事境况的书信。1904 年，杜遏将易卜生在格里姆斯塔的一些回忆整理成文，投稿给了克里斯蒂安尼亚的《晚间邮报》（560，574，588 页）。

当《凯蒂琳》面世之时，易卜生已经离开了格里姆斯塔而来到克里斯蒂安尼亚，他要为大学入学考试做准备学习。1850 年夏季，他通过了部分考试，但有两门功课不及格。其中一门功课是希腊语——因此，他在书信中提起自己的时候写道，他不是一个好的希腊语学者，这的确是实话。由于他再也没有复习这两门功课，他的名字便从未进入大学的名册。他在钱财方面的处境也不令人满意。幸运的是，他同他慷慨无私的朋友舒勒路德居住在一起，后者有一笔数额不大的月俸。在易卜生来到克里斯蒂安尼亚之后不久，另一位年轻人来与他们合租住所。这个人便是西奥多·阿比德戈德，此时，他刚开始参与由马库斯·斯瑞恩组织的第一次挪威工人运动。在易卜生离开格里姆斯塔之前，1848 年以降的社会斗争与国家战争对尚还年轻的他的思想产生了"强有力而令他成熟"的影响，而这场工人运动强烈地震撼着他并得到了他的认同，因为它大胆地攻击了既存社会的根基。他与阿比德戈德成为朋友。阿比德戈德把他介绍给斯瑞恩和工人组织的其他领导者，他参与了他们的集会与游行，甚至还在工人联盟的机关报刊上写过一两篇文章。1851 年 7 月，当斯瑞恩与阿比德戈德被捕时，易卜生害怕他也可能会被监禁，但他写给阿比德戈德的书信和其他相关文件都被报刊经理在警察抓到他们之前焚毁了。

此后，易卜生帮助一位学徒期满的泥瓦匠工人贝恩哈德·汉森做临时编辑的工作，易卜生将贝恩哈德·汉森的想法用合适的语言表达出来——尤其是在用诗体表达最为合适的时候。可是，在这一年的晚些时候，汉森也被捕了。易卜生随后立即迅速撤离克里斯蒂安尼亚，由此，他同"斯瑞恩追随者们"的联系也终止了。然而，即便他再也没有积极地参与工人运动，也再也没有在理论与实践的争论之中支持与之相关联的一方或另一方，但他始终保持着对工人运动的同情。尽管他没再参与工人运动，但工人们依然总是自发地将他的作品视为他们在建立新社会秩序的斗争中有影响力的同盟军。并且在易卜生 80 年代和 90 年代的书信以及他的一两次演讲中——尤其是在 1885 年对特隆赫姆市工人的讲话和 1887 年在斯德哥尔摩发表的主题为"第三王国"的讲话中——有大量证据表明他对工人事业的独特态度。

1850年3月，当易卜生来到克里斯蒂安尼亚并在年迈的海特贝格的"学生工厂"（一家著名的"填鸭式"教学机构）的长椅上就座之时，他认识的第一批人中有一位是沃斯穆恩德·文叶，此人出生于陇亩之中，曾担任一个学校的校长，并且已经有新闻业以及许多其他工作的经验。尽管文叶比易卜生年长10岁，但他们同时在海特贝格那里为准备大学入学考试而学习。他求知若渴，不知满足，他在孜孜不倦地勤奋学习，为积极参与挪威知识分子的斗争做准备。他也像易卜生一样，处于一种精神酝酿的阶段。尽管他已经32岁，但他仍然没有长大成人。在与他的交谈之中，易卜生听到他对知识分子严酷的怀疑主义倾向采取了强有力的独特表达——他自己就有这种倾向，这种严酷的怀疑主义蔑视与嘲笑这个时代的努力，并且不敬地踩躏这个时代的所有理想，将其置于脚下。文叶已经意识到，一切真理都只是相对的——真理永远处于一种成长与发展的状态之中。他的这一认识产生了他的"双重视象"——它可以在同一件事物中看到正确与错误的两面。而他又由此产生了他的反讽方式的原创性——这种方式既打又摸，既哭又笑，两者同时发生——正如他自己所说，"在天堂与地狱中间的刀刃上跳舞"，而不允许它自己被两者中的任意一方捕捉到。这是一种不健康的折磨灵魂的怀疑主义，在其言辞的欢快舞蹈之中，个人的责任很容易被遗忘。对于易卜生与文叶两人而言，在此处存在着极大的危险。他们曾经不得不朝着怀疑主义的力量奋勇前行，现在他们不得不与他们的怀疑主义做斗争。在这件事中，一种灵魂的亲缘关系将他们拉拢到一起，很快，他们便成了朋友。可是，他们的友谊似乎不那么密切。在这本易卜生的书信集中，文叶的名字只被提到了一次。这两位作者在他们更成熟的时候则变得更为疏远了——文叶成为国家主义的语言改革者，而易卜生成为"斯堪的纳维亚人"[①] 和"条顿人"，两者没有什么共同之处。可是在两者身上，不屈不挠的斗志都胜过了形式不健康的怀疑主义。就服从权威而言，他们保留了他们的怀疑主义，可是，他们将自己从怀疑主义正在衰弱的力量中解放出来，转而成为这场为理念而战的斗争中深深投入其中的斗争者。自我讽刺在易卜生后来的作

---

① 旨在联合斯堪的纳维亚三国利益的党派的拥护者。

品中很常见，但他从未像文叶那样痴迷于它。在文叶的写作风格中，自我讽刺是给予它生命的元素。在写作《培尔·金特》的时候，易卜生的脑海里很可能时不时地浮现出文叶的形象，他总是绕道而行，为自己开拓新的疆土，占领新的位置——甚至在培尔·金特表达自己的方式之中，都有某些令人想起文叶的地方。

1850年，易卜生在克里斯蒂安尼亚认识了另一位朋友——保罗·博腾-汉森，后来，易卜生与他的关系比与文叶的关系更为密切与亲密。博腾-汉森和文叶一样，都出生于陇亩之中，此时，他是一名学生，并且也已经参与了文学工作。他比文叶受教育的程度更高，是一位热爱读书的独立思想者，他的思想具有原创性。他与文叶在很大程度上属于同一个思想流派——是一位擅长讽刺而有些冷漠的怀疑论者。可是他的怀疑主义并不是如此咄咄逼人，他的讽刺更温和，更具幽默感。文叶是一位不错的评判者，他说，作家们的确极少拥有像博腾-汉森这样令人钦佩的双刃剑式的风格。至于写作风格，尤其是《爱的喜剧》与《培尔·金特》的写作风格，易卜生从博腾-汉森这里汲取了比在其他任何人那里都更丰富的营养。博腾-汉森发表在1851年的刊物《安德希姆纳》（*Andhrimner*，由这三位朋友合办的期刊）上的诗歌、他的民族童话诗歌《仙女的婚礼》，以及讽刺性民间故事《挪威的秘密》，无疑对易卜生的思想与文风产生了良好而持久的影响。博腾-汉森的文风是以路德维希·霍尔堡为范例的，这种文风也大胆而新锐地出现在汉森的报道性写作中。汉森也让易卜生爱上了霍尔堡。在第54封书信中，易卜生告诉我们，他不知疲倦地阅读霍尔堡，这一说法在其他书信中得到了验证——在书信集中，他多次提及这位作者的作品。一种真正的精神上的亲缘关系出现在这两者之间，一位是18世纪的挪威天才，他从事的解放工作赋予他丹麦-挪威文学之父的头衔，另一位是这位处于萌芽期的诗人，他的解放斗争和工作有助于在挪威文学与挪威精神生活中创造新纪元，并将它们的影响波及远远超越挪威之外的广袤疆土之上。

值得注意的是，博腾-汉森和易卜生在他们朋友圈中的绰号都取自霍尔堡的作品。一位朋友碰巧在表达他对博腾-汉森有幸收集到各种稀奇罕见的书的情感时，引用了《雅克布·冯·提波》①中的话："唾骂这个荷兰人。他处处都有眼线！"此后，博腾-汉森总是被称为"这个荷兰人"。同样，易卜生常被叫做"葛特·维斯

---

① 1888年霍尔堡创作的喜剧。——译者注

特法勒",因为尽管易卜生时常在朋友们当中沉默地坐着,完全不言不语,但他一旦开始讲话,便不会轻易停止——他会用"阿里乌斯和七位选举者"与"从哈泽斯莱乌到基尔的旅行"[①] 来款待他的朋友们。

在 50 年代和 60 年代,博腾-汉森成为圈子里的中心人物,这个圈子以"博学的荷兰"或"荷兰人"或"维斯特法勒人"而著称。其中的成员主要是博学多识的文艺人士,他们大多数人尚还年轻,但他们几乎全都注定要在他们所处的时代生活中起到重要作用,不是在这一方面,就是在其他方面。实际上,易卜生并没有帮助建立这个"荷兰"社团,因为在 1851 年 11 月,他奔赴卑尔根,担任新建立的"挪威剧场"的编剧和舞台经理,1857 年,当他回到克里斯蒂安尼亚的时候,这个社团已经达到全盛状态。在重聚之时,易卜生再次见到了他的老朋友文叶,然而,他逐渐找到了别的支持者,也为他创作先锋的文学作品找到了其他的出发点。在私交方面和其他方面,他的习惯很不规矩。另一位偶然出现在克里斯蒂安尼亚的是比昂斯腾·比昂松。有一段时间,J. S. 魏尔哈文要来找博学的博腾-汉森为他整理文学史。这些成员中绝大多数都是历史学家。即便是地位最为显赫的著名历史学家彼得·安德烈·孟克教授(后来,在他的罗马墓冢前,易卜生由衷地发表了感人肺腑的告别辞以纪念这位著名的历史学家),有时候也来视察博腾-汉森的文学财宝。更常来的参与者有 M. 伯克兰德和 H. J. 余伊特菲尔,他们后来成为皇家档案的保管员,以及欧路福·瑞吉和路德维希·多栽,他们后来成了教授。最后提到的这位[②]是这个社团中的拉丁语学家,他也是最活跃的成员之一,非常热爱霍尔堡,如饥似渴地收集古老的新奇事物。他在期刊《维达尔[③]》(1888 年)上发表的赞赏博腾-汉森的文章为"荷兰人"贡献了一座历久不衰的文学里程碑。从这篇充满有趣细节的文章中,我们获益匪浅。在这些历史学家中,我们不可忽略的是 J. E. 萨尔斯,他是比昂松和文叶的朋友,然而,在他 60 多岁的时候,他成为另一个完全不同的圈子的中心人物——这个圈子主要关注国家问题。其他人也来到了博腾-汉森的重聚中,他们的工作主要是促进国家的复兴——比如神话故事

---

① 霍尔堡的同名喜剧《葛特·维斯特法勒》中主人公"好辩的理发师葛特·维斯特法勒"的常见话题。
② 指路德维希·多栽。——译者注
③ 维达尔(Vidar, Viðarr, Viðarr),北欧神话中奥丁之子,沉默、鬼祟与复仇之神。——译者注

的收集者彼得·克里斯蒂安·阿思比昂森和天资聪颖的语言学家伊瓦勒·沃森。还有更常来的参与者——两位热心而活跃的"斯堪的纳维亚人"——O. A. 巴奇科和雅克布·卢克,前者成为最高法院的大法官和司法部部长,他积极促进斯堪的纳维亚三国之间在法律事务中的互惠互利,后者是校长和语言学家,他也是推行统一三国语言的改革运动的主要支持者之一。

正如我们所见,在这个圈子中,成员的兴趣多种多样。它海纳百川,甚至包含文学观念与政治观念最不一致(观念彼此矛盾、截然相反)的成员。当易卜生还在克里斯蒂安尼亚的时候(1857—1864),这些对抗力量还未发展到全盛时期,在新旧观念之间尚未出现公开的全面的战争,而到了 70 年代和 80 年代,这场战争引发了一场剧变,它几乎改变了挪威知识分子生活的方方面面。然而,已经出现了这场即将到来的斗争的征兆[①]。这个圈子中的那些本质上激进的与国家主义的元素逐渐被清除了,取而代之的主要是保守派与"斯堪的纳维亚人"的观念。圈子中的一些成员,比如 O. A. 巴奇科与路德维希·多莪,实际上成为最初反对民主、思想自由与民族主义运动的人。这一运动的领导者是约翰·斯维德茹普、萨尔斯和比昂松。在这场斗争中,亨利克·易卜生的处境相当孤立。他既不站在这边,也不站在那边,一会儿被这一方需要,一会儿又被另一方需要,我将在下文中描述他所处的境况。

易卜生在"荷兰人"圈子中建立起的友谊很宝贵,这在许多方面都得到了证实。他通过他们接触到当时最广泛的各种知识分子思潮。他与所有现代运动的联系主要归功于此,尽管他自己在一封写给乔治·勃兰兑斯的书信中将其归因于他的幸运的"直觉"。然而,从一种纯粹实际的视角来看,他的"荷兰"朋友们也对他十分有用。卢克帮助他收集他的诗歌;伯克兰德既在金钱方面帮助他,也在文学方面协助他;多莪为他在《皇帝与加利利人》中出现的希腊语和拉丁语写作提供帮助;巴奇科帮助他的儿子进入政府部门工作。可是他的最佳帮手是博腾-汉森,因为博腾-汉森多年来一直掌控着挪威的文学话语权。从 1851 年初到 1866 年年末,他几乎从不间断地领导周刊《新闻画报》。通过他为该刊定期写作的文学评论,他将一种新的特色引介到挪威的报章杂志之中。他在文学方面的评判合理可

[①] 指 1857—1864 年。——译者注

靠，因此，他的评论很快就得到高度评价，成为群龙之首。他的两位朋友，易卜生和文叶，都从他那里得到了特别多的文学支持。他在《新闻画报》中为他们的作品（尤其是易卜生的作品）开辟了专栏。在此刊的专栏中，他们的作品得到了巧妙而详细的评论，这两位作者最初的评传也在此刊中出现（1863年）。在易卜生贫困潦倒的日子里，博腾-汉森帮他找到了出版商，甚至亲自承担了两部作品的出版费用（《厄斯特罗特的英格夫人》，1857年；《海尔格伦的海盗》，1858年）。1866年，当易卜生正在努力争取获得政府津贴的时候，博腾-汉森竭尽全力地帮助他。易卜生从来没有公开地向他的这位朋友表达过谢意，但我们现在出版的书信集为他的深挚谢意提供了确凿的证据。

易卜生待在克里斯蒂安尼亚的7年生活中烦恼多多，负债累累。最难过的是金钱方面的重重困难。他把一些债务留在了卑尔根，却在克里斯蒂安尼亚又借下了更多。他在克里斯蒂安尼亚"挪威剧场"作为"艺术指导"的薪资对于一个有妻室的人而言根本不够花，而这家剧场在1862年的破产对于他而言，不仅意味着失业，更意味着无钱还债。1863年，当他担任古老的"克里斯蒂安尼亚剧场"的美学顾问之时，他的薪资不仅更少，而且在剧场收入不足的时候，薪资没有全额发放。严格地说，易卜生在这些年里进行了一场严酷的生存斗争，在那些他不得不向他们寻求帮助的人当中，有许多是高利贷的放贷者。

当稍稍年长于易卜生的比昂斯腾·比昂松已经作为民族作家得到国人尊崇之时，易卜生作为一名作者还没有得到多少认可，他只是诸多文学人士中的一个无名小卒，相对而言，不怎么引人注意。然而，在克里斯蒂安尼亚，一位社会地位显赫的人士已经开始关注易卜生，对他产生了兴趣。此人便是声名显赫的贝恩哈德·敦克律师，他既对当时的社会舆论产生影响，也对当时知识分子的格调产生影响。他的兴趣也和他的影响一样广泛——他是诗人魏尔哈文最亲密的朋友，他非常了解比昂松，他是一个"斯堪的纳维亚人"，然而，他多次积极地支持民族独立政策。对于易卜生和比昂松两人而言，他是一位能干且目光敏锐的文学顾问，声名卓著的他所给予的关照，对于他们的社会地位而言极为重要。

易卜生的另一位好朋友是另一党派中的杰出人士，他就是约翰·斯维德茹普，自由党的新领导人，闻名欧洲的政治家。斯维德茹普对国家的一切都感兴趣，这促成他忙于克里斯蒂安尼亚"挪威剧场"的事务，而这又很可能促成他私下里结识了易卜生。可以肯定的是，易卜生给他写过好些信，当斯维德茹普的文章公开之时，这些书信也无疑能得以重见天日。我们目前只有一份写于1883年的笔记，它显示出他们不同的政治观念并没有从易卜生的记忆中抹去感恩的回忆——在易卜生危难之时，斯维德茹普给予了他友好的帮助。

由于易卜生是如此潦倒不堪，他不得不直接接受来自富有朋友的经济援助（参见《易卜生文集》第十卷，507页）。1864年春，当政府拨给易卜生90英镑旅行费用让他奔赴罗马的时候，他不得不在离开克里斯蒂安尼亚之前找到来自个人的资助，以帮助他在意大利维持生计。斯维德茹普是其中一人，但提供最大帮助的是敦克——易卜生永远也不会忘记这一点。然而，如果沉默寡言而离群索居的易卜生没有比昂斯腾·比昂松这位热心而有耐性的朋友为他说话，他很可能永远也得不到这样的帮助。

在整部挪威历史中，没有哪段个人关系比易卜生与比昂松之间的个人关系更值得注意的了。这段关系的多变性反映出这个国家的知识分子生活的全新时代的到来。由于首次真正清晰地阐明这段关系的是现在出版的《易卜生书信集》，因此在此必须给出一些初步的信息。

1850年春，易卜生在初次抵达克里斯蒂安尼亚不久之后就与比昂松见面了——后者几乎同时抵达克里斯蒂安尼亚，他也是为了在海特贝格的"学生工厂"学习。然而，1851年，当易卜生离开克里斯蒂安尼亚而奔赴卑尔根之时，这两位年轻人之间并未产生特别密切的关系。就是这段分离的时光为他们后来的密切联系做了准备。在接下来的几年里，在国家觉醒的斗争之中，共同工作的人们没有比易卜生与比昂松更亲如兄弟的了。

"他们共同提升"——援引自发表于《世界时间》（1884年第112期）上的一篇文章，它描述的是他们在一别多年之后愉快见面的场景。"当古老的萨迦不得不再次被提升到我们的文学中的时候，他们共同提升。他们对同一想法进行深沉的思考，两个人都在他们的诗歌中发展这一想法——这个'王权的想法'——谁是挪威的国王？这一想法体现在比昂松的第一部戏剧中。'让那个具有成为国王素质的人成为国王。'我们在《战斗之间》中读到这句话。胜利的斯凡勒国王是青年比昂松的英雄。在描述王权的过程中，易卜生释放出他全部的强大力量。率领众人的国王不仅限于复兴古老的萨迦，他还能勇敢地带领众人进入新的、未知的、未来的萨迦①,因为他是这样一位幸运的凡夫俗子,不仅受到时代思想的影响,也受到一股激情的控制。"

当《苏尔豪格的宴会》面世的时候(1856年),比昂松竭力促进将公众的注意力引导到这部新剧中来,此剧是真正的挪威戏剧,对民族戏剧文学做出了贡献。而当《海尔格伦的海盗》被克里斯蒂安尼亚剧场拒绝的时候(1858年),他热心地支持易卜生上演此剧的要求。然而,这些都发生在这两个人私交甚笃之前的一段时间里。易卜生在1857年夏季回到克里斯蒂安尼亚,但不久以后,比昂松便奔赴卑尔根,接替易卜生担任"挪威剧场"的经理。直到1859年秋季,比昂松才又在克里斯蒂安尼亚安顿下来。这两位作者的亲密友谊从这个秋季算起——这段友谊不管是在公开场合还是在私人生活中都体现得很明显。1860年初,比昂松为易卜生的独生子担任教父。1859年11月,易卜生和比昂松一起建立了"挪威社团",它由易卜生初步创立,在它存在的短暂时期内,比昂松担任社团的社长。1860年5月,比昂松出国了,他在国外待了3年。他将《斯凡勒国王》(1861年)的剧本和伟大的诗剧三部曲《西古尔德·斯莱姆贝》(1862年)寄回国。易卜生在《新闻画报》中为后者写了评论,这是我们能找到的证明这两位作者在这三年中有联系的唯一证据。

1863年夏季,在卑尔根的歌曲节庆日上,他们重逢了。接下来的这个冬季,两人都是在克里斯蒂安尼亚度过的。他们在这一年的交流使他们彼此间比以往更亲近了。他们感到,他们受到相同的想法与希望的鼓舞与启发,也因经历着相同的苦难而感到失望,受尽折磨。他们饱受痛苦的煎熬:眼睁睁地看着"兄弟"国丹麦与强大得多的德国做绝望的斗争。由于力量悬殊,丹麦的一个省份被占领并被并入德国领土,这片斯堪的纳维亚民族土地上的人们说的是斯堪的纳维亚民族的语言,而同族的挪威人和瑞典人尽管曾经许下庄严而神圣的诺言,此时却坐视不管,袖手旁观,拒绝提供任何援助。不管是将斯堪的纳维亚视为一个整体,还是将这三个国家分开来看,这都是令人失望的。这一经历在两人心中都留下了深深的烙印——也许易卜生的感受更深,因为他很少抱有如此光明的希望。

多年来,疑惑与沮丧一直在咬啮易卜生的灵魂。他的心中充满了疑惧:他也

---

① 指英雄的冒险。——译者注

许永远也达不到他年轻时梦寐以求的"完满与澄明"。他是否从未感到自己是自由而完整的？各种外在的联系与考虑是否阻碍了他的发展，以至于他竟无法突破那层"愚蠢与乖僻的外壳"？他是否只是一位"聪明的作者"，而不是一名为伟大理念而战斗的斗士？带着这些疑虑，易卜生在沉默中孤军奋战。而他对盛行于周遭世界的种种思想观念的批判怀疑主义精神使这场战争更为艰难。

就在这时，比昂松来到他身边，为他提供帮助。

大量的证据表明，即便是在比昂松的青年时期，他的强大人格对他接触的所有人都产生了不可思议的影响。这种强大的力量导源于他全身散发出的坚定信念。他不是一个怀疑者，他怀有一颗赤子之心，自然而天真地相信他自己、他的同胞以及一切高尚的力量，并且人们几乎情不自禁地共享他的信心——仿佛其中有某种传染性的东西。亨利克·易卜生从比昂松的信念中获得了与自我搏斗的力量。他从中学到要对自己怀有信念，并为之赴汤蹈火，牺牲一切。易卜生的信念不像比昂松的信念那样光明而愉悦，但它意味着一种永不言败的勇气，以及一种持续一生的生活决心。它成为一种对他自己拥有"自我实现"的力量的信心，一种"对崇高理想具有自我繁殖与自我发展的力量的完整而坚定的信念"（参见《易卜生文集》第十卷，517页）。其实际结果是勇敢无畏地努力唤醒他的人民，引导他们走向更加自由与丰富的未来。为了在他的自我搏斗中实现这一理念，易卜生在斯古勒伯爵与哈康国王之间的戏剧性对比中给出了诗意的表达。他在自己的灵魂中找到了这两位"觊觎王位的人"——哈康是其中的新元素，是他受比昂松影响的创造。当评价比昂松的毕生事业时，这应该被看作是其功绩之一：在困难重重的危机之中，他帮助亨利克·易卜生"找回自我"，让他于险处逢生。

在外部行动方面，比昂松也不遗余力地帮助易卜生。他从公众与个人那里为他募集资金，1864年3月，帮助他出国，1865年秋季，将他介绍给斯堪的纳维亚民族的主要出版商、哥本哈根金谷出版社的负责人弗雷德里克·海格尔。这两件事情——一是远离挪威处处狭隘的社会条件，不受其限制；二是获得思想高尚者[①]的帮助——使易卜生从诸多束缚中解脱出来，得到某种释放。一直以来，出版他的书对他而言都是难上加难之事，而60年代中期，正值挪威出版业处于最低谷的

[①] 指海格尔，他成为易卜生的出版商。——译者注

时期。老约翰·达尔正仰仗他在往日里获得的荣誉，而克里斯蒂安·图恩斯贝尔格在他过于大胆的冒险过程中遭遇了海难。迄今为止，所有年轻一代的出版商们都害怕着手从事任何大规模的事业。对于挪威而言，这是国家的损失——挪威的作者们不得不带着他们的书到国外去。然而，这些作者自己无疑是幸运的——他们能够为他们的作品找到这么好的出版总部。海格尔在1858年开始扩大他的出版业务基础，以期和所有的斯堪的纳维亚国家保持业务往来。1861年，他开始陆续出版比昂松的书。1865年，在比昂松的推荐下，他同意也出版易卜生的书。不可否认的是，通过这么做，他刺激了整个斯堪的纳维亚知识分子的生活，使之向前发展。

易卜生一直觉得，有海格尔这么好的出版商对他而言是一笔极大的财富，他感到很幸运，并且他认为他们的联系不仅是单纯从个人联系的角度而言的，而且也是从斯堪的纳维亚的角度来看的。1866年3月16日，在《布朗德》公开面世的第二天，他从罗马致信海格尔："我希望在以后的日子里，作为作者的我能享有这份荣誉和喜悦与作为出版商的您继续交往下去，正如我希望能跟丹麦尽可能密切地联系在一起一样。挪威和瑞典有一个可怕的血债要洗去，我觉得我的终生使命就是要利用上帝赋予我的天赋，把我的同胞从麻木中唤醒，促使他们看清那些重大问题的发展趋向。"[①] 1870年，在金谷出版社建立一百周年庆典之时，易卜生在他写给海格尔的祝贺信和他为此而写作的诗歌中（参见《易卜生文集》第四卷，371～372页）表达了同样的意思。在一封日期为1875年12月10日、写于慕尼黑的书信中，他向海格尔提到了十年前他焦急地等待《布朗德》出版的日子。"感谢您从那时起为我所做的一切，"他继续写道，"没有人像您对我的帮助这么大，您让我在彼时与此时之间发生了有如天渊之别的改变。我向您保证，我一定永远不会忘记这一点。"毫无疑问，对他的作者们而言，海格尔远不只是他们的出版商与薪资发放者。他是他们安静而忠诚的朋友，在他们需要他的时候，他总能为他们提供建议与实际帮助。在易卜生遇到麻烦并向他致信的时候，他总是慷慨解囊，承担起与经费相关的一切事务。

易卜生长期旅居国外并与金谷出版社保持着良好的合作关系，这使他处于相

[①] 此处译文主要参看并援引自汪余礼先生主译《易卜生书信演讲集》，42页。特此致谢！——译者注

对独立的状态，对于他的发展而言，这也是十分必要的。他非常感谢比昂松，因为他所处的有利地位很大程度上归功于比昂松的帮助。尽管如此，这两位朋友之间发生了一场争执，以至于他们在很长时间内中断了一切联系，直到多年以后，才尽释前嫌。

这场争执既有个人原因，也同当时的公共事务有关。易卜生的书信讲述了他在1867年《培尔·金特》面世之后所遭到的误解，并表明了这两位作者被离间的缘由。在挪威，此时正值党派之争愈演愈烈之时，右派与左派正在知识分子与政党中形成。比昂松毫不犹豫地支持左派，他满腔热情地一头扎入国家独立与人民政府的斗争之中。易卜生则"隔得老远"，他的政治取向和比昂松不同，他希望斯堪的纳维亚的国家结成联盟，并且他并不同情正在争取掌权的挪威农民党。因此，他的"《晨报》的朋友们"和他的老朋友"荷兰人"很自然地试图让他站到右派这边并利用他赢得更多利益。他们宣称《培尔·金特》是一部讽刺所有民族主义企图与行动的戏剧作品，并将《青年同盟》作为一部右派反对左派的党派书写作品。

这对于易卜生而言，不仅感到极为厌恶，而且痛苦至极（参见《易卜生文集》第十卷，520页），他因此被认为是一个党派的诗人，这似乎将他的全部努力拉低了水准，并使他被置于一个虚情假意的境地。因为尽管考虑到当时的政治问题，他很可能恰好属于右派，但他的根本原则与他对自由的激进的要求，完全不同于右派的观点与目标。诸如此类的矛盾对于人类灵魂而言是很自然的，易卜生本人表达了他对这一真理的看法：离开自相矛盾的观念，人无法思考出最终的想法（见亨利克·易卜生的德文书信《3月20日致自由剧场》，14～15页）。事实上，他是一位"孤独的、站在前沿阵地的游击战士"，他抗拒每件与党派性质相关的事情，在他眼中，这些事情都与他的人生哲学对立。他认为诗人的生活必须"冷酷无情地拒斥所有党派而为他自己占领合适的位置"，他的本性中就有成为"人民公敌"的质素。这是他对自己看到比昂松与挪威的农民-左派结盟而感到不悦的解释。他无法在他们的观点中发现"一丁点儿比那些蒂罗尔山外农民更高明的真正的自由主义精神"。他担心比昂松的政治追求会导致他将作家的工作搁置一旁，并因此忽视他的天赋赋予他的职责。

很快，他便发现，他的这位老朋友似乎不忠于"斯堪的纳维亚"理想：1872年秋季，比昂松请求丹麦"改变"对德国发出的"信号"，放弃一切复仇与夺回属于丹麦的石勒苏益格的想法。令易卜生感到愤怒的是，他竟然放弃了这些年的梦想，于是，易卜生写作了激愤的诗歌《北方的信号》（参见《易卜生文集》第十卷，567～569页）——这首诗是直接针对比昂松的，诗中写道，昔日的"风向标"如今已成为"泛德意志神父"。这不是阿道夫·斯特罗特曼所说的"对德国的蔑视"（参见《丹麦的精神生活》，9页），而是对"斯堪的纳维亚"理想的背叛者们充满怨气的强烈抗议与挖苦嘲讽。

在比昂松看来，易卜生试图在《青年同盟》中实行的"刺杀"令他感到愤怒。易卜生接受了勋章和奖章，也极大地冒犯了他，并且，由于比昂松自己在此时仍接受基督教的教义，他因看到易卜生越来越倾向于"无神论"而感到伤心。

这些原因足以导致两位作家的关系产生裂痕——而他们的关系公开破裂是从1868年以后开始的。易卜生不止一次地想要和解。1870年，他想把新版的《觊觎王位的人》寄给比昂松，但这一想法被来自"《晨报》的朋友们"阻止了。1877年，他试图在比昂松表达了自己对乔治·勃兰兑斯的理论深有同感之后，恢复同比昂松的友谊。比昂松倾向于以一个人的对手来评判其重要性，这在易卜生看来，是极大的补偿。1877年10月28日，易卜生在慕尼黑通过海格尔向比昂松转赠了《社会支柱》的剧本以及一段短小的笔记（不幸遗失了）。然而，这似乎没有什么效果。1877年岁末的几个月里，比昂松旅行至德国，途经易卜生当时的所在地慕尼黑，却没有去看望他。

可是，在这些年中，这两位作者在他们的作品中却真正地在向彼此靠近。1875年，比昂松开始忙于写作问题剧，他将现代生活中的种种问题作为戏剧的主题。他写了《编辑》和《破产》。70年代末，在内心里经过了艰苦的斗争之后，他最终放弃了曾经的基督教信仰。因此，对他而言，与对易卜生而言一样，思想的自由与个人对真理的求索是至高的善。1877年10月31日，在对克里斯蒂安尼亚学生的讲话中，比昂松已经明确地表达了他著名的座右铭："坚持真理!"1877年，作为一名戏剧家，易卜生在《社会支柱》中将他的注意力转移到同样的主题上来。包含在《爱的喜剧》和《青年同盟》中的社会剧的种子开始成熟，他在《玩偶之家》和《群鬼》中继续坚持对现存社会进行无情的鞭挞与抨击。此时出现了攻击易卜生的评论，其攻击性越来越强，以至于右派人士越来越怀疑"他们的"诗人。1881年，当《群鬼》面世的时候，易卜生在众声喧哗中被驱逐出列。所有的道德指责都瞄准了他的无神论的、"不道德的"作品及其分裂社会的倾向。在很多年里，他不得不尽最大努力承受耻辱。

这些事情的转折本身有助于比昂松与易卜生的和解。他们现在学会了前所未有地理解与珍视彼此，在1880年与1881年间的冬季，他们的友谊得到了重新巩固而变得坚不可摧。此时，比昂松在美国旅行。1880年岁末，在一篇发表在美国期刊上的文章中，他写到亨利克·易卜生时如是说："我想，我有一位完全属于世界戏剧文学的朋友，毫不犹豫地说，亨利克·易卜生拥有比我们当今任何其他剧作家都更伟大的戏剧力量。我并不总是喜爱他作品的风格，这使我更加确定，我对他的评判是多么准确无误。"（参见比昂松：《挪威的斗争》，14～15页）。易卜生感到，尽管他自己总是遭到比昂松的反感，但他再一次无法抵抗地受到此人强大人格力量的吸引。1881年春季，在听说了比昂松在美国刚刚逃过了危险的一劫之后，易卜生写了一封信给他（不幸的是这封信现在遗失了），在信中，他表示，他在听到这则消息时感到，如果他的朋友罹难，他自己便再也写不出什么东西来了（由娘家姓敦克的玛蒂尔德·斯科佑夫人口述）。不久以后，当《群鬼》发表的时候，人人都对这位鲁莽好战的诗人采取敌对态度，比昂松却勇敢地站出来为他辩护——（对此，易卜生很感激）这很可能是易卜生对他人最高的评价："他确实拥有一个国王般伟大而高贵的灵魂。"他们俩现在都开始理解，他们实际上都在以各自的方式为同样的事业而奋斗。1882年8月10日，正值比昂松的"创作五十年节庆日"，当易卜生从蒂罗尔的格森萨斯向他发电报的时候，他表达了这一想法："感谢您这二十五年来与我并肩工作，共同为自由而战！"渐渐地，易卜生也对比昂松全身心投入的挪威政治斗争产生了兴趣。当挪威的左派真正以行动来践行其诺言的时候，这位曾经轻蔑地写下"国内尖叫的政治家们"的诗人的心绪变为一种焦灼的期待。在1883年到1884年的冬季，他是如此关注国内复杂的政治局势，以至于（正如他1884年4月21日致信海格尔时所说）他手头的戏剧创作没能得到任何真正的进展。

易卜生当然从来没有成为党派意义上的左派拥护者，但这些事件的总体发展导致他的写作组成了挪威正在进行的解放工作的一部分——包括政治解放。因此，对于这个国家持有各种不同自由观念的人们而言，易卜生与比昂松在蒂罗尔的施瓦茨于1884年9月的会面具有某种象征性的含义。它仿佛给为了追求共同目标而结盟的自由力量盖上了公众的印章。这两位故交对这场一别20多年的会面深有感触。他们之间重新开始的友谊经受住了岁月的考验——尽管岁月带来了种种改变，但他们的友情历久弥坚。1892年，易卜生的独生子和比昂松的一个女儿结婚了，这场婚姻成为两个家庭密切联系的纽带，加深了两者的友谊。在易卜生75岁寿辰之时，比昂松前来向易卜生表示祝贺，易卜生眼含热泪，对他说道："终究，我最喜爱的人还是你。"

1864年，易卜生离开了挪威。他旅居国外的第一部重要作品是戏剧性的诗歌《布朗德》，这部作品于1866年3月面世。这本书产生影响的最早外部标志是国家奖励给他一笔他一直以来梦寐以求的津贴。这笔津贴由挪威政府颁发给他——由他并不期待得到理解的"浓缩的精神"全体一致投票——作为公众对他的文学劳动的认可。尽管在这笔津贴和其他奖助金方面，易卜生属于得到当局偏爱的作者，但他对国家的态度却总是坚决反对的。考虑到他的关于国家与个人关系的观念，这样一种态度是很自然的结果。他经常在他的作品中清楚有力地表达这一观念——比如，在《培尔·金特》里著名的葬礼讲话中——还有他在许多书信中详细论述的地方。在他看来，这个国家的生命、它独立的智慧与道德的发展比这个国家的构成更重要。事实上，他没能看到国家存在或现存"政治与社会理念"（参见《易卜生文集》第十卷，516页）的任何合理的必要性。对他而言，国内革命对于公民走向自由的步伐是毫无意义的。他准备参加的革命必定是彻底摧毁这个国家并永远保证个体无限自由的。

秉持这样的观念，他的目标自然是要尽可能地使自己不受国家的束缚与影响，这向我们解释了他为何在生命中这么多重要的岁月里一直远离挪威——他为何感到有必要居住在与祖国及其社会条件保持一定距离的地方。他对比昂松高喊："出国吧，最亲爱的！""既是因为距离给予我们更宽广的视阈，也是因为视线之外的人被给予更多的价值。"他对所有那些思想与性格发展特别引起他的兴趣的祖国同胞们也给予了同样的忠告和建议——比如玛格德琳·托雷森、劳拉·基勒和克里斯蒂安·埃尔斯特。他本人在罗马找到了最安适的家，那里的人们身上没有被打上政治、商业精神或军国主义的烙印。只要罗马还未成为意大利王国的首府——只要它尚未"从我们人类手中夺走并被送给政客们"，他便无法理解人们怎么可能到任何别的地方去生活。这是他特有的对国家原则的厌恶：他绝不会让自己在普鲁士待半秒钟，特别是在1870年战争之后，这对他而言是这样一种国家类型——其力量通过"将个体融入政治与地理概念"而被购买。

在国外,从国家的束缚中解放出来,他能更自由地感到自己作为一名挪威人的身份并以此写作。因为,正如他在 1874 年对克里斯蒂安尼亚学生的讲话中所说:"诗人就其天性而言是富有远见的人。在我远离故土之时,我对祖国以及祖国人民的真实生活反而看得越发清楚透彻,我们之间的距离也越发近了。"①(《易卜生文集》第十卷,511 页)正当此时,70 年代中期,易卜生的文学活动随着《社会支柱》进入一个新的阶段,在这一阶段中,他稳固地立足于挪威的社会生活与知识分子生活,描述挪威人民与挪威的状况。他尽可能地通过这几种方式保持对国内事务的关注:定期仔细阅读斯堪的纳维亚的报纸,与挪威的朋友和相识保持通信往来(只与那些比他给出的信息更多的人通信),充分利用提供给旅行到他所在地的挪威人见面和联系的许多机会。在他自愿流亡的 27 年中,他对祖国大地的渴望使他回国访问了两次。1874 年,在他访问克里斯蒂安尼亚的时候,他愉悦而满足地观察到——因此他致信海格尔——"每个人都非常友好地接待他","所有对他的不悦都冰释了"。然而,他此时并没有觉得想回到国内安顿下来。他后来致信比昂松:"(十年前)当我沿着挪威的峡湾逆流而上,我感到胸口似乎被什么重物压迫着,有一种真正的身心很受压抑的感觉。当我在国内时,这种感觉一直伴随着我。在挪威,每看到从街边或窗口投来的冷漠的、不理解的眼神,我就感到不自在。"② 在易卜生书写这封信的时候(1884 年),这位《群鬼》与《人民公敌》的作者已经同国内的政治与社会力量公开宣战了,他第二次到访挪威(1885 年)以不和谐而告终。然而,他花费了不少时间认真钻研人性及人们订下的规矩、礼节,这在他创作的引起冲突的戏剧《罗斯莫庄》中得到体现。

易卜生对祖国的所谓敌对态度和他采取的"民族讽刺家"的原则,事实上只是他的爱国主义的另一种表达方式。尽管在他描述现代生活的戏剧中,他主要是一位观察和创造人物性格与人物命运的诗人,并且毫无疑问地要求被作为诗人而评判,但在他的诗作中明显有一种趋势——他感到他在挪威的毕生任务是"唤醒我们民族的人们,激励他们去感受伟大的理想"③。这位国家的敌人一度受这种趋势的引导而在一封书信中起草了一整套篇幅不长的政治方案,其理论基础是所有

---

① 此处此封书信内容的中文译文引自《易卜生书信演讲集》,368 页。——译者注
② 此处译文引自《易卜生书信演讲集》,249~250 页。——译者注
③ 此处译文引自《易卜生书信演讲集》,45 页。——译者注

的"无特权者"应当联合起来,坚持要求得到公认的自由。然而,总体而言,他感到非常"怀疑逐渐唤醒和改变良善的挪威人的程度";对他而言,最重要的似乎是"彻底铲除杂草,净化精神土壤的方方面面",换言之,是"人的精神革命"。他内心的艺术家宣告,这样一个民族是没有希望的:"它认为建教堂比建剧场更重要,更乐于支持祖鲁传教区而非艺术博物馆。"在为更高的民族文明程度而进行的斗争中,尽管困难重重,但仍旧支撑着他的是他对年轻一代人的希望,和他的建筑大师索尔尼斯一样,当希望来敲门时,他不会惧怕它。因为他确信,正如他1885年对一位年轻的挪威朋友所说(参见《晨报》,1885年,第203期):"年轻人中出现的疯狂事物,最终会赢得胜利。"并且,他承诺,自己会与挪威青年们一起长途跋涉,甘愿做他们的"排头兵"。在他有生之年,他看到了他1884年提出的改革实际上很大程度上在挪威实行了——成年人选举权的引入,妇女解放,以及废除教会对国立学校的控制。

在愤怒之时,易卜生也许会决定"与挪威断绝一切联系并永远不再踏入她的土地",可是当彻底自我流放成为一个实际问题的时候,他退缩了,称其为过于"严肃的一步",对他而言,这样做的"艰难程度无以言表"。早在1875年,他便致信比昂松:"终究,我必须再度回国。"并且,我们知道:"在洒满阳光与鲜花的土地上,每到夜深人静之时,一位无家可归的骑士催促他前行,朝着冰天雪地的北方茅屋走去。"(《易卜生文集》第四卷,17页)1891年,易卜生回到了挪威,并在克里斯蒂安尼亚安顿下来。他再次回到了祖国,回到了他的同胞之中。这种内心隐秘的渴望总是将他往国内拉,它表现为一种对大海的渴望,在他的青年时期,他在格里姆斯塔的时候便学会了热爱这片海。他在慕尼黑和罗马的时候,信中都写过:"在我内心向往的一切事物之中,对大海的想念是我最难以抗拒的。"然而,国内的生活并不总能满足他的渴望。"这个在许多地方都安过家的人,在任何地方都没有从心底里感到自在舒适——甚至在他的祖国也没有"——这便是他在克里斯蒂安尼亚居住了七年之后得出的令人悲伤的结论(参见《易卜生文集》第十卷,520页)。他再也不可能适应新的环境了。在国内,他没有找到自由而开阔的大海。他发现"所有的海峡都已经封闭,所有的沟通渠道都被堵塞"。这位年迈的诗人再次渴望到国外去——去到那广阔的世界之中。这一次,吸引他的是丹麦——1887年,他曾在这个国家重新发现了大海并欣喜地踏上这片土地。而现在,他被束缚在克里斯蒂安尼亚，并且，他被迫留在克里斯蒂安尼亚。

有易卜生亲笔书写的诗歌为证，他在很早的时候便感觉自己不只是一个挪威人——他觉得自己是一个斯堪的纳维亚人。在他的青年时期，开始了一场以"斯堪的纳维亚主义"为名的运动，这场运动既是一场知识分子运动，也是一场政治运动，其发展蓬勃，迅猛有力。作为一名 21 岁的青年人，易卜生为"北方的兄弟们"写了一首慷慨激昂的诗歌，为的是团结人们保卫南方的日德兰半岛（石勒苏益格）。① 1863 年，他再次恳求他的同胞"在战斗之日，在千钧一发之时"（参见《易卜生文集》第四卷，300～303 页）支持他们的丹麦兄弟。"斯堪的纳维亚"理想一直长存于他的心中，它不止一次地激发他进行诗歌创作。联合统一是《觊觎王位的人》中的主导思想，而在《培尔·金特》中，易卜生反对一切挪威分离主义与自给自足的想法。这一"斯堪的纳维亚"的想法在这两部作品中表现得淋漓尽致：一部作品写于 1872 年，发表于挪威王国诞辰 1 000 周年的庆典上，是一首长诗（参见《易卜生文集》第四卷，424～432 页）；另一部作品是不同寻常的小型宇宙绘画《恒星与星云》（参见《易卜生文集》第四卷，434～435 页）。即便在他年迈之时，他也没放弃"早年的把统一的斯堪的纳维亚视为一个精神联合体的想法"，他在 1898 年斯德哥尔摩的讲话中如是说。易卜生的书信提供了长篇累牍的证据，证明他对这一联合的深挚而热烈的感情，他从不倦于提出联合之事。

在斯堪的纳维亚三国中，瑞典是对易卜生的自身发展影响最小的国家。尽管他多次到访瑞典，甚至对它的习俗做过专门研究，但他从未深入到瑞典的知识分子生活与社会生活的精神中去。对他而言，关于这个国家总有一些陌生的东西。抒情诗人卡尔·斯诺伊尔斯基是易卜生唯一真正要好的瑞典朋友。他们 1864 年在罗马相识，后来多次打交道，成为好友。1885 年，他们在莫尔德②相遇。1898 年，他们最后一次见面，地点是在斯德哥尔摩，那时，斯诺伊尔斯基发表了一场纪念他的兄弟诗人的演讲。斯诺伊尔斯基通过让他的亲戚普洛佐伯爵注意到易卜生的作品而真正把它们译介到法国读者中去。普洛佐是第一位将易卜生的作品译为法语的译者。

---

① 这首诗的片段发表在 1903 年的《观众》300～303 页上。全文收录于德文版《易卜生文集》，第一卷，198～204 页。
② 挪威城市。——译者注

对易卜生的生活产生更大影响，甚至在某些方面产生决定性影响的是丹麦以及丹麦知识分子的状况。他很早就从丹麦获得灵感——远在他踏上这个国家的土地之前。与他有联系的第一份克里斯蒂安尼亚的报纸《安德希姆纳》（*Andhrimner*）（易卜生、博腾-汉森和文叶于1851年创办）是对丹麦著名的、引起争议的、M. 高德施密特创办的《海盗船》（*Corsaren*）的直接效仿。文叶在《安德希姆纳》上写了一篇关于高德施密特的长文——此文高度赞扬了这位新一代的精神领袖并为他辩护①，文中认为这个人②教会了当时的年轻人对一切权威和所有"绝对"可靠的真理采取怀疑的态度，教会了他们不持偏见、不考虑党派或大多数人的判断而进行判断。后来，易卜生在私下里结识了这位他青年时期的老师。1867年初，他收到了一封来自这位老师的"非常令人钦佩而热忱的书信"。1872年，高德施密特到访德累斯顿，其唯一目的就是访问这位年轻的挪威人——他的理念经由易卜生而得到了极具天才的发展。

1852年春季，在《安德希姆纳》③停办不久以后，易卜生首次出访丹麦，目的是一边学习戏剧艺术，一边在哥本哈根实践。很可能他在那时再次体会到他曾在一场演说中描述过的感觉（参见《易卜生文集》第十卷，521页）——"那种从黑暗中逃离而进入光明的感觉——从浓雾之中穿过隧道进入阳光里"。当他称哥本哈根为"斯堪的纳维亚的真正中心"的时候，他表达了他的个人体验。然而——尽管如此——这种感觉没能也没有阻止他公开反对由丹麦或哥本哈根提出的知识分子事务中不公正的主张。他要求丹麦人尊重斯堪的纳维亚主义这一首要的、核心的原则——斯堪的纳维亚三国完全平等，每个国家的独立性从属于联合体的状况（参见《易卜生文集》第十卷，437~438页）。他的目标是将挪威舞台从倾向于去除挪威国家特征的丹麦的影响之中解放出来。他有能力并且写下了极具讽刺性的文字，讽刺哥本哈根的狂妄自大、目空一切以及对斯堪的纳维亚事务的视而不见——还有心胸狭隘所导致的对"桥楼与城墙外的"任何事情都充耳不闻。这些事情阻止了哥本哈根成为北方的主要城市。

---

① 1842年，M. 高德施密特因其《海盗船》中的内容违反了审查制度而被处以监禁和罚金，文叶在此为他辩护。——译者注

② 指高德施密特。——译者注

③ 根据埃德蒙·葛斯所著《易卜生传》来看，此报纸仅持续九个月就停办了。——译者注

易卜生在50年代和60年代前期所写的作品没有一部在丹麦产生持久的影响，可是《布朗德》的问世使他一举成名，在丹麦文学中获得了举足轻重的地位。这一地位经由他与哥本哈根的金谷出版社的联系而得到了更有力的保障。然而，那时在丹麦已经首先建立起来的美学标准阻碍了对易卜生所创作的诗歌中最具特点的核心特质的欣赏。当时如日中天的评论家克莱门·彼得森拒绝将《培尔·金特》看作诗歌，并将这部伟大的作品贬为与引起争议的刊物《海盗船》一类的文学作品。易卜生用令人难忘的言辞表达了渴求被理解的愿望："我的这部戏是诗。如果它现在不是，那么它将来一定是。挪威将以我的这部戏来确立诗的概念。"丹麦没能成功地将其"美的传统"强加给这位极富原创精神的诗人。相反，易卜生彻底重新创造了丹麦关于诗歌本质的概念。

很快，易卜生在丹麦找到了一个有才能的盟友，他唤醒了易卜生对诗人品质的理解：他不仅是民族的诗人，而且也是整个欧洲的诗人。这个盟友便是年轻的乔治·勃兰兑斯。在易卜生的事业早期，他的注意力便转向了这位未来的知识分子先锋。他在罗马时，从勃兰兑斯的朋友路德维希·戴维德那里听说，这位新批评家准备举起未来的旗帜。他深受英勇豪爽的勃兰兑斯的感染，那时勃兰兑斯年仅24岁，便向传统和拉斯姆斯·尼尔森的哲学提出挑战——拉斯姆斯·尼尔森的哲学旨在达成宗教与科学的和解，其目标是"认识到科学的不可置疑的价值，并保留对信念的理想要求"（参见拉斯姆斯·尼尔森：《当下的精神生活》，253页）。易卜生很清楚，"这个人[①]将对斯堪的纳维亚的知识分子的生活起到重要作用"。毫无疑问，勃兰兑斯起初也受到了丹麦美学传统的阻碍。他和克莱门·彼得森看待《培尔·金特》的立场是相同的。他强烈地指责了易卜生的"道德化"倾向与习惯，他断言，这首诗[②]"既不美好也不真实"（参见《勃兰兑斯文集》第三卷，271页）。易卜生对此回复道，他完全不关心美学传统，对他而言，传统上所认为的丑陋之人如果性格饱满，实际上可以是美的——"凭借其内在真实"。勃兰兑斯很快转而同意他的观点，因为他的个人倾向和他方向相同。生活很快拓宽了他的视线，增强了他的赞同感，他"摆脱了所有由于教育与传统而产生的偏见"（参见《勃兰兑斯文集》第三卷，239页）。因此，当易卜生号召他成为这场伟大的精神革命的

[①] 指勃兰兑斯。——译者注
[②] 指《培尔·金特》。——译者注

领导者之时，勃兰兑斯用一首情感炽烈、对他尊崇备至的诗歌回应他，他在诗中表明，自己乐于参与这场战斗，甘愿做"所向无敌的领导者"易卜生的"天然追随者和侍从官"（参见《勃兰兑斯文集》第十二卷，366～367 页）。

将真实的人物性格作为首要的和最高的要求这一关于艺术的新观念，是由勃兰兑斯在著名的关于"19 世纪文学主流"的演讲中明确提出的，这一阐述比其他任何作家的说法都更清楚明了。1872 年，这些演讲开始以书面形式面世，此时易卜生受勃兰兑斯影响的程度有多大，可以从他书信集的许多段落得知。"没有哪个富于想象力的诗人能写出比这更危险的书了。"1872 年，易卜生致信勃兰兑斯如是说。时常占据他的思想，甚至搅得他彻夜难眠的，并非这本书的历史主题——"移民文学"——而是勃兰兑斯对文学自起始就持有的态度，他对现状的"反叛"，对斗争的渴望，受到对自由的狂风暴雨般的欲求的鼓舞，对社会偏见的抨击，他的态度，比如对待自杀或者非法爱情的态度。这便是易卜生在评论这本书时所说的"它在昨天与今天之间划下一道深深鸿沟"的意思。几乎可以这么说，勃兰兑斯的作品不仅开创了丹麦文学的新流派，而且开创了易卜生文学事业的"新纪元"。在易卜生开始将他的全部创作精力投入描绘现代社会的戏剧中的时候，勃兰兑斯的作品给予了他新的力量。在易卜生此时步入的发展道路上，勃兰兑斯一步步地跟随着他，成为他忠实的保卫者与阐释者，不论是在国内还是在国外。在头几年充满激情的战争之后，易卜生作品中好斗的语调逐渐平息下来，转而让位于这位真实的诗人的心情，他不对人们做出评判，而是试图理解他们。1871 年，他声明这是他的任务——去观察并描述在其悲剧性与喜剧性发展中的生活。伴随《野鸭》这部作品，他步入了戏剧创作的"新路径"，在接下来的路途上，他成功地完成了他为自己布置的任务。在《罗斯莫庄》中，他卸下了重担，公开表示他不再重视曾经对他"至关重要的必需"的东西，即便他知道这样做会冒犯许多人（参见易卜生在挪威莫尔德的演讲，1885 年 9 月 4 日），他也不再那么热衷于当时的辩论（参见易卜生在瑞典哥德堡的演讲，1887 年 9 月 12 日）。在他的写作中，一种全新的、更纯粹的心理阶段开始了。此时，他再次发现勃兰兑斯站在他这边，因为新元素、"未来的元素"和这种观察的能力完全相同，易卜生认为勃兰兑斯已经在历史的书写中引入了这一元素——这便是对过往的时间与人的艺术的、直觉的复活。在易卜生看来，这是勃兰兑斯的作品中使之成为"诗歌"的品质。

因此，当这位诗人和这位评论家在他们的发展过程中逐渐向彼此靠近之时，他们之间的情谊也变得越来越接近真正的、私人的友谊。尽管他们俩都是顽固倔强而争强好胜的人，他们都以自己的方式这样存在着，但他们的友谊坚不可摧。勃兰兑斯经常因受到易卜生在通信方面的怠慢①而感到生气，但那种精神上的亲密关系和感觉总是将他拉回到他的文学朋友和"领袖"这边。易卜生也从不允许任何厌恶之情改变这段历久弥坚的关系，因为他总是觉得，他从勃兰兑斯那里得到了那种比任何褒奖都更为珍贵的理解。他致信勃兰兑斯："我并不需要通常维持友谊所依赖的那种一致性。"这两位先生之间的友谊纽带是由一种更高层次上的一致性形成的。

关于思想进程这一话题，易卜生致信勃兰兑斯："我最开始的时候感到自己是一个挪威人；后来我发展成为一个斯堪的纳维亚人；而现在我成为条顿主义者。"他坚信（在一场演讲中表达过，参见德文版《易卜生文集》第一卷，527页）一位作家有必要成为"伟大的条顿家族"的居民，以便保证他的理念在他的祖国获得胜利。他向勃兰兑斯高喊："在国外，我们斯堪的纳维亚人必定会打赢我们的战役。在德国打一场胜仗，你就会成为家乡的山中之王！"②

易卜生本人很早就与德国有联系了。1852年，在他游览戏剧艺术的胜地之时，他在德累斯顿待了两个月，目的在于让自己熟悉德国剧场。他对这段时间的回忆是他所拥有的回忆里"最快乐、最美好的一部分"。然而，不管是在那时还是在很久以后，他都没有允许任何来自德国的精神影响接近他。因为，他自己意识到所处的境况不妙，其实在很早的时候，他就将德国人视为斯堪的纳维亚人的"世敌"了——主要因为他认为丹麦人在知识分子事务方面对德国的依赖性阻碍了斯堪的纳维亚知识分子生活的独立发展。他对这一主题的研究表明，近50年来，北方在神学、哲学与文学方面的反动潮流几乎都来自德国，然而几乎没有哪场进步的运动是起源于那里的。1864年，在他去罗马的路途中，他再次踏上了德国的土地，战事猛烈地燃起了他胸中的斯堪的纳维亚爱国热情。我们从他写给比昂松和托雷森夫人的书信中可以看出，他义愤填膺，几乎要发疯了。他对不幸的"兄弟民族"

---

① 指回复较慢。——译者注
② 此处译文直接引自《易卜生书信演讲集》，126页。——译者注

丹麦的同情和对挪威与瑞典行为①的愤怒与羞愧，见于他在罗马发表的言辞激烈的私人讲话与公开演说，甚至还见于近乎孩子气的讽刺漫画（参见 L. 迪特里奇森：《往昔》第一卷，334，335，342 页）。1865 年 6 月 11 日，在他著名的 P. A. 孟克墓前的演讲中，他向丹麦人高喊："彻底根除你们国家的那个党派，它用言辞和精神行为将一切注意力转向南方，仿佛它的祖国在那里！"（参见《易卜生文集》第十卷，505 页）。

　　1868 年春季，易卜生从意大利出发，踏上了回国的旅途，必须承认，他极不情愿回国。他在慕尼黑和德累斯顿中断了旅途——在最后提到的城镇②安顿下来，度过了 1868 与 1869 年间的冬季。随着他对环境的逐渐适应，德国以及德国精神与状况都对他产生了相当大的吸引力。于是，这次冬季访问被延长为长达几年的居住了。毫无疑问，他下定决心在德国多待一段时间，其中一项考虑是那里为他独生子的教育提供了方便。他也很可能受到他和国内的朋友们此时关系紧张的影响，如果他选择回国，自然会向他们寻求支持。

　　在普法战争期间和德国后来的政治发展阶段——德国"伟大的时代"，易卜生一直待在德累斯顿。各种激动人心的事件使他心绪不宁，无法聚精会神于写作。在这一时期，他迫于无奈，不得不过着闲散的生活，与此同时，他对德国有了全新的评判。他渐渐相信，"纪律"是奇妙的东西，在他看来，德国人获得光荣的胜利并团结联合成为帝国，正是因为他们有"纪律"。他曾如此热切地渴望看到斯堪的纳维亚三国实现联合，而今，他看到这一理想在德国人这里实现了。严格的国家纪律中蕴含的进步的巨大力量给他留下了刻骨铭心的印象，他从未在脑海中将其抹去。在他对妇女的讲话中（1898 年 5 月 26 日），他言辞恳切地呼吁母亲们将此作为她们的最高任务：唤醒孩子们心中"对文化与纪律的意识"（参见《易卜生文集》第十卷，526 页）进而为国家服务。用这种方式，易卜生得到了来自德国的第一份精神大礼。这位年迈的"斯堪的纳维亚人"变成了"条顿人"——但并没有放弃他的斯堪的纳维亚主义。不同的是，此时的他仅视之为一种为实现更高的精神联合而做的准备。

　　众所周知，易卜生在居住于德累斯顿期间，被指控（1871 年）在他刚刚出版

---

① 指对丹麦在战争中丧失领土坐视不管、袖手旁观。——译者注
② 指德累斯顿。——译者注

的《诗集》中以非常恶劣的敌视态度提到德国。在他的"辩护辞"中（参见德文版《易卜生文集》第一卷，506～509 页），他认为，完全公正地说，以一个人曾在立场完全不同的情况下所写的东西而认定他现在持有那样的观点，进而攻击这个人，这是不公平的。并且，他断言，他从未参加过反对德国的斗争，他只为斯堪的纳维亚而战。

"在德国知识分子的影响下"，易卜生终于成功地写出了计划已久的戏剧《皇帝与加利利人》。就在他即将完成此剧之时，他亲眼看到世俗政权和宗教势力之间、王国与王国之间的激烈斗争，这些斗争此起彼伏，此消彼长，不断涌现于德国的"文化斗争"① 之中。他的这部戏剧②比他自己预想的"更适合时代的发展"。这位诗人想象出来的人物正好符合这场新兴的精神运动的现实，因此产生了更为深广的影响力。

除了在意大利待过两段时间（一段时间较短，从 1878 年到 1879 年；一段时间较长，从 1880 年到 1885 年），易卜生在 1868 年到 1891 年间主要居住在德国，起初是在德累斯顿，后来在慕尼黑待得更久。这本身就足以证明，他已经逐渐习惯了在德国生活。我们还能在他自己的言辞中找到证据。1885 年 11 月 13 日，他从慕尼黑致信乔治·勃兰兑斯："我在这里感到非常自在，比在我自己家里自在多了。"在德国，他打下了闻名于世的基础，我们在他的书信中找到一些对他在德国事业有成的描述。奇怪的是，首先想到把易卜生的作品译为德语的是一位挪威人——爱好文艺的约翰·格里格，他是作曲家爱德华·格里格的一位兄长。1866 年，格里格将《觊觎王位的人》译为抑扬格诗体的德文。（格里格的这个想法奇怪地对应了埃德蒙·葛斯关于《皇帝与加利利人》应以诗体写作的论断。）然而，他的译文从未发表。三年后，一位来自卡塞尔③的文学爱好者 P. F. 希博尔德出于好意，试图通过翻译《布朗德》而将易卜生引介给德国读者，不过，这一尝试执行得不大顺利。1872 年以前，各种各样的条件和状况混杂在一起，阻碍了这个译本面世。1872 年，兼具文学品味与诗性思想的阿道夫·斯特罗特曼翻译并出版了

---

① 文化斗争：为了控制学校、教会任命和公证结婚，罗马天主教会和俾斯麦领导的德国政府之间所进行的斗争（1871—1883）。——译者注
② 指《皇帝与加利利人》。——译者注
③ 卡塞尔，德国中部城市，位于汉诺威的西南偏南方。——译者注

《觊觎王位的人》和《青年同盟》。

1875年和1876年，德国舞台开始上演易卜生的戏剧——这归功于"梅宁根"演员的先锋作品和他在慕尼黑的朋友们的努力，尤其是艾玛·克林根菲尔特女士。那时上演的两部作品是《觊觎王位的人》和《海尔格伦的海盗》。但这些并没能引起多大注意，它们没有以尤为新颖的东西诉诸德国人的艺术品味。《社会支柱》《玩偶之家》和《群鬼》使易卜生成为德国知识分子生活中的权威人士。1878年，《社会支柱》被搬上了舞台，不仅在柏林演出，而且还在德国的许多其他大城镇演出。这部作品给后来在德国推进易卜生事业的一代人留下了决定性的印象。"我们年轻一代人的眼界被它打开了，"许多年以后，保罗·施伦艾尔写道（参见德文版《易卜生文集》第六卷，前言，17～18页），"（它让我们看到了）当时戏剧的假定性能做到的一切可能的事，简直达到了登峰造极的程度。我们欣喜若狂，激动得不禁发颤。我们一次又一次地进剧场，并且，我们可以整天坐在那里阅读他的剧本，尽管当时我们只能阅读威尔海姆·拉恩格的蹩脚译本。缺乏诗意的、生硬的德文和郊区剧场演员的表演方式都没能消除这部戏剧的力量。在那以前，易卜生对于我们而言不过是一个虚名。这部剧让我们爱上了他——终生爱他。我可以证明，许多与我同时代的人，也包括我自己，在我们成长过程的关键时期，受到了这部决定我们余生审美取向与审美品味的现代现实主义作品的影响。在我们所处的这个时代，政治极为现实，我们遇到了与之相应的现实主义诗歌。如今，生活是一件乐事，因为有一位诗人与我们同在，他拥有面对这个时代的问题的力量与勇气。"关于《社会支柱》给人们留下的印象，奥托·布拉姆的话也给出了类似的证明（参见《新自由报》，1904年5月10日）："我们从中获得了关于可能建立一个新的诗意世界的最初想法，我们第一次感到自己会相信我们面前与我们同时代的虚构人物，从这种对当时社会的广泛批评中，我们看到自由与真理的理想作为'社会支柱'胜利地出现。从那一刻起，我们成为这一新兴的现实主义艺术流派的拥护者，我们找到了我们的美学信条与纲领。"

然而，亨利克·易卜生对现存状况挖掘得越深，反对其戏剧的抗议声就越激烈，在德国亦然。许多人反对《玩偶之家》，反对《群鬼》者更甚。翻译《群鬼》是大胆的文学行为。这部剧面世三年以后才有人冒险翻译它——后来，胆识过人的玛丽·冯·博尔奇夫人使德国的读者们读到了这部剧。

乔治·勃兰兑斯和朱利乌斯·霍夫瑞这两个丹麦人仿佛悄悄地担任了斯堪的纳维亚思想在德国的代理人与诠释者。特别地，作为评论家，他们运用个人影响力做了许多推动易卜生事业的事。勃兰兑斯在柏林居住了五年多（1877—1883），为他自己的著作与目标赢得了年轻一代文艺青年的喜爱与支持，他通过写作关于易卜生的论文，使人们真正理解了这位挪威诗人的作品与他的伟大。霍夫瑞将某种体系引入译作之中——尤其是新创作出来的戏剧译作中。他强有力的创造性个性影响了许多易卜生的反对者，使他们转而支持易卜生。易卜生伟大的辩论剧《群鬼》将德国划分为支持他与反对他的派别。当这部剧上演之时，这场辩论变得非常激烈。第一位冒险上演《群鬼》的剧场经理是奥古斯特·格霍瑟，他是奥格斯堡剧场的导演，他在慕尼黑易卜生圈子的煽动下排演了这出剧。然后，梅宁根公爵下令在他的剧场里演出这部剧。然而，这部剧直到1887年1月9日在柏林演出之后，它才真正算是获得成功，产生这部剧的关于生活与艺术的新观念才广为传播。当此之时，鼓励这项事业的领导者们鼓起勇气的人正是霍夫瑞，并且，他也积极参与到必要的准备工作中。

1887年，德国至少出版了三部评论易卜生作品的论著。但四年前，尤其了解挪威和挪威人的路德维希·帕萨奇就向公众给出了这位挪威作家在德国的第一幅伟大的文学肖像。帕萨奇也鼓足勇气翻译了极具代表性的挪威作品《培尔·金特》，使他的同胞阅读到这部作品。

因此，尽管过程缓慢，但易卜生还是确立了他在德国文学世界与德国舞台上的地位。他的译者如雨后春笋般涌现出来。1892年8月31日，易卜生有非常充足的理由致信茹多尔夫·施密特："不幸的是，我有比我想的要多得多的德语翻译。"很快，他开始在他发表挪威语新作品的同时也发表"得到授权的德文版"作品，其目的在于防止被未经授权与不负责任的翻译与出版商利用。直到90年代，这种违反版权法的情况才终止。易卜生在柏林找到了一家帮助他维护版权的出版商，并且，他在柏林计划与出版了完整的德文版文集。这个版本的一个目的是通过以时间顺序排列易卜生的戏剧，向德国读者们展示易卜生作品之间的内在联系，另一个目的是用保持易卜生原稿中独具特色的语言的生动的新译本，代替以往的许多以生硬的书面语译成的旧译本。特别是他的诗体戏剧与诗歌，以往的译本对他太不公平了，而这个译本，不仅要求译者，也要求诗人，也给予易卜生这位诗人他应得的地位与评价。

然而,易卜生不仅向德国读者呈现了他的书,向德国舞台展现了他的剧目,他还做了远比这些更重要的事情——他为这个国家的文学土壤再次施肥并释放出多产的能量,要不是他强有力的创造性的言辞,这巨大的能量也许永远不会意识到它们自己,或者更确切地说,不会意识到它们的任务。在他用他的理论与实践为之施肥的土壤中,一个全新的文学流派出现了,属于这个流派的盖哈特·霍普特曼的强有力而美好的作品将易卜生尊为精神领袖。毫无疑问,易卜生被模仿——但在霍普特曼这里,这个词特别不适用,他只承认对易卜生的理念进行了自由而独立的进一步发展。1889年9月22日,柏林的"自由剧场"选择《群鬼》作为其开场的首演剧目,向公众表达了这样的感受:易卜生一直是年轻德国的文艺领导者。

易卜生在英国与法国都没能产生像他在德国这样唤醒世人的强有力的影响,尽管在这两个国家,有天赋的评论家也努力阐释他的作品,有造诣的译者也试图在他们的同胞中传播他的作品,剧场经理和演员也竭尽全力在舞台剧目中为他的作品留出位置。易卜生的英国发现者是埃德蒙·葛斯,他是这样一位文人:将学识与严格的批判都结合在他的诗意之中。他最先向英国的公众说出易卜生的名字,并向这些读者提供易卜生诗歌的第一批翻译范本,他的译本非常出色。紧随其后的是威廉·阿契尔,他系统地将易卜生的戏剧译为英文,并在挪威裔英国记者H.L.布莱克斯塔的帮助下,成功地将它们介绍到英国舞台上。在阿契尔开始在英国宣传易卜生的同一年(1888年),一位驻法俄罗斯外交官莫里茨·普洛佐伯爵开始将易卜生的一系列戏剧作品译为法语,他受过高等教育,文学品位甚为高雅,其法语译本最后包含了易卜生几乎所有的描绘现代生活的戏剧。

大胆新锐的法国戏剧导演安托万在他的"自由剧场"里首先尝试将易卜生的人物置于法国舞台上。接下来,另一个名为"杰作"的独立剧场的经理吕格内·波俄也承担起这个任务,他逐渐使易卜生戏剧成为他的剧场特色。"易卜生主义"在法国蓬勃发展,其力度与强度比在任何其他国家都大。一个学派的基本性质由那些讨论这位诗人[①]和他作品含义的人们决定。在法国戏剧家中,易卜生找到了许多模仿者,他们让他们的人物用类似的腔调和有效的对话在舞台上讨论社会问题,

---

① 指易卜生。——译者注

但这一切本质上都局限于更早的法国戏剧。迄今为止，没有哪位法国戏剧家真正理解了"易卜生主义"的本质特征并对其加以应用——其精髓乃在于对人的性格的呈现。

易卜生对英国戏剧发展的影响就更小了。但至少有一位戏剧作者受到了易卜生的影响，此人便是萧伯纳，他机智而富有创造力的作品表明他从易卜生这里获得了灵感，并且他正确地理解了这位挪威戏剧大师。1891年3月13日，伦敦的独立剧场也公演了《群鬼》这部剧，然而，这家剧场经营了不久就倒闭了。与在柏林上演的情况相反，没有一家正规的英国剧场愿意搬演《群鬼》。在英国，那些勇敢忠诚地努力举起易卜生旗帜前行的人们尽管深具洞见，但通常被视为"事业失败者"。

在意大利，易卜生的某些戏剧比在法国更早闻名，但直到90年代，他才真正地在意大利出名。此时，除了在斯堪的纳维亚家乡和德国，没有哪个国家像意大利这样频繁而广泛地上演他描绘现代社会的戏剧，尤其是《玩偶之家》和《群鬼》。在意大利，最为显赫的舞台艺术家们在易卜生的人物中找到了他们最重要的一些角色。意大利新兴的文学流派并没有追随易卜生之脚步，但他的戏剧所提出的伟大的社会问题成为人们热烈讨论的话题，广为流传。他的书尤其对大学生产生了深远的影响力。在国家与社会的革新过程中，他是一股鼓舞人心的力量。

在此呈现给公众的《易卜生书信集》——写给斯堪的纳维亚人、德国人、英国人以及半法国人①的书信——向我们展示了他的声誉和影响力是如何从一个国家传播到另一个国家的。这些书信并没有完整地描述这一过程，而是用极具特色的碎片向我们传达了这一过程。作为一位艺术家和知识分子权威人士，易卜生的国家意识在他身处不同国家的时候区别非常大。但最终，他毫无疑问成为具有世界声誉的诗人——尽管这位挪威作家起初的斗争是如此艰难。1866年，甚至在《布朗德》出版之前，他曾写下预言性的、语气坚决的话——"有一天，我将要，也一定会取得胜利"——他亲自将这些话变成了事实。

---

① 主要指普洛佐伯爵。——译者注

易卜生的大厦[①]

威廉·阿契尔

> 《建筑大师》有可能会导致"易卜生热"被世人遗忘,湮没在阴森的大厦之中。
>
> ——《体育与戏剧新闻画报》,1893年2月25日

1889年6月7日,查尔斯·查林顿先生和贾内特·阿彻尔奇女士在新奇剧场上演了《玩偶之家》,在自那时起的过去四年中,绝大多数英国剧场的批评家一直勤勉积极地,甚至于可以说是毫不间断地忙于建造易卜生的大厦。也许"大厦"这个词并不大合适,用"纪念碑"或者"坟冢"可能会更接近我想表达的意思。每位评论家都只是评论他"古老的赤色砂岩石块"——他滑稽的鹅卵石、毁谤的砖块,以及谴责的圆石——并且随意地将这些石块增加到那粗陋的金字塔上,而易卜生那死气沉沉的遗骸本该躺在这金字塔下。当他们不时地从工作中休息的时候,人们只是看着它,然后宣称它很好。我们经常听到人们以洋洋自得的语调说:"我们获悉易卜生的最后时光是如何度过的","易卜生主义"(或者,如果评论者比较机智,会说"易卜生特质")"寿终正寝了","易卜生热过气了","人们试图以易卜生来实现平衡,发现这是奏效的","公众不论如何也不会喜欢易卜生的",等等,诸如此类!在伦敦,近四年来,保守派评论者很可能向读者们公布了四五次

[①] 本文原载于 Fortnightly Review of July, 1893 (liv, pp. 77-91)。作者威廉·阿契尔(1856—1924)为苏格兰作家与戏剧评论家,其学术活动大多数时候在伦敦。他是易卜生戏剧的早期倡导者,也是萧伯纳的朋友与支持者。——译者注

易卜生已经驾鹤西去的消息,直到后来,伟大的公众才开始以怀疑精神关注其才华。每每在他们公布这些消息之后,易卜生都会出现,不仅没有离世,反而还比以往更为活跃,然而,这些评论者冥顽不化,一直梦想着终有一天要捣毁他,他们通过在同一座古老的大厦或纪念碑上不断增加东西,如同希腊神话中的提坦族那样,将奥塞山叠于奥林波斯山上,再将皮立翁山叠于奥塞山上,直到那受诅咒的金字塔到达文学史上几乎空前的高度。奇怪的是,他们投掷的所有乱石都没能砸中目标,他们的毁谤与诅咒从未奏效。究其原因,大概只能是因为易卜生根本就不在乱石堆下,而只是他们自己的想象复合而成的一尊雕像、一个幻影,或者罗马神话中雷摩斯大叔(罗穆鲁斯的双胞胎兄弟)所谓的"二重身"吧,它们同真正的易卜生仅有极微小的相似之处。简言之,这座大厦就是一座纪念碑。

我写作此文的目的并不是批评,而只是纯粹记录历史。我想精选出为数不多的、符合易卜生的评论范本,然后通过一些事实和数据表明,尽管那些非难从未间断,如雷暴一般向易卜生侵袭而来,但易卜生的作品仍然在舞台上大放异彩,观众们好评如潮,据我所知,我的书也获得了令人震惊的空前胜利。

(麦克尔·伊根按:阿契尔详细地引述了媒体对《玩偶之家》《罗斯莫庄》《海达·高布乐》以及《群鬼》的评论。)

现在,让我们来看看当下恶言谩骂的金字塔之最高层。2月20日,赫尔伯特·沃林先生和罗宾斯女士在特拉法加广场剧院上演了《建筑大师》,媒体的反应如下:

> 浓浓的雾霭遮蔽了人物、语词、行动和动机……在这位挪威作家的奇诡戏剧中有某种兴趣……举一个极端的例子,可以将它与见证疯癫者写作、排演与演出戏剧的感受做比较。
>
> ——《每日电讯报》
>
> 既然此剧被称为一部戏剧,那么一定没有人可以彻底洞悉这部剧的奥秘……如果不是娱情的戏剧,那么它毫无疑问是令人迷惑不解的戏剧……此剧不是我们一时半会儿能够理解的,因此,我们推荐人们到剧场里去看一看它。
>
> ——《标准报》

在此我们仔细思考一系列疯癫的行动，一个比一个更加绝望……单调和空洞……这部剧绝望至极，无可辩解。

——《环球报》

人们坐在剧场里，自认为这部剧很伟大，因为他们知道它的作者是易卜生……同样是这部剧作，倘若作者换成一个不知名的人，他们大多数人肯定会嘲笑甚至喝倒彩。

——《回音报》

此剧充斥着呆滞无趣的对话和激烈尖锐的疯狂……里面有我们在英语戏剧中听到的最沉闷和漫无目的的胡言乱语……既无意义，也不连贯，完全是一部愚蠢的作品。

——《晚间新闻》

像特尔斐的神谕一样冗长烦琐、隐晦难解，像狄更斯小说中的甘普女士一样唠叨多嘴。……了无生气、漫无目的的一部剧，字里行间流露出白痴和愚蠢的特点……整整三幕胡言乱语。

——《舞台》

诸多语无伦次元素的混合体，令人迷惑。没有故事。人物都令人无法忍受，他们的动机是一场被歪曲的路标的噩梦。

——《星期六评论》

淫邪……不敬……腐败……简直是亵渎神明。

——《晨邮》

呆滞无趣，神秘难解，贞洁全无。

——《每日画报》

这是一部这样的戏剧：即便年轻人看了也会不再害怕受到伤害，那不过只是一阵严重的头疼……易卜生是书写混乱无序和无意义隽语的大师……最后一幕的惊悚时刻被突降法①损毁了。其余部分都是慵懒的胡言乱语。

——《费加罗报》

以扭曲的形式呈现人类生活，完全不可理喻。

——《画报》作者莫伊·托马斯先生

---

① 突降法：一种修辞，由逐渐提升的庄重突然转变为滑稽之法。——译者注

和他之前创作的散文体谈话一样陈旧无趣。

——《英格兰报》

大错特错。《建筑大师》的演出……希尔达·汪格尔也许是这部剧中最可恶的人物……女色情狂的受害者！……蓄意谋杀……吝啬、低贱、可恶，以没有名誉而引人注目。

——《帕尔默报》

易卜生写作了一些非常卑鄙粗俗的戏剧……《建筑大师》有可能会导致"易卜生热"被世人遗忘，湮没在阴森的大厦之中。

——《体育与戏剧新闻画报》

关于评论的大厦，就说到这里吧。这世上还有比易卜生遭受的谴责更多、更持久的艺术家吗？我们必须记住，我只是从恶意谩骂的金字塔里选择了为数不多的几块砖。加倍摘录这些评论并不难。读者也许会说："这都很好，不过，这件事的另一面是什么呢？"当然，在这四年里也出现了许多明智而有学识的易卜生剧评，毫无疑问，其中有一些过于热情了。不过，不管是从数量还是影响方面来看，嘉许易卜生或比较温和的剧评同上面这些充满愤怒、指责与敌意的剧评完全不可比。所有的晨报、主流的画报周刊、评论周刊（只有一家例外）以及戏剧商业报刊都对易卜生严厉指责。我有时候会为了保留某些评论的荒谬可笑之处而引用较为模糊的报纸，但在此文中，我摘录的绝大多数报刊都源自影响力较大和地位较为重要的报刊。从整体上看，这些报刊的结论是这位"斯堪的纳维亚骗子"、这位"须发斑白的无神论者"、这位"有决心的社会主义者"[1]、这位"旅居郊外的易卜生"呆滞无趣、沉闷乏味、肮脏不堪、阴郁黯淡、死气沉沉，从未有人对他的作品产生任何兴趣。如果英国公众有可能对这样一位无药可救的"自我中心主义的笨拙作家"给予少得可怜的一丁点儿关注，那么人们的健康常识便会起而反抗，"将他赶到台下"。如果难听的言辞（以及污秽的语词）能杀人，那么易卜生不知道死了多少次了！

---

[1] 易卜生是和赫尔伯特·斯宾塞先生一样的社会主义者，也就是说，是社会主义者的对立面。不过，上述这些短语写得很漂亮，很有特点（意思是写得好的评论并不一定是陈述事实的），超越了普通评论的水准，很有才气。

易卜生的大厦

现在，让我们来看看他的剧本是否"死得其所"——首先看看书籍市场，然后看看舞台演出。

大约四年前，《社会支柱》《群鬼》和《人民公敌》作为卡莫洛特经典系列丛书中的一本出版，并以每卷一先令的价格出售。截至1893年底，这本书经由瓦尔特·司各特先生售出了14 367册。在1890年和1891年，同一家出版商发布了五卷本易卜生散文体戏剧集，每本售价3先令6便士。这些书截至1892年底，共售出16 834册。因此，仅瓦尔特·司各特先生一人就发布了（大约）31 000册易卜生的作品，而易卜生本人身在局外，一点也不在乎这些钱。不过，这些数字实际上轻描淡写地说明了这个情况。我们说的"册"是一个人造的单位，真正的自然单位是戏剧本身，而每一册包含三部戏剧。因此，我们发现，仅一家出版商就发布了93 000部[①]易卜生的戏剧，使它们在市面上流通。其他出版商发布了单卷本的易卜生戏剧，比如《玩偶之家》《群鬼》《罗斯莫庄》《海上夫人》《海达·高布乐》以及《建筑大师》，其中有一些（特别是海纳曼先生购买其版权的易卜生的最后两部剧）销量极大。因此，我认为，我们完全有把握估计说，在过去的四年里，英语国家购买了10万部易卜生的散文剧。在出版史上，可曾有可与之相媲美的戏剧译本吗？除了莎士比亚的戏剧译本在德国的状况之外（可是莎剧译本并不是在四年内而是在一个世纪内达到这个销量的），我怀疑其他任何戏剧译本都不曾达到这么高的销量。易卜生本人的作品必定在德国有很高的销量，但在那里（指在德国），他的每一部剧本售价三便士，而在这里（指在英语国家），平均算来，他的剧本的售价至少是在德国出售总价的三倍。不论如何，在英语出版物中，这样的销售量绝对是空前的。我所提到的在瓦尔特·司各特先生接手以前放弃出版易卜生散文戏剧集这个主意的出版商，认为这是不切实际的，他露骨地断言说，现代戏剧永远也不可能在英国"大卖"，而且，除了易卜生这唯一特例以外，他说的话的确被证实了。有人会说法国戏剧家比如大仲马、小仲马、奥吉尔等人的作品没有被翻译，是因为人们直接阅读他们的原作。可是在当前的英国，由所有的法国现代戏剧家（包括大小仲马、奥吉尔、萨杜、梅亚克、拉比什以及其他所有剧作家）写作的戏剧加起来卖到了10万部吗？我非常怀疑这一点。当

---

① 这当然包括在美国及其殖民地的销售，不过，实际上，这些书绝大多数都在英国出售一空。

然，否认这些充满敌意的狂怒没能达到他们的目的，反而可能比任何事情都更有助于引起与并保持公众对易卜生的兴趣，是荒唐愚蠢的。然而，谴责何时保障过作家的名声呢？如果一本书枯燥无味，评论者们也这么说，人们便不会一味固执地认为它是有意思的。除非评论在宣称一位作家乏味无趣、"沉闷到令人绝望"的过程中，自相矛盾地极力强调这些恶言漫骂只是表象，公众才开始好奇：这令评论者们如此兴奋不已的沉闷无趣之中是否暗藏玄机？对于普通读者而言，是否也能带来某些启迪？事实上，正如出版商们所确证的那样，五十多年来，英国的公众已经抛弃了阅读剧本的习惯，并且对于许多人而言，不同寻常的戏剧形式本身就令人感到厌恶。然而，尽管考虑到这一障碍，考虑到易卜生主题、氛围和观点的异质性——以及译本不可避免的纯粹美感的丧失——但事实上，他的剧本目前仍有10万部在被公众阅读。没有人可以预测出人们对他的作品的兴趣是会增长还是会衰减。不过，就目前来看，并没有任何衰退的迹象。即便它们明天就消亡，我想，人们还是会承认这4万册书[①]（10万部剧本）形成了一座蔚为壮观的"大厦"甚或"丰碑"。

接下来让我们来看看舞台演出吧——不过，在陈述事实之前，请允许我提出一些初步的考虑。除了在人们什么书都读的德国以外，易卜生的戏剧译本是否真正深深扎根于国外的戏剧舞台了呢？几个世纪以来，在改编领域一直存在着一种轻松愉快的国际贸易——法国人从西班牙人那里借鉴学习，我们全世界都向法国人借鉴学习，诸如此类——但译本一直很稀缺，也很罕见。在英国，我们尤其对译本不感兴趣。即便是莫里哀的戏剧，我们也仅只是为舞台演出做一些粗糙的、现在几乎被人们遗忘的改编。那时，易卜生的戏剧——被翻译而不是被改编——在英国剧场中较受欢迎，这一事实本身实际上是极其独特的。倘使他的剧作在英国舞台上真的"不可能"上演，那么高乃依、拉辛、莫里哀、马里沃、雨果、缪塞、莱辛、歌德、席勒、维加和卡尔德隆的戏剧也同样不可能上演[②]。不过，并没有这么令人鄙薄的剧团。事实上，面对来自媒体的、空前的、暴风雨般的攻讦，易卜生

---

① 如前所述，司各特先生售出了3.1万册书，而我们完全可以推想出其他出版商发行的这六部单行本戏剧剧本售出了9000册。

② 对《浮士德》的悲戚演绎，以及根据雨果剧作进行的粗糙情节剧式的改造，必定被看作改编而非译本。

的七部剧——未被改编,而是被忠实地翻译——俨然被置于英国舞台之上。如果我们的戏剧史上还有可与此相提并论的情况,我愿洗耳恭听,当然,我本人想不到任何可与之相媲美的情况。"这一切都非常好,"那些反对者们公开宣布,"但我们不否认有一些'又傻又吵的追逐时髦者'为这些作品喝彩叫好。我们坚持认为,广大的具有购买力的观众无论如何也不会去观看易卜生的戏剧的。"毫无疑问,绝大多数批评家都尽可能将观众从上演易卜生戏剧的剧场中驱散出去。他们的恶言谩骂虽然有弊也有利,但总体上降低了易卜生戏剧在票房方面大获成功的概率。评论家们连续不断地指控易卜生的戏剧"缺乏教养"特别有效——在英国这样一个国家里,戏剧很大程度上构成家庭生活的一部分,这一指控必定是有害的。可是评论家们的高呼呐喊很快就失去影响力了,因为思想开明的剧场观众们并不把媒体的警告放在眼里,他们用自己的双眼发现,在所有的舞台作家中,易卜生是距离道德腐败最遥远的。正如《真理报》的评论员所说,可以肯定的是,任何一个想在剧场里"幸灾乐祸地观看"易卜生剧作不得体之处的人,一定会感到悲伤失望。可是,一种像这样巧妙植入并不断得到培养的迷信观念需要时间才会逐渐消亡,而成千上万的人们因为这些作品不是"女儿可以和母亲一起安全观看的"娱乐表演的观念,确定无疑地远离了易卜生戏剧的剧场演出。然而,尽管受到诸多谴责和误解,易卜生的戏剧却一点也没有遭受到那些充满敌意的评论家们不断预言和暗示的金钱方面的惨败。事实上(除了《建筑大师》①以外,因为在我写作此文的时候,此剧仍在上演,因此无法最终确认它的资产负债情况)我仅了解易卜生作品票房大赚的一例,但综合考虑其他作品的情况,我们完全可以认为,他仅能勉强维持生活。关于泰立剧场上演的《海上夫人》,我一无所知,因此没有将它的票房情况算在内。《群鬼》再次未得到许可,因此,尽管它两度演出,却分文未得。至于余下的五部剧在1889年6月7日到1893年3月18日之间在伦敦的总票房,我能够较为准确地予以陈述。《真理报》的评论员说,观众不会"为无聊买单",但不知怎么回事,他们竟为无聊的易卜生戏剧(当然不只是无聊,还受其迷

---

① "我不相信易卜生先生奇妙的胡言乱语在本周内得到了自愿买票观剧者们的支持。"来自《体育与戏剧新闻画报》(3月4日)不知疲倦的"轻剑"(笔名)如是说。易卜生的戏剧得到自愿买票观剧者们的慷慨支持。"轻剑"是否认为讽刺地影射他并不了解的事情是相当合理的?另一位同样追求宽宏大量策略的短评作者说,据他了解,实际上,他们的最高收入从未达到在最低收入时跌落的那么多。这些便是反易卜生主义的方法。

惑，感到恶心，以及其他种种感受）支付了 4 876 英镑。在这五部剧中，《社会支柱》只上演了一次，《罗斯莫庄》上演了两次，它们创造的收入高达 276 英镑。因此，截至 3 月 18 日，为了观看《玩偶之家》中的"无趣的讨论"、《海达·高布乐》中的"太平间检查"以及《建筑大师》中的"不纯洁的胡言乱语"，那些"无论如何也不会观看易卜生戏剧"的伦敦观众总共支付了 4 600 英镑①。

希望我不会被误解为为了给人们留下深刻印象而提供上述这些数据。我知道，一部成功的戏剧作品在时尚的伦敦西区剧场能在短短一个月内就和易卜生的这些作品挣一样多的钱。然而，想想易卜生戏剧的处境吧！这好几部外国戏剧，表现的是一个不知名的小国家的社会生活，未经改编，而仅仅是翻译，并没有在久负盛名、声誉极佳的大剧场上演，也没有演员和剧场经理鼎力支持，而仅仅是在二流剧场②的各种不利条件下由不那么出名的演员演出，遭受到来自大多数媒体的苦涩谴责与嘲笑，然而，面对所有这些困难，易卜生的戏剧作品依然在票房方面大获成功，不仅完全能够使剧团自食其力，而且其盈余还远远超过了边际收益！《海达·高布乐》的盈余就非常丰厚。10 个日场演出的净利润在除去所有开销以外，达到了 281 英镑，这样算来，平均每次演出盈利 28 英镑——这对于当时最成功的演员和剧场经理而言，也是不可忽视的高额利润，并且，当这部剧在晚上演出的时候，它通常情况下是有利可图的，尽管经理因为不得不支付双份薪资（给演出《海达·高布乐》的剧组人员和剧场里并未受雇的工作人员）而无法让演出持续一个月以上。那么，"观众无论如何也不会去观看易卜生的戏剧的"这一断言的结果是什么呢？事实似乎是这样，尽管在英国戏剧史上从未出现过如此一致而尖刻的诅咒，但仍然有一批数量不小的观众不惜一切代价也一定要看到易卜生的戏剧！

我并不是在预言易卜生戏剧会在英国舞台上大放异彩，颇受欢迎，尽管比起十年前，这一预言在今天看来似乎并不那么夸张。正如法国评论家 M. 杜米克最近提出的，要在舞台上大获成功，为大众喜爱，最关键的很可能是"某种平庸之才"。我不怀疑评论很快会以更明智的态度看待易卜生的戏剧作品，并且甚至可以

---

① 此次计算包括在水晶宫的演出。
② 《玩偶之家》成功首演于新奇剧场，大多数观剧者完全不知晓这家剧场，它隐秘地坐落在戏剧文化圈边界的一条胡同里。《海达·高布乐》在轻歌舞剧剧场演出，它一直很受欢迎，但很少有观剧者来自易卜生直接吁请的阶层。《建筑大师》在特拉法加广场剧院上演，这家剧院是伦敦最令人愉悦、设备也最好的剧院之一，不过，它的缺点就是太新了，观众们在很久以后才发现这家新剧院的存在。

说，这些作品在剧场里有着较为光明的前景。然而，几乎不可期待的是——这将颠覆人们的一切体验，不管是这里（指英国）还是其他什么地方——这些作品会在英国舞台上深深扎根，成为永恒经典。这必定是可遇而不可求的，因为没有哪部舶来的戏剧可以长久地繁荣在异邦的舞台之上。每个国家应该在自己的剧场里创造展现其自己民族生活的戏剧，并对其作出自己的评论。对异国生活的评论和异域范例的诠释，也许十分有趣，引人入迷，从长远来看，却无法满足我们灵魂的需求。我期待这样一个时代的到来：甚至易卜生的许多对手也承认，他的作品开始将剧场提升到一个更高、更智慧的层次，哪怕英国舞台上再也听不到或很少听到他的名字。到那时，在某种程度上而言，这位伟大的建筑大师将建造起他自己的庄严大厦，而不是一方被遗忘的坟冢。这座大厦将如同希尔达的空中城堡一样高耸在上，"风向标直指青云之上"。当我们向上仰视它的时候，我们似乎会听到"空中的竖琴声"（harper i luften）。

书信中的易卜生[①]

威廉·阿契尔

首先，注意到易卜生早年受到的文学影响是件很有意思的事情。我们从他的一两部不成熟的作品中了解到，奥伦施莱厄的感伤浪漫主义必定一度令他着迷，不过，他的书信集中没有任何迹象表明他受到过奥氏的影响。1852年，当卑尔根剧场经理派他奔赴哥本哈根学习丹麦的舞台艺术之时，他写信给他的雇主："关于剧目的选定，我们一直非常幸运，因为我们观看了《哈姆雷特》以及莎士比亚的其他几部剧，还有好几部霍尔堡的戏剧。"这里，他看过的莎士比亚的其他几部剧很可能是《李尔王》《罗密欧与朱丽叶》以及《皆大欢喜》。其中，《李尔王》和《皆大欢喜》肯定给他留下了极为深刻的印象，因为他在后来几年里引用了这两部剧。不过，他对莎士比亚的认识似乎从不曾有多么广泛或者多么深入。此外，18世纪伟大的丹麦挪威语喜剧作家霍尔堡是易卜生终其一生最喜爱的作家。他在书信中经常引用霍尔堡的话。他宣称，他从未厌倦阅读霍尔堡的作品，并且，当我唯一一次私下里看到易卜生极其兴奋的时候，他不由自主地说了一句霍尔堡说过的话。

在本刊此前发表的一篇文章中，我已经展示了他多年来经常上演斯克里布的戏剧（指易卜生担任剧场经理和导演期间的戏剧实践），因此，斯克里布所代表的学派必然对易卜生的戏剧技巧产生了决定性的影响。然而，他很早便清醒地意识到，

[①] 本文发表于 *Fortnightly Review* of 1 March, 1905（lxxvii, pp. 428 – 441），是威廉·阿契尔先生为约翰·尼尔森·劳维克与玛丽·莫里森合作翻译的英译本《易卜生书信集》（伦敦：霍德尔与斯托顿，1905年）所写的书评。

这种影响在他成熟的过程中应被舍弃。当某些法国评论家试图以极为荒谬的方式视之为小仲马的模仿者之时，易卜生致信勃兰兑斯："我在戏剧形式方面绝没有对小仲马有任何借鉴——我只是从他那里学到要避免某些明显的错误和他经常感到羞愧的笨拙粗陋之处。"他从不满足于接近现实主义的形式，因为他的逻辑性太强了。在他的第一部描绘现代生活的散文剧《青年同盟》面世之前，他致信勃兰兑斯："我对待形式一直非常谨慎，我的这部作品完全没有借助任何独白形式来表达，甚至连旁白都没有。"他在回归历史剧创作（《皇帝与加利利人》）的时候稍微放宽了这种自我克制的规定，不过，当葛斯先生提出最好以诗体写作此剧的时候，易卜生极力反对。他说："我想制造关于现实的幻觉，我想给读者留下这样的印象：他正在阅读的事情实际上已经发生了……我的新剧并不是传统意义上的悲剧，我一直尽力尝试去表现人类，因此，我不允许他们讲天神的语言。"十年以后，当一位挪威女演员沃尔夫女士请求易卜生为她的演出致开场词的时候，他回复说，一名尊重自己的戏剧艺术家应该细心谨慎地背诵在舞台上表演的每一段台词，即便只有一小段台词也应如此，但现实情况已经极大地损害了表演艺术。毫无疑问，这只是一时狂热之语，但在易卜生写作这封信前后创作的戏剧《人民公敌》中，他的确遵循了这一原则，剧中的台词句句质朴，掷地有声，与易卜生所主张的艺术理念高度协调一致。正如我们所知，在他的后期戏剧中，诗性精神重新占据了主导地位，这越来越严重地压抑与侵蚀了现实主义，这里主要是从精神方面而不仅是从外在形式方面而言。

对于易卜生而言，创作一部戏剧意味着一种意义非凡、注意力高度集中、旷日持久的努力。他将所有其他事情都搁置一旁——不读书，也不参与公务（紧急事务除外），连续几周甚至几个月单独和他创造的人物生活在一起。1884年6月，他写道："我这段时间完成了一部五幕剧。也就是说，我写出了粗略的初稿：现在正进行更细致的修改润色，要将人物的个性以及他们的表达方式变得更鲜明生动。"这部剧便是《野鸭》。一两个月以后，他写道："我这部新剧中的人物尽管有多种缺陷，但我很喜爱他们，他们陪伴了我很久，逐渐融入了我的日常生活，我是如此熟悉他们……我认为《野鸭》也许会将一些年轻的戏剧家引向新的道路，这一前景我觉得是可以作为一个结果来期待的。"1890年，当易卜生完成《海达·高布乐》这部剧的时候，他致信普洛佐伯爵："数月忙碌，一朝得空——发现自己突然从一桩长久以来占据我全部心神的事情中脱身出来,一种莫名的虚无感向我扑面袭来,深深君临吾心。不过,完成这件事毕竟是件好事。整天每时每刻跟那些虚构的人物生活在一起,已经令我开始变得有点神经兮兮的了。"①

易卜生除了为自己在创作中使用便利而构建的美学理论以外,对其他美学理论是缺乏耐心的。对待古代艺术与文艺复兴时期的艺术,他说过一句至理名言:"无论如何,迄今为止,在其他人声称找到(艺术)规律法则的地方,我通常只看到传统习俗。"他无法一开始就将古代雕塑"与我们这个时代(指易卜生所处的时代)关联起来"。他未看到"艺术家和艺术作品中的个人化与个性化表达"。"我更理解米开朗琪罗、贝尔尼尼和他们的流派,这些家伙敢于时不时地玩一些疯狂的恶作剧。"后来,他更深入地看到了古代艺术的本质,不过,1869年,当他在意大利待了5年以后,他写道:"拉斐尔的艺术从未真正温暖过我,他创造的作品属于(亚当和夏娃偷食禁果后)人类堕落之前的世界。"关于英文中任何诸如前拉斐尔主义的东西,他全然不知。就我们目力之所及,他对佛罗伦萨式的艺术②一无所知。1879年,当他回到罗马的时候,他购买了许多"早期绘画巨匠的作品",有些是出于他的审美品位,有些是作为一种投资,不过,他没有提及任何绘画大师的名字。在我的印象中,他过去收藏的这些画作会受到英国鉴赏家们的尊重,但当我拜访他的时候,我一点也没有注意到他的画廊。顺便说一下,值得注意的是,在1873年的维也纳展览中,他发现英国艺术(画展)展区"几乎独占鳌头,包含所有的杰作"。人们会记得,在易卜生年轻的时候,他曾将大量的时间投入到绘画实践之中,亲身体验绘画的乐趣。

然而,上面这段话有点离题了,下面我将话题转回到易卜生对美学理论的大体看法上来。当他在意大利待了一年的时候,他致信比昂松道,他待在国外旅行最重要的结果,就是从脑中清除了唯美主义艺术观的影响,"它要求艺术从生活中隔离出来,以固有的合法性独立地存在",而此前,这种唯美主义艺术观对他产生过强有力的影响。"而今,这种美学理论对我而言,如同神学之于宗教一样,是对诗性的诅咒。""而你,"他继续写道,"你是不会有这种困扰的,因为你从未透过你手指的缝隙去看待事物。"③几年后,著名的丹麦评论家克莱门·彼得森试图以

---

① 此处中译文参照《易卜生书信演讲集》,311页。——译者注
② 也有人译为"翡冷翠"艺术。——译者注
③ 此处中译文参照《易卜生书信演讲集》,30页。——译者注

他的美学准则评价《培尔·金特》，指出此剧"不是真正的诗"，易卜生在一封写给比昂松的信中以无比傲慢的语气（但丁或弥尔顿也许会嫉妒他这铮铮傲骨）反驳道："我的这部剧是诗。如果它现在不是，那么它将来一定是。挪威将以我的这部剧来确立诗的概念。"在同一封信中，他后来还写道："如果它将导致一场口舌之战，那么就让战斗爆发吧！如果我不是一个诗人，那么我什么也不会失去。我将试试我作为一名摄影师的运气。我要一个一个地与在北方的同代人搏斗……一旦战斗起来，任何事情都无法逃逸——我不会注意那些值得尊重的活灵魂深隐在语词之下的思想或情感。"[①] 尽管这些话是易卜生在极为愤慨的情形下写下的，但很难说，当他冷静下来之时，他的目的也会随之蒸发。

总体上，关于批评，易卜生写道："大多数严苛的批评都在最终的分析中将自身削减到对作者的指摘，因为他是他自己本人，他以他自己的方式思考、感觉、观看并创造，而不是像批评家那样观看与创造——如果他拥有那样的力量。"

易卜生从不厌倦于坚持认定他写作的所有的作品——甚至于他的浪漫主义戏剧——都同他本人的真实生活有着密切关联。他宣称："我从来没有仅仅因为人们所谓的我'心血来潮想出一个好题材'而写作任何东西。"他在给不同对象写信的时候，反复重申这一差别，而我没有注意到它们的合力如此强大。他说，他创作的一切不仅源自他亲身体验（oplevet）过的某些事情，而且也源自他的切身经历本身（gennemlevet）。也许他只是以另一种形式重复诗歌的定义——"诗歌是在恬静安宁之中回忆起来的情感"。但这似乎与他反复申明的观念几乎不一致——诗性作品净化有着发酵元素的系统，如果不清除这些发酵的元素，它们将产生毒害作用。一些例子也许能使他的意思更清晰。《凯蒂琳》写于格里姆斯塔这个充满市侩气息的小镇，他似乎暗示出，在那里，他同当地备受尊崇的保守社会的关系与凯蒂琳同罗马寡头统治者的关系如出一辙。

《厄斯特罗特的英格夫人》建立在一件草率开始而后又猛然破裂的过往爱情关系的基础之上……《海盗》是我在订婚时写作的。我在为伊厄迪斯这个人物选角的时候任用的演员，和后来在《爱的喜剧》中扮演斯凡希尔德的演

---

① 此处中译文参照《易卜生书信演讲集》，57~58页。——译者注

员是同一个人……每个人都反对我,可以说,外面的世界没有人相信我,这一事实不可避免地引起我在《觊觎王位的人》中表现出来的那种紧张感……布朗德是最好时刻的我自己——正如同我通过自我剖析,发现了许多培尔·金特和史丹斯戈的性格特征。

易卜生时常被指控以他后来创作的人物(《青年同盟》的男主人公)影射比昂松。为了回应这一指控,他写道:"挪威的人们也许会说我描绘的是真实的人物和情境。但事实并非如此。我只是将生活中的原型人物作为艺术作品中的模特,这对于喜剧作家而言是必不可少的,正如同画家或者雕塑家使用模特一样。"在此,我必须再次承认,这种差别使我感到困惑。我只能想到他的意思侧重于拍摄"合成的照片"①,而非与某一个个体人物相似②。实际上,他创作史丹斯戈这个人物的意图无疑是提醒比昂松(他所处的现实处境),而非对他进行肖像刻画。

易卜生承认培尔·金特和史丹斯戈的部分特征是自我剖析的结果,也许可以同麦勒迪斯③(斯蒂文生④)用类似说法承认他创作威洛比·帕特恩先生这一形象相比较。易卜生不止一次地坚持他严厉的自我批评。在给一位女士的信中,他写道:"您千万不要认为我像许多人指控的那样对我的同胞们不大友善。无论如何,我可以向您保证,我对待其他人的宽容程度一定大于对待我自己。"后来,他也致信比昂松:"您可以肯定,在我的闲暇时光里,我探究、倾听并仔细解剖我内心隐秘的部分,而那正是我内心被咬啮得最为疼痛的地方。"

关于易卜生的政治与社会观点,我不需要多说,因为他最重要的观点都记录在他写给乔治·勃兰兑斯的信里,而这些信很久以前就由那位批评家⑤在《易卜生与比昂松》中引用过了。比如,在给勃兰兑斯的一封信中,易卜生表达了他对"特殊革命、对外革命、政治革命"缺乏兴趣,并且补充道:"最重要的其实是来一场人类精神的革命。"人们同样熟悉他的另一句至理名言:"那种辉煌的对自由

---

① 指以多个生活原型为模特合成为一个艺术形象。——译者注
② 指单以某一个生活原型为模特。——译者注
③ 乔治·麦勒迪斯(1828—1909),英国小说作家,作品有《理查德·费维莱尔的苦难历程》(1859年),他也是一位诗人,作品有《现代爱情》(1862年)。——译者注
④ 罗伯特·路易斯·鲍尔福·斯蒂文生(1850—1894),英国散文作家、诗人和小说家,最著名的小说有《金银岛》(1883年)、《化身博士》(1886年)和《诱拐》(1886年)。——译者注
⑤ 指勃兰兑斯。——译者注

的渴盼,现在已经结束了","我承认,我热爱自由的唯一原因就在于我乐于为自由而斗争,而我并不在乎占有自由本身"①。这些话以及易卜生发表过的最著名的政治观念,全都完好地保存在勃兰兑斯所著的弥足珍贵的论文之中。

易卜生从来不是也不可能成为一名系统的政治思想家。他的观点常常互不相容,他也从没想过使之协调一致。终其一生,他一直厌恶机会主义。如果我们生造一个词来形容他的话,他可以说是一个"不可能主义者"。在他看来,一种无用也无望的行为过程正是追求它的最佳理由。他对于挪威和瑞典在丹麦受到普鲁士倾轧之时采取不作为态度的尖刻鄙薄,正是驱使他自我流放的原动力之一,他也因此一直保持同他祖国较为疏远的关系。他也没有想过,倘使这几个国家发生战争,是否能解决问题。从他的书信来看,令他蒙羞的是,自我流放成为使他放弃民族历史与传奇的主要原因。鉴于当今的人们同萨迦中人们的关系就如同现代的黎凡特海盗同荷马史诗中的英雄的关系一样,易卜生不再以唤起人们对他祖国伟大历史的回忆为荣。此时,他的创作冲动在于借由布朗德的嘴愤慨地责备他那些堕落的祖国同胞们,以及在《培尔·金特》中具体表达他们的胆怯懦弱、优柔寡断、利己主义以及"不完全的妖性"。关于这种情感,我们在这本书信集的最后一封信中发现了奇妙的回应。这封信写于 1900 年 12 月,是易卜生写给一名荷兰记者的,这位荷兰记者曾谴责易卜生对南非战争②表达了他倾向于支持英国的立场。易卜生并没有试图讨论这么做的好处,而是回答道:"您说荷兰人是布尔人在欧洲的天然保护者,可是您的同胞为什么不选择一个更具战略重要性的地方来保护他们呢?我的意思是南非。那么,从这种使用书本、小册子和公开信来护卫同胞的方法中,编辑先生,我可以问您一下吗,您是否能找到更有效的武器呢?"③"编辑先生"很可能认为易卜生的这番冷嘲热讽十分不合理,然而,这恰恰呼应了诗人易卜生在《布朗德》和他在丹麦战争时期写作的诗歌中的激昂陈词——他慷慨地表达了他对自己祖国同胞的指摘与责备。

易卜生政治思想的矛盾之一在于(在我看来)他接受明确的国家联合观念,

---

① 此段易卜生写给勃兰兑斯的书信内容之中文译文参照《易卜生书信演讲集》103~104 页译出。——译者注
② 1900 年 11 月 24 日,易卜生表达了他对南非战争的看法。这里的南非战争指的是 1899 年在布尔人(今称为阿非利卡人)与英国人之间爆发的战争。——译者注
③ 此段译文参照《易卜生书信演讲集》359 页译出。——译者注

然而他又积极地否定了它们所有的组织。他对"国家"的厌恶一次又一次地出现在这些书信中。他没有因为纯粹的无政府主义而退缩，却因为国际主义或世界主义的理念而退缩，或者说，他从未真正到达这种理念，而离开这一理念，无政府主义必定是不可想象的。易卜生一直是一个部落成员，尽管随着生活继续进行，他的部落概念也一直在拓展。他早年是一位热忱的"斯堪的纳维亚人"——也就是说，他是一位拥护北方三国联合结成政治共同体的战士。1888 年，他致信勃兰兑斯："我最开始的时候感到自己是一个挪威人；后来我发展成为一个斯堪的纳维亚人；而现在我成为条顿主义者……我认为，民族意识正处于消亡的边缘地带，它将被种族意识所取代。"[①] 这种思想变化过程类似于乔治·温德姆[②]先生在他最近于格拉斯哥发表的校长演说中提出的看法。早在 1872 年，易卜生就告诉过葛斯先生，将他的作品译介到英国是他的一个"最珍贵的文学梦想"，因为"英国人跟我们斯堪的纳维亚人密切相关"。不论是从科学视角还是从自身利益来看，如果人们不批判种族观念，便不得不调查一个种族（更甚于一个国家）如何能在无政府主义的支离破碎之中保持并确证其自身的存在。种族的联合与国家的联合一样，必须是一个有机体。无政府主义意味着对这一联合的否定，以及对所有同性质集合体的合并。当我们发现易卜生在 90 年代认可给予德国好处并将"纪律"置于他对国人伦理要求的首位之时，我们看到，易卜生是多么不在意一致性！

我们没有必要为他思想的不一致而感到惊讶，因为易卜生这位诗人是如此强调真理的相对性及其必然的暂时性。斯多克芒医生说："一条普通真理的寿命照例不过十七八年，或者至多二十年，轻易不会再长了。"然而这一预测只是可敬的医生的夸张说法。易卜生本人很可能是头一个承认这一点的人：不论如何，从自身利益层面上来说，五分钟也许完全足以将一条真理转变为谬误。他的心灵是向深处开掘的，而非向外部延展的。他不承认也不试图将一件事情置于它所有的关系中去理解。他看到一件事情的一个方面生动形象地展露出来，便以强有力的方式将其陈述出来，而不否认也许还有其他同样合理甚至更为合理的方面。显然，他相信理念与有机体一样，必须经过斗争的筛选才能留存下来，符合适者生存的原

[①] 此段译文参照《易卜生书信演讲集》285 页译出。——译者注
[②] 乔治·温德姆（1863—1913），英国从政者及作家。——译者注

则。因此，他从不犹豫扔掉暂时主导他思想的想法，并让这种想法同其他想法拥有同等机会，同时，他也完全了解，也许有一天，这种主导思想会被更强大有力的思想观念吞没，而这种更为强大有力的思想观念也许恰恰产生于他自己的大脑。

  这种内心向深处的开掘是易卜生习惯于缓慢沉思的结果，他的这一习惯在他的通信中体现得淋漓尽致。他并没有多少新想法，不属于高产作家，但他每次都会反复思考一两个想法，直到这些想法以戏剧形式将自身成熟地体现出来，然后他"把这些想法从他内心驱逐出去"。在一封日期为1872年4月、写给勃兰兑斯的信中，易卜生提到了两部剧的发源，它们分别在10年和14年之后出版。他在信中写道："我听闻您创办了一个协会……我无法评判您的地位在多大程度上能因此得到巩固：在我看来，独立不倚的人才是最强大的人。"在提到勃兰兑斯被卷入一些论争的时候，他忽然转换语气而改用顿呼法（也称作呼语法）直接称呼勃兰兑斯说："维护自己的尊严吧！自尊是针对这些人身攻击的唯一武器。"[①] 在这两段话中，我们看到了《人民公敌》与《罗斯莫庄》的根源性理念。我们也许能在他书信集的其他地方发现他其他剧作的类似发源，有些日期甚至能反映出他脑海里多年来一直在构思与反复酝酿同一部作品。他有时候会喜欢对话的光辉，这一点有两位见证者：一位是在60年代和他一起待在罗马的迪特里奇森教授，另一位是1877年在慕尼黑经常和他见面的画家格隆沃尔德先生。不过，迪特里奇森承认，易卜生对对话感兴趣的时候非常少。在他谈话的时候，并没有经常性的灵光一闪，产生什么思想，他更倾向于对之前脑海里逐渐形成与反复斟酌的想法进行深思熟虑。当《群鬼》的出版在斯堪的纳维亚引起轩然大波的时候，我恰好经常与易卜生待在一起，我发现他那几个星期的书信中包含一些他在与我对话的过程中使用过的短语。

  通观易卜生书信集，我们发现，易卜生身上完全没有文人的缺点。克莱门·彼得森对《培尔·金特》的攻击性批评深深地刺痛了他，也许引起了他内心的愤慨。至于其他的批评，尽管他也经常感到愤怒，但这种愤怒感是来自作为讽刺家的易卜生，而非作为焦躁不安的作者的易卜生。乔治·勃兰兑斯在评论《培尔·金特》的形式之时，几乎和彼得森一样无情，他对《海达·高布乐》的评价也不

---

  ① 这两段译文参照《易卜生书信演讲集》121~122页译出。——译者注

高,可是,这两篇评论都没能影响易卜生与他之间的友谊。没人能从这些书信中猜测到,这位作家十多年来一直是欧洲作家中遭受攻击与责骂最多的一位。他下定决心努力践行他给勃兰兑斯的建议:"维护自己的尊严吧!"的确,这真是他本性中的矛盾:一方面,他在思想上极端激进;另一方面,他在气质上又是一个贵族。这正是他的想法中许多看似不一致的地方的源头——他很可能会以不大协调的方式说,未来的任务必定是和谐一致的。他的理想是实现贵族阶层的民主,而他悲观主义的情绪是,他害怕这必定永远都是一个矛盾的观点。

1874年,易卜生致信葛斯先生说,葛斯先生诗歌的精致尤其应该为英国人所欣赏,"因为英国人特有的实践能力是和纯粹高贵的情感以及一种深厚的感受相联系的,这种联系使得英国人成为一个具有贵族气质的民族——这里我所说的贵族气质,是贵族这个词所能表达的最好的意思"[①]。如果他能预见到90年代早期英国媒体经常在他的名字上冠以一些绰号,他也许会更改这段赞美之辞。

[①] 此段译文直接援引自《易卜生书信演讲集》,147页。——译者注

易卜生年谱简编[1]

1828年　希恩　易卜生出生

　　1828年3月20日，亨利克·约翰·易卜生出生于挪威东南海滨小镇希恩。他的祖上是丹麦船长彼得·易卜生，于18世纪之初迁居卑尔根。家族中的男性成员都在年轻时出海航行，而妻子们大多来自丹麦、德国或苏格兰。易卜生的祖辈自1771年便离开卑尔根，定居于希恩这个木材业与航运业中心，这座小镇曾是个充满活力而喜好社交的地方。易卜生的祖父在航海时遭遇海难，葬身鱼腹，这一触礁事件对易卜生创作长诗《泰耶·维根》有影响。易卜生的外祖父约翰·阿尔腾堡从德国北部迁居挪威。易卜生的父亲克努德于1797年出生于希恩。1825年，他（指易卜生的父亲）同比他年长一岁的商人女儿玛希契肯·科妮莉亚·马尔蒂·阿尔腾堡（后来成为易卜生的母亲）结婚。从血缘上看，易卜生是德国人、丹麦人、挪威人的后代。

1828—1834年　希恩　易卜生1~7岁

　　1832—1833年，易卜生家族常同镇上受过高等教育的、富裕的家族一起参加社交活动，比如跳舞、晚宴、音乐聚会等等。易卜生四五岁时经常随父母出入社交场合，过着养尊处优的少爷生活。易卜生六七岁时，他父亲的木材生意盛极而衰。

---

[1] 该易卜生年谱的编制，为译者与校者参考了王忠祥先生著《易卜生年谱》（华夏出版社，2002年，201~207页）共同整理撰写，特此致谢！

1835—1843 年　文思多普　易卜生 8~15 岁

1835 年，易卜生的父亲破产，家道中落。父亲的生意陷于瘫痪，为偿还债权人，不得不变卖所有财产。由于家中留下的唯一财产就是一间位于希恩郊外名曰"文思多普"的小农舍，因此，在此生活拮据、亲友疏离之际，易卜生举家迁至希恩郊外的文思多普①。就在这一年，最早尝试创办民族剧场的瑞典人耶·佩·斯特罗姆贝尔格于 1827 年在克里斯蒂安尼亚创建的剧场在大火中毁于一旦。

1834—1838 年，发生了以两位天才诗人（威尔格兰德和魏尔哈文）为代表的两大阵营之间的争论。这个在挪威与瑞典文化领域内著名的"暮光争论"，深刻而长久地影响了易卜生的精神发展过程——易卜生早期创作的诗歌体现出以魏尔哈文为代表的丹麦式审美趣味，他强烈地抵制威尔格兰德的肤浅与松散。在易卜生晚期剧作《小艾友夫》中，还引用了魏尔哈文的诗句。现代挪威文学以这场伟大的争论为开端。

1836—1843 年，此时的易卜生过着清贫节俭的生活，他常常躲在他的小房间里阅读一些陈旧的书籍。小房间内的物品后来都如实地呈现在易卜生约 50 年后创作的《野鸭》一剧的阁楼里。在这期间，希恩的教堂司事约安·汉森为易卜生讲授拉丁语和神学。易卜生大约 15 岁时创作了第一个情节剧剧本，描述的是一场梦境。然而，当时他所在的"小型中产阶级学校"的校长却严厉地责骂他，指责他的这个剧本肯定是抄袭来的。毫无疑问，这番斥责令沉默内向的易卜生"跌落到情绪沮丧的最低点"。他转而努力练习水彩画，立志成为一名画家。

1844—1850 年　格里姆斯塔　易卜生 16~22 岁

1844 年，新国王奥斯卡一世即位。易卜生开始在格里姆斯塔的药铺当学徒，跟从一位名叫马恩的药剂师学习。他白天捣药打杂，夜间在阁楼里读书、学习、写作。

1846 年，易卜生的私生子汉斯·雅克布·亨利克逊·比尔克达林于 10 月 9 日出生。这个孩子的母亲是艾尔瑟·索菲·严思达特·比尔克达林，是药铺的一个女佣，比易卜生年长 10 岁。易卜生一直极不情愿并且艰难地对待这个孩子的养育

---

① 文思多普小农舍，亨利克·易卜生 8 岁至 15 岁时生活在这里。他童年时期的家如今成为一座现代博物馆，易卜生写的剧本在这里以电影、图片、讲述和全息影像的形式展出。

问题，这种状况一直持续到 1862 年 6 月。（他可能在 1892 年见过他的私生子一次。）

1847 年，易卜生开始写作感伤浪漫的诗歌。

1848 年，易卜生为法国二月革命欢呼。此间，他跟牧师蒙拉先生学习拉丁文，开始研学萨卢斯特的历史著作和西塞罗的演说（萨卢斯特的作品，对易卜生的人格养成与创作语言颇有影响，尤其在凯蒂琳形象的塑造方面，萨卢斯特对历史质朴严格的保留、严肃古老的文风以及冷峻猛烈的情感深刻地影响了易卜生），并准备参加大学入学考试。

1849 年，易卜生写作了他的首部戏剧作品《凯蒂琳》，该剧在易卜生的好友舒勒路德的全力支持与帮助下，以易卜生的笔名"布里恩约尔夫·布雅勒姆"署名，于 1850 年正式出版。

1850—1851 年　克里斯蒂安尼亚　易卜生 22～23 岁

1850 年，挪威独立于丹麦 36 年。易卜生开始对他所处年代的传统文学感到焦灼不安。他呼吁"少一些关于冰川和松树林的描写"，"少一些关于过去的枯燥无味的传奇，多一些关于你的同胞们那寂静的心中发生了什么"，这将易卜生同此前所有的北欧作家区分开来。

1850 年 3 月，易卜生赴克里斯蒂安尼亚[①]，与好友舒勒路德住在一起，依靠舒勒路德的月俸过活，一贫如洗，潦倒不堪。两人都参加了海特贝格于 1843 年创办的拉丁语学校开办的"考前强化复习"课程班。这个学校以"学生工厂"而闻名，易卜生、比昂松、文叶和约纳斯·李都参加了这里的课程学习。易卜生参加大学生入学考试，未被录取。

1850 年 5 月，易卜生完成《武士冢》的定稿，该剧被克里斯蒂安尼亚剧场采用。

1850 年 6 月，易卜生与比昂松因都在"学生工厂"的课程班学习而成为好友，

---

① 克里斯蒂安尼亚，今称奥斯陆（恢复 1624 年以前的旧称）。1624 年，一场大火几乎毁灭了这个城市，重建以后这座城市以国王克里斯蒂安四世的名字重命名。1877 年，官方将名字的拼写由 Christiania 更改为 Kristiania。这一拼写方式源于挪威民族的一场长期的反对丹麦统治的政治斗争，多年来，许多激进人士包括易卜生本人都在官方修改拼法前一直使用这个名称。1925 年，这座城市的名字又恢复为奥斯陆。

他们共同签署了一项抗议书,反对在1850年5月29日驱逐一名叫哈尔林的丹麦人。

1850年9月,《武士冢》在克里斯蒂安尼亚剧场上演了三次,这是易卜生的首部被演出的作品。扮演剧中唯一女性角色布兰卡的女演员劳拉·斯文德森后来成为著名的古恩德勒森太太,她是易卜生戏剧诠释者中最有天赋的一位。

1850—1851年,易卜生的物质生活没有保障,他为多家贫困不堪且存世不久的杂志写作。他开始着手写作下一部戏剧《奥拉夫·里列克兰斯》和讽刺喜剧《诺尔玛》。

1851—1857年　卑尔根　易卜生23～29岁

1851年秋季,易卜生在好友小提琴家欧雷·布尔的推荐与帮助下,赴卑尔根担任挪威剧场的文学经理、戏剧导演与作家。有学者认为,易卜生的卑尔根之行是他人生的转折点。根据剧场与易卜生签订的合同,在五年内(1852—1857)他每年一月的第一周要为剧场提供一部原创剧本。从这些剧本来看,易卜生的非凡之处在于,他试图通过这些戏剧创造出属于他自己的独立风格,从而展示出他的干劲与才华。在实现这一令人钦佩的目标的过程中,他遭遇的困难非常多。发表三幕讽刺喜剧《诺尔玛,或政治家的爱情》。

1852年,易卜生受卑尔根挪威剧场派遣,首次旅至国外,赴丹麦哥本哈根皇家剧场学习,在海贝格(自1849年起担任丹麦皇家剧场的唯一负责人)的作品中寻找到某种类似索福克勒斯的东西(易卜生从海贝格身上学到了如何出色地诠释戏剧舞台的才智,海贝格也以由衷的热情优雅地接受了易卜生),很可能首次看到莎士比亚的戏剧,并了解到以风格细致优雅、语言精致细腻而闻名的丹麦作家亨利克·赫茨的戏剧作品《丘比特的天才灵感》(1830年)、《斯文德·迪林的房子》(1837年)和《国王雷内的女儿》(1845年)。随后访问德国东部城市德累斯顿。

1853年,易卜生所著《圣约翰之夜》在卑尔根剧场上演失败(当时并没有出版)。马格努斯·布德罗斯特茹普·兰德斯塔德出版了《挪威民歌集》第一版,艾莪·艾姆·李恩德马恩也在1853—1859年间分期出版了《挪威民间歌曲集》。易卜生通过阅读收集自挪威本土的这些文献以及彼得森为古老的萨迦所做的忠实而生动的译文而准备进行一场纯粹的民族复兴实验。

1854年，易卜生所著《武士冢》（修改版）上演。冬季，完成《英格夫人》的剧本写作，这是易卜生唯一一次以斯克里布的方式写作的浪漫尝试，也是易剧中唯一取材于近代历史的剧作，它被认为具有研究当代阴谋的价值。事实上，《英格夫人》是一部极为浪漫的光华璀璨之作，它极富韵味地照亮了易卜生天才的进化过程，特别是展现了他从丹麦传统中解放自己的行动和过程。

1855年，易卜生所著《英格夫人》在卑尔根首演（1857年出版）。

1856年1月2日，易卜生的三幕剧《苏尔豪格的宴会》在卑尔根首演，大获成功。

1856年1月7日，易卜生受邀拜访玛格德琳·托雷森，在她家里初次见到马格德琳19岁的继女苏珊娜·托雷森，随后发表了一首写给苏珊娜女士的诗体情书，信中写道"我要勇敢地选择你作为此生钟爱的新娘"[①]。

1856年2月3日，易卜生与苏珊娜·托雷森订婚。参加斯堪的纳维亚学生运动。

1856年，约根·莫伊与彼得·克里斯蒂安·阿思比昂森合作收集、共同编纂的《挪威民间故事集》再版（1841年初版），唤醒了身处卑尔根的易卜生。

1857年，易卜生的《奥拉夫·里列克兰斯》在卑尔根上演。

1857—1864年　克里斯蒂安尼亚　易卜生29～36岁

1857年，易卜生担任克里斯蒂安尼亚的挪威剧场的艺术指导。四幕悲剧《海尔格伦的海盗》面世。易卜生阐明了自己在写作此剧之前所考虑的问题，明确指出，其目的在于反叛奥伦施莱厄的传统："我的目的不是要呈现我们的神秘世界，而是要质朴地表现我们原始时期的生活。"此剧体现出易卜生已掌握了戏剧写作的精湛技艺。

1858年6月，易卜生与来自卑尔根最文雅家族的苏珊娜·托雷森结婚。在克里斯蒂安尼亚安顿下来。接下来的六年是易卜生人生中最为痛苦的日子，他不仅要为自己和家人的生存而搏斗，更要为挪威的诗歌艺术与戏剧舞台的存在而艰苦搏斗。

1858年夏季，构想严肃悲剧《觊觎王位的人》。

[①] 参见《易卜生书信演讲集》，6～8页。

1858年,《海尔格伦的海盗》公演。

1859年,发表两首标志性的诗歌:《在高原》与《在画廊里》(商籁体)。同比昂松共同组建"挪威社团"。

1859年12月,易卜生的儿子西古尔德·易卜生出生,他请比昂松做孩子的教父。

1860年,写作《斯凡希尔德》。挪威剧场经营困难,濒临倒闭。8月,向政府申请给予一定的经费支持,但这笔津贴被发放给了比昂松和文叶,易卜生一文钱也没得到。

1861—1864年,经济拮据,被控欠债,差点没能逃脱债主的监禁。苦于挪威剧场所遭受的经济危机,生活条件日益恶化。四年内搬迁七次。精神不振,身患疾病。

1862年,在青年小说家约纳斯·李的热忱帮助下,三幕剧《爱的喜剧》作为一份报纸的增刊内容得以发表。易卜生在此剧中通过对订婚方式的讽刺,体现出他对爱情本身的哲学审思。此剧中许多关于自由的表达导致女性解放运动的倡导者认为易卜生是很同情她们的,然而实际上并非如此。克里斯蒂安尼亚的挪威剧场破产,此后两年,易卜生无固定工资收入。3月,在好友的支持与帮助下,易卜生得到政府为他颁发的旅行奖金,奔赴挪威西北部考察民间传说与民歌,他的这次旅行在《布朗德》与《培尔·金特》中留下了诸多印记。长篇史诗《泰耶·维根》面世,它成为挪威文学中最受人们喜爱的诗歌之一,并在发表以后享有稳定的声誉。

1863年3月,易卜生获得出国旅行津贴。6月,易卜生受邀赴卑尔根参加歌曲节,他的诗歌受到了热烈的欢迎。同比昂松再续旧谊,一起度过了这一年的大半个冬天。8月,普奥联军侵占丹麦领土石勒苏益格-荷尔斯泰因。12月,对荷尔斯泰因地区的攻击引发了第二次丹麦战争。在此背景下,关于易卜生与比昂松的友谊,正如哈夫丹·科特所言:"他们受到同样的思想和希望的鼓舞,也经历了同样的苦难和失望。他们极度痛苦地、眼睁睁地看着兄弟民族丹麦绝望地同强大的德国搏斗,看到一个斯堪的纳维亚人民居住的、说斯堪的纳维亚民族语言的省区从丹麦分割出去,并入一个陌生的王国,而作为具有亲缘关系的同一民族的挪威人和瑞典人,尽管曾许下庄严神圣的承诺,却拒绝提供任何援助。"

1863 年，《爱的喜剧》上演。五幕历史剧《觊觎王位的人》面世，成为易卜生第一部家喻户晓的代表作，其技艺精湛，品格威严，优美精练，令人由衷感佩。勃兰兑斯在 1867 年评论此剧时写道："在《觊觎王位的人》中，再次出现了两个互相对立的人物，一强一弱，一高一低，其本质上正如同阿拉丁和努德莱丁。迄今为止，易卜生在无意之中一直朝着这种二元对立的方向努力，如同大自然母亲不知不觉地尝试着摸索她的道路，最终形成了她的特质。……前者（指哈康）是幸运、胜利、正义与自信的化身，而后者（指斯古勒）……在真实性和原创性方面体现出此剧的精湛技艺……他说：'我是一位国王的手臂'，'也许甚至是国王的大脑，然而，哈康是国王的全部'。而哈康则对他说：'你拥有智慧和勇气，还有一切崇高的思想秉性'，'你天生就注定要紧紧跟随国王，然而，你自己不能成为国王'。"葛斯认为，将《觊觎王位的人》中这两位贵族公爵视为易卜生与比昂松的镜像式反映丝毫不为过："比昂松-哈康"的光明自强、热情自信与幸运同"易卜生-斯古勒"的阴郁延宕、对希望落空的极端厌恶以及最终信仰的缺失形成了强烈而鲜明的比照。在这哀而不伤的岁月里，比昂松之幸运，正如易卜生的不幸一样，双子并行。

1864 年 1 月，《觊觎王位的人》在克里斯蒂安尼亚演出，易卜生亲自执导。

1864—1868 年　罗马　易卜生 36~40 岁

1864 年 4 月，普鲁士与丹麦交战，易卜生对挪威政府不肯出兵援助丹麦表示愤慨，奔赴意大利罗马。妻子苏珊娜和儿子西古尔德于同年 9 月奔赴意大利与其团聚。

1864 年 6 月，易卜生在克里斯蒂安尼亚公开拍卖财产以还债。

1864 年 9 月 16 日，易卜生致信比昂松："罗马这里的写作环境相当美好和平静。我正在写一首长诗（指《布朗德》），还准备写一部悲剧《背教者朱力安》，对此我充满了抑制不住的喜悦。我敢肯定这部戏一定会成功。我希望能在今年春天或者至少在夏天完成这两部作品。"[①]

1864 年 10 月，易卜生在与家人团聚之后，尽管仍依靠微薄的俸禄过活，但身心放松，加入了一些斯堪的纳维亚作家、画家与雕塑家的社交圈。结识了年仅 23

---

① 译文参考了《易卜生书信演讲集》，21~25 页。

岁的瑞典青年诗人与外交家库恩特·斯诺伊尔斯基。他们因共同的艺术观念、对艺术怀着同样的热情以及对待先驱者的反叛态度而建立起长达一生的友谊。

1865年1月，访问罗马圣彼得大教堂。

1865年夏秋之际，易卜生村居于阿里恰，构思《布朗德》。

1865年9月，最终写成五幕诗剧《布朗德》。

1865年11月14日，易卜生从丹麦和挪威最大的出版社——金谷出版社的主管弗雷德里克·海格尔那里收到了一份正式的合同。海格尔是比昂松的出版商，在比昂松的大力举荐下，易卜生（当时还不太知名）才从此走上了比较顺利的道路。[①] 海格尔打算出版易卜生自《布朗德》以后的所有作品。

1865年冬季，易卜生身患疟疾，无钱医治，在苏珊娜的悉心照顾下，逐渐恢复，然而，勇气的弹簧似乎已经在他胸中啪的折断了。

1866年3月15日，诗剧《布朗德》在哥本哈根面世，大获成功。它的四个版本全都在这一年内售罄，直至今日也仍持续而稳定地被不断售出。在斯堪的纳维亚诸国中，这部剧一直是易卜生所有作品中最著名也最受欢迎的一部。然而，这部剧的成功却没有为易卜生带来财富。3月4日，贫困交加、身体虚弱的易卜生致信比昂松："我感到自己像个疯子般无望地盯着一个漆黑无底的深渊。"

1866年4月25日，易卜生致信勃兰兑斯（比易卜生小14岁），致以感谢、问候与美好的祝愿。勃兰兑斯在《布朗德》发表后立即做出了积极肯定的评论，是第一个推动确立易卜生文学地位的人。易卜生在1866年以前的作品表露出痛苦的孤独感，而在1866年，他首次找到了勃兰兑斯这样志同道合的挚友。

1866年5月10日，挪威议会为易卜生颁发"诗人津贴"。随后，易卜生偕家人迁居意大利的弗拉斯卡蒂地区，租用了几间便宜房间作为住所，并自己建造了一间书房。

1866年秋季，易卜生在图斯库鲁姆获得创作灵感，匆忙回到罗马，开始全身心地投入到《培尔·金特》的创作之中。他将这部作品描述为"一首长篇的戏剧性的诗，其主要形象是一位带有神话色彩的怪诞人物，来源于现代挪威的乡村生活"。他还说："《培尔·金特》出现于《布朗德》之后，仿佛是自然而然地到来

[①] 参见《易卜生书信演讲集》，33页。

的。《培尔·金特》写于意大利南部的伊斯基亚岛和索伦托镇。……这首诗包含的许多东西来源于我自己青年时期的状况。我自己的母亲——加上必要的夸张——便是奥丝妈妈的原型。"《培尔·金特》完成于易卜生离开索伦托的那个晚秋,手稿一经完成就立即被寄送至哥本哈根。

1867年11月,五幕诗剧《培尔·金特》出版。

1867年12月9日,易卜生在给比昂松的信中写道:"我的这部戏是诗。如果它现在不是,那么它将来一定是。挪威将以我的这部戏来确立诗的概念。"[①] 葛斯大体上肯定了此剧的艺术价值,他在注解中写道:"时间将在易卜生的作品中产生深刻性,如同它在莎士比亚的作品中产生深刻性一样。最伟大的作品之重要性的生长,如同树木在种植它们的凡俗之人死去之后继续生长一样。"

1868—1875年　德累斯顿　易卜生40~47岁

1868年5月,离开罗马,迁居佛罗伦萨度过了6月。然后离开意大利,在贝希特斯加登居住了3个月,开始写作五幕喜剧《青年同盟》。9月,待在慕尼黑。10月,举家迁居德国德累斯顿。

1869年3月,五幕剧《青年同盟》最终完稿,同年9月29日此剧出版,10月18日此剧在克里斯蒂安尼亚剧场首演。威廉·阿契尔先生对这部乡土气息最为浓厚的易剧赞赏有加,但埃德蒙·葛斯先生则更喜欢比昂松的喜剧《新婚的夫妇》(1865年)。受邀出访瑞典首都斯德哥尔摩,为期几个月。应邀参加斯堪的纳维亚语言专家会议。考察瑞典文学艺术,接受瑞典国王颁发的"瑞典勋爵"奖章。9月28日,代表挪威方面出访埃及(途经德累斯顿与巴黎),出席苏伊士运河的开通仪式。11月17日,运河正式开通。在塞得港,易卜生收到来自挪威的邮件,在获悉《青年同盟》演出失败、演员被嘘下台的消息之后,易卜生写了一首题为《在塞得港》的诗并寄回挪威作为抗议与回应。伴随着毫不减退的愤怒情绪,易卜生途经亚历山大和巴黎,返回挪威,然后于12月再次抵达德累斯顿。

1870年6—7月,再度出访丹麦哥本哈根,接受"丹麦骑士"勋章。10月,回到德累斯顿。12月,易卜生写了一封"气球信"给瑞典的利姆奈尔夫人,这封

---

① 参见《易卜生书信演讲集》,57页。

韵文书信包含了他埃及之旅的象征性回忆,也影射并讽刺了德国的入侵。12月20日,致信勃兰兑斯:"最重要的是来一场人类精神的革命。"

1871年5月3日,出版《亨利克·易卜生诗集》。7月,在德累斯顿与丹麦文艺批评家勃兰兑斯会晤,讨论文学创作中的重大问题。圣诞节时,完成《朱力安》(后来的《皇帝与加利利人》)的第一部分。

1872—1873年,易卜生积极写作并修改《皇帝与加利利人》,时不时接受一些来自丹麦与德国的学者与文人的造访。此剧于1873年2月完稿,于1873年10月17日在哥本哈根面世。

1872年4月,英国诗人、翻译家与评论家埃德蒙·葛斯把易卜生的作品译介给英语世界的读者,易卜生对此感激不尽。1872年7月,写作诗歌《千年节庆颂》并寄送回国。

1873年,易卜生成为维也纳艺术展览评审委员会理事。

1874年,自1864年以来首次回访挪威。简短地访问了克里斯蒂安尼亚,对挪威学生讲创作体会。获颁"圣奥拉夫奖章"。

1875—1878年　慕尼黑　易卜生47～50岁

1875年4月,从德累斯顿迁居慕尼黑。获"奥斯卡二世勋章"。

1876年,《培尔·金特》在克里斯蒂安尼亚剧场首演。开始写作散文体戏剧《社会支柱》。

1877年7月,易卜生在慕尼黑完成了《社会支柱》这部剧,此剧于1877年10月在哥本哈根出版,剧本在斯堪的纳维亚畅销。同年11月,此剧在丹麦哥本哈根首演,丹麦观众认为它"太德国了",几乎同时,此剧也在瑞典和挪威上演,在德国受到了热烈的欢迎。这一年,易卜生的父亲去世。

1878—1879年　罗马　易卜生50～51岁

1878年春季,《社会支柱》在德国柏林五家剧场演出。同年秋季,易卜生从慕尼黑迁居罗马。妻子苏珊娜和儿子西古尔德回挪威探亲。

1879年4月,根据发生在丹麦法庭的一桩年轻已婚女士的案件,开始构思《玩偶之家》。夏季到意大利阿马菲尔度假,开始着手写作此剧。7月4日,易卜生从罗马致信埃德蒙·葛斯："它（《玩偶之家》）是一部严肃的戏剧、一部真正的家庭剧，处理的是当代社会中的婚姻问题。"9月，易卜生在阿马菲尔完成了此剧。10月，三幕剧《玩偶之家》面世，并于出版后两周在哥本哈根演出。葛斯认为，此剧"是一项工程师的实验，旨在揭开一个道德泥淖的角落，并将这些泥淖排出沟外"。此剧不仅引起了广泛而热烈的讨论（尤其是剧中的台词"没有哪位男性会牺牲他的名誉，甚至为了他爱的人也不行"以及"成千上万的女性为她们所爱的人牺牲了自己的名誉！"），而且在结构与技巧方面，也远远超越了易卜生此前创作的戏剧。

1879—1880 年　慕尼黑　易卜生 51~52 岁

1879年秋季，易卜生从罗马返回慕尼黑。

1880年3月，开始起草、而后放弃了后来成为《海上夫人》的那个剧本。

1880年6月16日，易卜生致信他的德文翻译路德维希·帕萨奇："我所创作的一切，即便不全是我亲身经历过的，也与我内在体验到的一切有着最为紧密的联系。我写的每一首诗、每一个剧本，都旨在实现我自己的精神解放与心灵净化——因为没有一个人可以逃脱他所属社会的责任与罪过。"[①]

1880年，威廉·阿契尔（24岁）改编了易卜生的《社会支柱》，并使之在伦敦上演。

1880—1885 年　罗马　易卜生 52~57 岁

1880年秋季，易卜生举家从慕尼黑迁居罗马。打算写一部题为《从希恩到罗马》的自传，后来在出版商海格尔的劝说下放弃了。

1880年末，比昂松在写给美国读者的信中说："亨利克·易卜生比我们这个时代任何一位剧作家所拥有的戏剧力量都更强大。"

1881年夏季，易卜生前往索伦托度假，创作《群鬼》。此剧于12月初出版，初版发行一万册。此剧引起了可怕的骚动，在很长时间内都没能公开上演。勃兰兑斯对此剧发表了独立评论，他认为《群鬼》并没有攻击社会，而是以一种更全面、更肯定的立场，认真对待人的责任这一问题。

---

① 参见《易卜生书信演讲集》，190 页。

1882年1月24日，易卜生致信《新学刊》编辑奥拉夫·斯卡乌兰："他（指比昂松）确实拥有一个伟大的、高贵的灵魂。"[①] 这一年的整个夏季，易卜生一直待在蒂罗尔的格森萨斯（这个地点现在被官方命名为"易卜生广场"），忙于《人民公敌》的创作。此剧于1882年11月出版，大获成功，回应了国人对《群鬼》的反应，也证实了易卜生勇于面对困难的智慧。同年，易卜生的儿子西古尔德在罗马获得法学博士学位。

1883年，《群鬼》在瑞典首演。《人民公敌》在克里斯蒂安尼亚、斯德哥尔摩和哥本哈根上演。

1884年，西古尔德赴克里斯蒂安尼亚外交部工作。春季，五幕剧《野鸭》的初稿完成于罗马，而后，易卜生在格森萨斯对其进行润色，秋季，完成定稿。同年11月，悲喜剧《野鸭》面世。此剧在斯堪的纳维亚的所有演出都获得了极大成功。一位目光敏锐的戏剧评论家在评论《野鸭》时说："这位诗人从未展现出如此令人惊奇的力量，它通过逐渐摘下过往的一层又一层面纱吸引着我们，使我们为之心醉神迷。"我们发现，当易卜生独处于书房里进行创作构思、沉浸在思想的太平洋之时，他处于这样一个世界之中——"这个世界远比他周围的真实世界更具吸引力、更庞大、也更丰富"[②]。

1885—1891年　慕尼黑　易卜生57～63岁

1885年夏季，自1864年以来第二次回访挪威，进驻克里斯蒂安尼亚。而后在挪威北部城市莫尔德与老朋友瑞典诗人斯诺伊尔斯基相聚，一起度过了一段愉悦而安静的时光。秋季，易卜生不得不回到克里斯蒂安尼亚。9月底，他被迫接受由挪威学生联合会以他的名义安排的火炬列队游行。10月初，易卜生抵达哥本哈根，然后，他再度移居慕尼黑。

1886年，易卜生的儿子西古尔德光荣地进入挪威外交部工作，被派往美国华盛顿，任挪威驻美大使。《罗斯莫庄》面世。他说，他思考的是"人性中的高贵"，正是这种人格的"高贵""使我们自由"。

1887年，《人民公敌》在德国柏林首演。《罗斯莫庄》在挪威、丹麦各大剧场

[①] 参见《易卜生书信演讲集》，206页。
[②] *Samliv med Ibsen*（《与易卜生同在》），1906，30页。

上演。《群鬼》在德国上演。2月13日，易卜生致信比约恩·克里斯腾森："此剧（指《罗斯莫庄》）处理的是人性内在的冲突——所有严肃认真的人为了能让自己的生活与自己的信念和谐一致，而不得不经历那种自己与自己的斗争。……人的道德意识——就是我们所谓的良知——往往是非常保守的。它的根通常深植于传统与过去之中。因此就有了个人内部的矛盾冲突。"① 葛斯认为："罗斯莫的品质，其本质的高贵，在于它高于一种对民主的胆怯与恐惧，并且，它通过实现其个人命运的勇气，展示了它超越一切暂时偏见、接受一切明智与善良事物的眼光。"9月底，易卜生受邀前往瑞典斯德哥尔摩。

1888年3月，易卜生举办六十寿辰庆祝宴会。五幕剧《海上夫人》面世，初版发行一万册，很快就售罄了，初稿亦发表于《新评论报》（Neue Rundschau）。此剧中有一种使人愉悦的景观，值得观看，它在斯堪的纳维亚与德国一直都是易卜生最受欢迎的作品之一。

1889年，威廉·阿契尔翻译的《玩偶之家》出版。《玩偶之家》在英国伦敦上演。《群鬼》在德国柏林自由剧场和英国独立剧场演出。《海上夫人》在挪威、瑞典、丹麦、德国上演。从夏季到9月，在格森萨斯认识了18岁的维也纳女士爱米丽·巴达奇，他们常常在餐厅里交谈。在易卜生七十岁寿辰那天，他致信巴达奇："在格森萨斯的那个夏天是我一生中最美好最和谐的时光。"

1890年，易卜生的儿子西古尔德回国，参加挪威政府部门工作。《群鬼》在法国巴黎上演。5月到11月，易卜生在慕尼黑不受打扰地写作《海达·高布乐》。在完成此剧定稿之时，易卜生说："我的主要任务是描绘人类、人的情感与人的命运。"在四幕剧《海达·高布乐》面世后的这个冬季，它几乎同时被强烈要求在伦敦、纽约、圣彼得堡、莱比锡、柏林、莫斯科、哥本哈根、斯德哥尔摩与克里斯蒂安尼亚上演。

1891—1906年　克里斯蒂安尼亚　易卜生63～79岁

1891年春季，易卜生受邀访问维也纳，邀请者是奥地利宫廷剧场的导演麦克斯·博克哈德先生，他请易卜生担任《觊觎王位的人》演出的舞台监督，4月，演出大获成功，易卜生受邀参加维也纳的一次公共宴会，宴会一直持续到第二天凌

---

① 参见《易卜生书信演讲集》，276～277页。

晨4点。而后，他在匈牙利的布达佩斯看到《玩偶之家》的演出收获了雷鸣般的掌声。7月，易卜生依依不舍地离开了慕尼黑，抵达特隆赫姆。随后，在这个夏季，他首次观看了诺德兰和芬马克的海滨，并亲临北角。不多时，便举家迁回了克里斯蒂安尼亚。在那里，他受到挪威知识分子们的热烈欢迎。秋季，他入住维克多利亚·泰拉瑟的公寓，并派人前往慕尼黑搬运他的家具，此后，除了简短地访问哥本哈根或斯德哥尔摩以外，他再也没有离开过他的祖国，尽管他从克里斯蒂安尼亚的旧住宅搬迁到了新居所，但新居所仍在克里斯蒂安尼亚之内。《群鬼》在英国伦敦上演。《海达·高布乐》在德国、丹麦、挪威上演。

1890—1891年，威廉·阿契尔编译了五卷本的《易卜生散文剧》。

1892年临近12月时，易卜生完成了重返挪威后的首部剧作《建筑大师》，剧本标题页写的日期是1893年。此剧先在德国与英国公演了一段时间，而后，于1893年3月8日傍晚，几乎同时在克里斯蒂安尼亚的国家剧场和哥本哈根的皇家剧场上演。此剧标志着易卜生作品中的一个新起点。葛斯认为，它"回归到古老的、具有想象力的作品所具有的奇特的、萦绕在心头的美"，阿契尔先生在说起这部作品"纯粹的旋律"与"英雄主义的"诗性场景时，"兴高采烈，欢欣鼓舞"。易卜生的儿子西古尔德与比昂松的女儿贝尔葛丽特结婚。

1893年，《人民公敌》在伦敦首次公演。《建筑大师》在挪威、德国、英国上演。

1894年，三幕剧《小艾友夫》写于春夏之交，并于当年12月第二周前后面世，初版发行1.5万册，在两周内全部售罄。这部剧引起的轰动如同暴风骤雨，是继《群鬼》以来引起评论界争论最为热烈的易剧。

1895年，《布朗德》在斯德哥尔摩首演。《人民公敌》在巴黎公演。《小艾友夫》在挪威、丹麦、德国、法国、英国公演。

1896年，四幕剧《约翰·加布里埃尔·博克曼》面世。《社会支柱》在法国上演。

1897年，《约翰·加布里埃尔·博克曼》在挪威、丹麦、德国、法国、英国、美国公演。

1898年，准备出版《易卜生全集》。3月20日，举办七十寿辰宴会，收到来自全世界的祝福，挪威文化界为之集会庆祝。在生日庆典之后，易卜生短暂地访问了哥本哈根，接受丹麦国王的接待，然后又访问了斯德哥尔摩，受到来自各阶层人民的热烈欢迎。当他返回挪威时，医生嘱咐他不能再接见来访者了。然而，易卜生休息了几个月，再次出现在卡尔·约翰斯·盖德大街上，似乎完全康复了。

1899年9月1日，克里斯蒂安尼亚的挪威国家剧场由挪威与瑞典国王正式揭牌，剧场为易卜生与比昂松树立了巨大的铜像，并于第二天晚上为他专门举行了宴会，领衔主演的演员大喊"亨利克·易卜生万岁"，观众全场起立，以震耳欲聋的声音热情地一遍又一遍重复这句话，宴会上演出了《人民公敌》这部剧，观众以极为狂热的感情不断向他致以热烈的欢呼，这个令人惊奇的夜晚是易卜生事业的顶峰。12月，易卜生的"戏剧收场白"三幕悲剧《复活日》（《当我们死人醒来时》，剧本封面页上的日期是1900年）面世。此剧以欧洲所有的主要语言同时出版，发行量极大，并由各大剧场多次上演。

1900年，《复活日》在克里斯蒂安尼亚上演。易卜生第一次中风。

1901—1902年，十卷本的《易卜生全集》（由卡尔·纳普编纂）在哥本哈根面世。就在这十卷本的最后一卷出版之前，易卜生第二次中风。这一次，他再也没有完全康复。1902年，易卜生青少年时期的戏剧作品《武士冢》（1850年）与《奥拉夫·里列克兰斯》（1856年）由哈夫丹·科特编纂出版。

1904年，易卜生书信集由科特和朱利乌斯·埃利阿斯共同编纂出版。

1906年5月23日下午2时30分，易卜生辞世，享年79岁。挪威国王为其举行隆重的国葬典礼，英国首相也代表爱德华七世国王出席。1906年至1908年间，威廉·阿契尔整理、编译了一套12卷本《易卜生选集》（*The Collected Works of Henrik Ibsen*），这使得整整一代英国读者接近了易卜生。

图书在版编目（CIP）数据

易卜生传/（英）埃德蒙·葛斯著；王阅译 .—北京：中国人民大学出版社，2018.8
（明德书系 . 大师传记馆）
书名原文：Henrik Ibsen
ISBN 978-7-300-25923-9

Ⅰ.①易… Ⅱ.①埃…②王… Ⅲ.①易卜生（Ibsen, Henrik Johan 1828—1906）-传记 Ⅳ.①K835.335.6

中国版本图书馆 CIP 数据核字（2018）第 133640 号

明德书系·大师传记馆
易卜生传
［英］埃德蒙·葛斯　著
王　阅　译
汪余礼　校
Yibusheng Zhuan

出版发行	中国人民大学出版社		
社　　址	北京中关村大街 31 号	邮政编码	100080
电　　话	010-62511242（总编室）	010-62511770（质管部）	
	010-82501766（邮购部）	010-62514148（门市部）	
	010-62515195（发行公司）	010-62515275（盗版举报）	
网　　址	http://www.crup.com.cn		
	http://www.ttrnet.com（人大教研网）		
经　　销	新华书店		
印　　刷	涿州市星河印刷有限公司		
规　　格	170 mm×240 mm　16 开本	版　次	2018 年 8 月第 1 版
印　　张	16 插页 5	印　次	2018 年 8 月第 1 次印刷
字　　数	260 000	定　价	68.00 元

版权所有　　侵权必究　　印装差错　　负责调换